TRAGÖDIE DER VERSCHWENDUNG

GEMEINWIRTSCHAFTLICHE GEDANKEN IN AMERIKA

VON

STUART CHASE

IN VERBINDUNG MIT DEM LABOR BUREAU, INCORPORATED

DRUCK UND VERLAG VON R. OLDENBOURG

MÜNCHEN UND BERLIN 1927

Geleitwort zur deutschen Ausgabe
von Dr. Friedrich Schaarschmidt

*

Berechtigte deutsche Bearbeitung
von I. M. Witte

*

GELEITWORT.

Bei uns hat die nach der Inflation eingetretene Krise alle Schichten nachdenklich gestimmt und dazu angeregt, sich die „Wirtschaft“ auf ihre „Unwirtschaftlichkeit“ genauer zu betrachten. Wir haben eingesehen, daß viel geschehen und schnell Wandel geschaffen werden müsse, und haben mit Neid und Bewunderung über den Ozean nach Amerika hinübergesehen, wo der Krieg das Volk nicht wie bei uns zurückwarf, sondern vorwärts brachte und wo die schädlichen Einflüsse der Inflation fehlten. Aber der Amerikaner macht auch nur das, was er machen muß, damit sich sein Geldbeutel weiter kräftig füllt. Auch er hätte die Wirtschaftlichkeitsuntersuchungen nicht angestellt, wenn er sie nicht bitter nötig gehabt hätte. Trotz der Riesenvermögen und der großen Naturschätze hat Amerika im Jahre 1921 eine Wirtschaftskrise durchgemacht, die an Ernst der unsrigen nicht nachsteht. Durch diese gezwungen, ging der Amerikaner an die Arbeit und erreichte auch eine wesentliche Hebung der Kaufkraft des Dollars, d. h. eine Preissenkung der Waren bei gleichbleibenden Einkünften der Bevölkerung. Dies war ein großer Erfolg, um welchen wir die Amerikaner mit Recht beneiden und der uns veranlaßt, allen den jenseits des Ozeans auf diesem Gebiete getroffenen Maßnahmen die größte Beachtung zu schenken. Unsere besten Köpfe haben dort studiert, und dieses Studium ist auch des Schweißes der Edlen wert. Es sollte jedermann davon Kenntnis haben, wie sehr man drüben bemüht ist, durch Ausscheiden der Verlustquellen die Wirtschaftlichkeit zu heben. Es ist aus diesem Grunde auch auf das wärmste zu begrüßen, wenn wichtige Berichte und statistische Arbeiten amerikanischen Ursprungs in Deutschland bekannt werden. So können wir auch viel aus dem hier vorliegenden Buche lernen, ohne dabei in einen leider häufig gemachten Fehler zu verfallen, daß wir das in Amerika Gültige glatt für unsere Verhältnisse übernehmen. Die angegebenen Statistiken sind mehr als einmal nach echt amerikanischer Art mehr auf die große Zahl als auf sachliches Studium gestellt. Aber immer ist für uns wertvoll, in welcher Art man die Untersuchung des Stoffes angefaßt hat. Auch die Anregungen für die Organisation der Wirtschaft sollen uns wertvoll sein. Der Vergleich zwischen Krieg und Wirtschaft ist treffend. Ersterer wird durch einen großen Generalstab geleitet, der der Wirtschaft fehlt und, um militärisch zu sprechen, durch die Handelsministerien gewissermaßen nur durch die berühmte „blaue Flagge“ markiert wird. Es fehlt in der gesamten Welt der Wirtschaft der Generaldisponent, der z. B. bestimmt, wie viel Kräfte auf einem Fabrikationsgebiet überhaupt einzusetzen sind. Die Lösung dieser Frage läßt auch der Amerikaner offen. Geschickt ist ferner der Vergleich mit den vier Faltbootfahrern, die sich beim Quartiermachen denkbar unwirtschaftlich anstellen, wobei er jedem der vier Teilnehmer eines der vier Hauptgebiete an Verlustquellen zuschiebt. Hierbei ist es für uns immerhin eine erfreuliche Tatsache, daß wir in der Ausnutzung der Rohstoffe doch den Amerikanern wesentlich überlegen sind. „Der Pionier war in vielen Fällen geschätzter als der Ingenieur!“, wie sich der Verfasser in deutlicher Weise ausdrückt. Auch für Amerika kommt die Zeit, wo der Raubbau ein Ende hat, wo auch er Wert auf die Gewinnung der Nebenprodukte der Kohle legen muß, wo auch er seine Bäume am Boden absägen muß und nicht, wie bisher, in Armhöhe, weil dies bequemer ist. Auch wir haben schon gelernt und manche Verlustquelle beseitigt, und wir werden, allerdings auf steinigem Wege, mit Aufbietung aller Kräfte zum Ziele kommen, wenn wir die Augen offenhalten und uns Arbeitsweise und Erfahrungen der anderen zunutze machen.

Dr. Schaarschmidt.

I. Die Kontrolle der Industrie.

Sie und drei andere nähern sich auf einem Fluß einer mit Tannen bewachsenen Insel des nördlichen Ontario. Sie haben zwei Kanus und in ihnen Nahrungsmittel, Zelte und Werkzeuge untergebracht. Die nächste Hudson-Bay-Post liegt mehr als hundert Kilometer südlich. Sie sind allein und unerreichbar. Es ist nach 6 Uhr abends; Sturmwolken ziehen vom Osten herauf, und alles deutet auf eine nasse Nacht hin.

Was geschieht, nachdem die Boote den Strand anliefen? Im großen ganzen werden Sie je nach dem Grad persönlicher Geschicklichkeit etwa folgendermaßen ans Werk gehen: das Zelt wird an einer höher gelegenen ebenen Stelle aufgeschlagen. Läßt die Zeit es zu, so wird es noch mit einem Graben umgeben. Decken und alle überflüssigen Kleidungsstücke werden sicher im Innern des Zeltes untergebracht. Die Boote werden umgekippt und die Vorräte darunter gelagert. Ein kleines Feuer wird zwischen zwei Steinen angezündet und mit dem Kochen des Abendessens begonnen. Sich nach einem flotten Tagesrudern zu sättigen und vor dem heraufziehenden Sturm warm und trocken zu bleiben, ist ein Ziel, zu dessen Erreichung jede Bewegung zweckmäßig angewandt werden muß. Hiergegen zu verstoßen, kann unter Umständen einen Sommerurlaub eine Tragödie werden lassen.

Wir wollen aber nun annehmen, daß einer der vier in den Wald geht und für eine Pilzsuppe giftige Pilze mitbringt, daß ein anderer sich am Strande niederlegt und einschläft, daß der Dritte große hohe Bäume für Zeltpfähle fällt, obgleich ein Tau zwischen zwei Bäumen genügt hätte, und schließlich, daß der Vierte ein Feuer anlegt, das groß genug ist, um einen Ochsen zu rösten und schließlich auf den naheliegenden Wald übergreift.

Sogar jene, die ihre Picknicks in Fordautos abhalten, wird bei so wahnsinnigem Vorgehen das Grauen packen. Die 100000000 von uns, die in Amerika unter den Segnungen des laissez faire leben, haben in dem eingebürgerten Schlagwort „es war bisher immer so“ ein recht drastisches Gegenstück zu unserem Gleichnis. Denn in dem eben geschilderten leichtsinnigen Vorgehen der vier Ruderer finden sich die vier großen Quellen der Verschwendung, die in der heutigen Struktur der amerikanischen Industrie immer wieder anzutreffen sein werden:

1. Die Suppe mit den giftigen Pilzen stellt die menschliche Arbeitskraft dar, die auf die Erzeugung schädlicher oder nutzloser Waren und Dienstleistungen verwendet wird — Patentmedizinen, Opium, Überluxuswaren, die Unmasse der Anzeigen, Krieg usw.

2. Der Schläfer am Strande stellt die menschliche Arbeitskraft dar, die an irgendeinem Arbeitstag brachliegt, sei es durch Arbeitslosigkeit, Streiks oder Aussperrungen, durch unvermeidbare Unfälle, Krankheiten und Müßiggang.

3. Der die Bäume unnötigerweise fällte, stellt jene überflüssige menschliche Arbeitskraft dar, die heute noch erforderlich ist, um Lebensnotwendigkeiten und Annehmlichkeiten nach veralteten, mühseligen Verfahren herzustellen — Nichtbenutzung wissenschaftlicher Betriebsführung, Mangel an Normung, übermäßige Ausdehnung der Betriebsanlage, Zurückhaltung der Ausbeute, Mangel an Kostenkontrollverfahren, Versagen in der Ausnutzung von Nebenprodukten, zu hohe Verteilungskosten und, was noch schlimmer ist, das Nichtanpassen der gesamten Erzeugung an die Bedürfnisse des gesamten Volkes (der Krieg zeigte uns, daß dieses Ziel für die Menschheit durchaus erreichbar ist) — alle diese Mängel vereinigen sich und zwingen uns, zwei Schritte zu tun, wo einer genügen würde.

4. Der das Feuer anzündet, stellt die Verschwendung von natürlichen Hilfsmitteln dar. In der Gewinnung von Holz, Kohle, Naturgas, Öl, Mineralien, Erde und im Fischereiwesen ist ein Erdteil ausgeraubt worden — für jede gewonnene Tonne mußten eine und mitunter noch mehr Tonnen unnötigerweise und unwiderbringlich verloren gehen.

Analogien werden nie genau stimmen. Ich glaube aber, daß wir es hier mit einem ziemlich passenden Gleichnis zu tun haben.

Wenn man tiefer in statistische Untersuchungen, in Regierungsberichte, in die Ergebnisse von Einzeluntersuchungen, kurzum in die große Masse der bereits vorliegenden Daten eindringt, die diese vier Hauptquellen der vorkommenden Verluste betreffen, wird es immer klarer, und zwar verblüffend klar, daß die von uns als wahnsinnig und närrisch bezeichnete Rudergesellschaft in der Industrie als Ganzes betrachtet, das Übliche und Unangefochtene darstellt.

Es ist Zweck dieses Buches, in gewisser Ausführlichkeit die zahlenmäßigen Unterlagen hierfür zu geben, um schließlich zu einigen vielleicht recht bedeutungsvollen Schlußfolgerungen bezüglich der gesamten verlorenen menschlichen Arbeitskraft in den ersten drei Gruppen und bezüglich des Verlustes und des Vergeudens von natürlichen Hilfsquellen in der vierten Gruppe zu gelangen. Selbstverständlich wird hierbei jede genaue Berechnung lächerlich wirken; vielleicht gelingt es uns aber, einen zumindest minimalen Umfang der vorkommenden Verluste zu zeigen; wir können schon jetzt versprechen, daß dieser kleinste Verlust noch immer ungeheuerlich sein wird — groß genug, um, könnte man ihn erfassen, alle Armut zu bannen, groß genug, um die Möglichkeit einer guten Lebenshaltung in den Bereich der letzten amerikanischen Familie zu bringen.

Nicht vier von uns, sondern 100000000 legen mit ihren Kanus angesichts eines heraufziehenden Sturmes an. Wird es den Millionen jemals gelingen, mit der Zielsicherheit und dem klaren Blick der normal denkenden vier Ruderer vorzugehen? — Das wäre die Herausforderung der Verschwendung!

Kriegskontrolle.

Vielleicht ist die beste Einführung in unser Thema durch eine Untersuchung der während des Krieges in Amerika ausgeübten Überwachung der Industrie möglich. Auf diese Weise beginnen wir nicht erst mit theoretischen Erörterungen, sondern von vornherein mit durchaus faßbaren Leistungen. Die Wirkungen dieser Kontrolle und der sich aus ihr ergebenden Ersparnis menschlicher Arbeitskraft waren so weitreichend, so beispiellos — und von der Öffentlichkeit so wenig erkannt — daß wir nichts besseres tun können, als sie in ihren Umrissen zu schildern.

Technische Errungenschaften waren das Nebenprodukt des Weltkrieges; Zerstörung und Verzweiflung sein Hauptprodukt.

Als hauptsächlichstes Nebenerzeugnis ist die Beseitigung industrieller Verlustquellen zu nennen, die durch eine einheitliche Überwachung der wirtschaftlichen Struktur ermöglicht wurde.

Zu Beginn des Jahres 1917 gab es rund 40000000 gesunde Arbeitende in den Vereinigten Staaten, daneben 20000000 gesunde Hausfrauen; es verblieben noch etwa 45000000 abhängige Menschen — Kinder, Alte und Kranke. Unter dem zu jener Zeit herrschenden wirtschaftlichen System schufen diese 40000000 Menschen auf den Feldern, in den Fabriken, in Geschäften und Bureaus eine Menge von Waren und Dienstleistungen, die zusammengefaßt zwar ungeheuer, trotzdem aber unzureichend war, um der Mehrheit der Bevölkerung ein, wie das Arbeitsministerium in den Vereinigten Staaten es nannte, „Mindestmaß an Gesundheit und Wohlstand"*) zu gewähren. Ein solches Mindestmaß umfaßt Nahrung, Wohnung und Kleidung, zuzüglich einiger weniger bescheidener Annehmlichkeiten des Lebens und beträgt für eine Familie, bestehend aus Vater, Mutter und drei Kindern etwa 1700 Dollar im Jahre. Weniger als ein Drittel der Familien Amerikas verdiente indessen diesen Betrag, und dementsprechend konnte neuzeitiger Industrialismus, gleichgültig wo seine Vorteile und Tugenden auch sonst liegen mögen, nicht genug schaffen, um alle mit Wohnungen, Schulen, Kleidern, Brot, Milch, mit Erziehung und Gesundheit zu versorgen. Die Armenviertel der Großstädte, die Lebensverhältnisse der Pächter auf dem Lande, das Elend des kleinen Geschäftsinhabers und oft auch der freien Berufe bestätigten diese Behauptung. An bescheidenen Annehmlichkeiten bestand ein großer Mangel und bei den Hauptbedürfnissen — vor allem Wohngelegenheiten — war der Mangel übergroß.

Im April 1917 trat Amerika in den Weltkrieg ein, und zwar mit 40000000 Arbeitenden, die es bisher größtenteils noch nicht erreicht hatten, sich alle Notwendigkeiten und Behaglichkeiten des Lebens zu schaffen. Innerhalb weniger Monate traten Millionen der Stärksten und Gesündesten von ihnen in die Armee, Marine oder Kriegsindustrie ein. Der Kriegsminister gibt uns in seinem Jahresbericht für 1918 folgendes Bild von der Aufteilung der verfügbaren menschlichen Arbeitskraft:

---

*) "minimum budget of health and decency"

	Anzahl	Prozentsatz
Männer an der Front in Frankreich . .	1400000	4,7
Männer hinter der Front in Frankreich	600000	2,0
Männer in der Armee der Vereinigten Staaten	1700000	5,7
Männer in der Marine	550000	1,8
Gesamte Armee und Marine . . .	4250000	14,2
Männer in der Kriegsindustrie.	7150000	23,8
Gesamte unproduktive Arbeitskraft	11400000	38,0
Männer bei nicht-kriegsmäßiger Arbeit .	18600000	62,0
Gesamtzahl der Arbeitenden im produzierenden Alter.	30000000	100,0
Alte Männer und Knaben.	24000000	
Gesamte männliche Arbeitskräfte	54000000	
Frauen, mit Kriegsarbeit beschäftigt .	2250000	
Gesamtzahl der Lohn- und Gehaltsempfängerinnen	9000000	(geschätzt).

Von etwa 40000000 beschäftigten Arbeitskräften gingen nicht weniger als 13500000 in den Krieg oder in die Industrie, welche die für die Krieger notwendige Ausrüstung herstellte. Scharf betrachtet, dürfen wir aber diese Menge nicht als völlig unproduktiv ansprechen; denn ein Teil der in der Kriegsindustrie Arbeitenden war damit beschäftigt, Uniformen und Stiefel sowie andere Erfordernisse für die Soldaten herzustellen, die auch ohne Krieg notwendig gewesen wären. Eine vorsichtige Schätzung läßt uns daher auf 10000000 tatsächlich unproduktive Arbeitskräfte kommen, also auf etwa ein Viertel der gesamten Arbeitskraft.

Wenn vier von uns ein Haus bauen und einer nach Hause gehen muß, weil er sich den Finger verletzte, so wird der Bau naturgemäß entsprechend langsamer vorwärtskommen. Wenn 40000000 von uns Nahrung, Wohnung, Kleidung und Lebensannehmlichkeiten, mit einem zugestandenen Minus vom Standpunkt des Existenzminimums aus betrachtet, herstellen und 10000000 ausscheiden, um in den Krieg zu ziehen, so muß dieses Existenzminimum ebenso naturgemäß einen noch größeren Fehlbetrag aufweisen. War das auch tatsächlich der Fall? Nein. Das Gegenteil trat ein![1])

Nach einer eingehenden Untersuchung der Lage erklärte das United States Council of National Defense im Jahre 1919: „Amerikas industrielle und wirtschaftliche Errungenschaften während des Krieges, ungeachtet der verminderten menschlichen Arbeitskraft und des Abzuges produktiver Kräfte für Kriegszwecke, veranschaulichen die Fähigkeit der Nation, ihrer Bevölkerung ein Lebensniveau zu gewähren, das dem vor dem Kriege erreichten gleich ist bzw. es noch übertrifft"[2]).

Entsprechend den Angaben des National Bureau of Economic Research erhöhten die Arbeitenden, im Gegensatz zu den Besitzenden, ihren verhältnismäßigen Anteil am Volkseinkommen im Jahre 1918, indem dieser von 68,9% im Jahre 1917 auf 77,3% im Jahre 1918 stieg[3]). Die Beschränkung der nicht lebensnotwendigen Industrien und der Luxuserzeugung während des Krieges hat wahrscheinlich dazu beigetragen, daß dem Arbeiter mehr Lebensnotwendigkeiten und auch Annehmlichkeiten ermöglicht wurden als es im allgemeinen vorher der Fall war. Er war in der Lage, einen verhältnismäßig größeren Anteil von der erhöhten Erzeugung zu erhalten. Es ist bekannt, daß die Produktion an Nahrungsmitteln während des Krieges stark zunahm, und Nahrungsmittel sind der Hauptposten im Haushaltplan jedes Arbeiters. Der bestehende Mangel an Wohnungen konnte nicht nennenswert behoben werden. Bessere Nahrungsmittel, Kleidung und auch gewisse andere Annehmlichkeiten konnten das aber mehr als ausgleichen. Wenn es auch nicht bewiesen ist, daß die Reallöhne im Gegensatz zu den Nominallöhnen stiegen, so trug doch die Tatsache, daß mehrere Mitglieder der Familie arbeiteten und außerdem auch stetiger arbeiteten, dazu bei, der Familie eine größere Kaufkraft zu verschaffen. Zusammengefaßt scheinen die vorliegenden Erfahrungen doch die Schlußfolgerung zuzulassen, daß trotz der zunächst durch die Umstellung bedingten Fehler und Reibereien das Lebensniveau das gleiche blieb bzw. sich vielleicht sogar ein wenig erhöhte. Das im Bau befindliche Haus wurde mit den drei Männern schneller fertiggestellt als mit den bisherigen vier. Die 30000000 erzeugten ebenso viel, wenn nicht noch mehr an Nahrungsmitteln, Wohnung, Kleidung und Annehmlichkeiten als die 40000000 je zuvor erreicht hatten.

Der Krieg an sich ist, wie wir noch sehen werden, als die Quintessenz der Verschwendung anzusehen. Die erhöhte Lebensnorm, die er für die daheimgebliebene Bevölkerung mittelbar zur Folge hatte, war eine traurige Entschädigung für den Verlust, den Tod, Verwundungen, Verstümmelungen, Erschütterungen, Haß, Bitterkeit und die unbarmherzige Langeweile in den Schützengräben hervorriefen. Was wir hier veranschaulichen wollen, hat nichts mit dem Krieg als solchen zu tun. Ebenso gut hätten die 10000000 Arbeitskräfte in Amerika ihre bisherigen Stellungen verlassen können, um einen Kanal durch die Anden zu graben. Was wir vor allem berücksichtigt sehen wollen, ist die bemerkenswerte Erscheinung: je weniger Arbeiter, um so größere Erzeugung je Kopf in den Notwendigkeiten des Lebens. Wie konnte das geschehen? Welche neuen Kräfte erhielt die Industrie? Welches Wunder geschah?

Kein Wunder! Nur gesunder Menschenverstand. Angesichts einer ernsten nationalen Gefahr und ausgehend von jener psychologischen Einheit, die gemeinsame Gefahr in einer Gruppe erzeugt, baute die kriegführende Nation ihre Industrie auf der Grundlage auf, daß ein gerader Strich die kürzeste Entfernung zwischen zwei Punkten ist. Dieses Gesetz scheint in Friedenszeiten abhanden zu kommen; denn es arbeitete z. B. im Jahre 1925 nicht mehr. Wenn auch heute in den einzelnen Betrieben ein größerer Wirkungsgrad als bisher zu verzeichnen sein mag, so ist dieser Wirkungsgrad doch in erster Linie dem Zweck gewidmet, möglichst viele Dollar zu erzeugen. In gewöhnlichen Zeiten kümmert sich die heutige Zivilisation wenig um die Bedürfnisse der Bevölkerung an Nahrung, Wohnung und Kleidung; ebenso wenig kümmert sie sich darum, wie man die vorhandenen Arbeitskräfte, die natürlichen Hilfsquellen sowie die Betriebe und ihre Ausrüstung am zweckmäßigsten dazu verwenden kann, diesen Bedürfnissen zu entsprechen. Wesley C. Mitchell drückt das in folgender Weise aus:

„Im einzelnen wird wirtschaftliche Tätigkeit mit Geschick vorbereitet und geleitet; im ganzen besteht aber weder ein allgemeiner Plan noch eine vorher bestimmte Richtung. Zivilisierte Völker haben bisher noch nicht genügend Verstand entwickelt, um systematische Pläne für die Erhaltung ihrer Bevölkerung auszuarbeiten; sie fahren fort, sich auf die schlecht aufeinander abgestimmten Bemühungen persönlicher Tatkraft zu verlassen"[4]).

Mitchell schrieb so im Jahre 1913, also vor dem Kriege. Er konnte innerhalb weniger Jahre feststellen, daß im Notfall zivilisierte Nationen doch genügend Verstand aufbringen können, um systematische Pläne für die Erhaltung ihrer Bevölkerung auszuarbeiten. Er konnte aber auch noch sehen, daß nach Beendigung dieser Notlage die Verhältnisse wieder in den ursprünglichen Zustand zurückfielen. Während des Krieges schuf das Gefühl der Gefahr die für eine Überwachung und Zusammenfassung erforderliche Einheitlichkeit.

In den Vereinigten Staaten übernahm die Eisenbahnverwaltung die Eisenbahnen, beseitigte eine ungeheure Menge gleicher Eisenbahnlinien, ermittelte von vornherein, welche Waren zu bewegen seien und nach welchen Orten, und ging dann an eine planmäßige Weiterbeförderung dieser Waren. Sie vereinigte verschiedene Bahnhöfe und sorgte dafür, daß die Frachtzüge auch wirklich gefüllt waren.

Die Nahrungsmittelverwaltung setzte die Bedürfnisse der Bevölkerung an Lebensmitteln fest und übernahm ihre Erzeugung und Verteilung.

Das Kriegsindustrieamt arbeitete mittels seines Systems der Prioritäten einen Plan für industrielle Betriebe auf der Grundlage voller, gleichmäßiger Beschäftigung aus; es überwachte die Vergebung von Aufträgen, die Festsetzung der Preise, die Zuteilung von Rohstoffen, Energie und Arbeitskräften. Nicht lebensnotwendige Industrien, wie z. B. solche für Luxuswaren, wurden entmutigt, lebensnotwendige dagegen ermutigt. Die durch Normung und Vereinfachung industrieller Erzeugnisse erzielten wirtschaftlichen Werte waren sehr bedeutend. Es wurden 50000000 Yards an Wolle und 260000 t an Weißblech gespart; die Typen von Öfen und Wärmevorrichtungen um 75% vermindert; 5500 Arten von Gummischuhen beseitigt. Gummireifen wurden von 287 auf 32 Arten herabgemindert, Schuhfarben von 81 auf 6. Koffer stellte man nur noch in sechs Größen her. Von Waschmaschinen gab es jetzt nur noch 18 Sorten, anstatt der bisherigen 446. 90% der bisherigen Sorten von Haushaltwringmaschinen wurden beseitigt. Taschenmesser erhielt man nur noch in 44 verschiedenen Arten statt der bisherigen 300; Pflüge in 76 statt 312, Harken in 38 statt 589. Schließlich konnte das Amt durch verbesserte Brotvertriebsverfahren 600000 Fässer an Mehl sparen[5]). Als im Jahre 1918 der Waffenstillstand unterzeichnet war, hatte die „Conservation-Division" dieses Amtes Richtlinien für 269 Industriezweige ausgearbeitet. Es war ausgerechnet worden, daß diese Pläne eine jährliche Ersparnis von 15% der bisher in den Vereinigten Staaten verwendeten Rohstoffmenge herbeiführen würden.

Die Kohlenversorgungsstelle bestimmte die Kohlenbedürfnisse jeder Industrie und jeder Gemeinde im Lande und ging dann dazu über, die Kohle auf dem kürzesten Weg zu verteilen. Es gelang ihr, die Kohlenausbeute von 590000000 t im Jahre 1916 auf 680000000 t im Jahre 1918 zu heben — eine Leistung, die nie zuvor erreicht wurde.

Eine Zentralstelle für die Gewährung von Krediten überwachte im allgemeinen Interesse die Finanzierung neuer Gesellschaften. Nicht lebensnotwendigen Betrieben wurde keinerlei Unterstützung gewährt.

Das Zuckerausgleichsamt übernahm die Verteilung der Amerika zur Verfügung stehenden Zuckermengen. Zwei Jahre lang konnte es den Preis für Zucker auf 8 Cts. das Pfund halten. Nach Auflösung des Amtes schnellte der Zuckerpreis auf 24 Cts.

Die Getreidevereinigung der Vereinigten Staaten beseitigte jegliche Spekulation in Getreide und überwachte die Herstellung von Mehl.

Die Baugenossenschaft baute Häuser, wo solche für Kriegsarbeitende erforderlich waren. Und das Kriegsarbeitsamt faßte die Einstellung von Arbeitskräften zusammen und überwachte die Arbeitsbedingungen.

Besonders wichtig war das Prioritätsverfahren. Alvin Johnson bemerkt hierzu: „Die Anwendung des Grundsatzes der Priorität auf Verkehr und Erzeugung steht durchaus im Einklang mit dem einfachen gesunden Menschenverstand. In seiner sozialen und wirtschaftlichen Auswirkung ist dieser Grundsatz trotzdem nicht weniger einschneidend. Er bedeutet, daß Notwendigkeiten das Vorrecht genießen. Wo überschüssiger produktiver Wirkungsgrad vorhanden ist, können nichtnotwendige und Luxusartikel hergestellt werden, sonst nicht ... Einem reichen Mann mag ein neues Landhaus als eine Frage der Notwendigkeit erscheinen; er wird aber kein Prioritätsamt dazu überreden können, ihm Transportmöglichkeiten für das Baumaterial zu gewähren, solange diese noch für Kohle und Getreide erforderlich sind“[6]).

Die Kriegswirtschaft erfaßte das Wirtschaftssystem des Landes, das seit Jahrzehnten von Gewinnsucht geblendet war, und hämmerte es mit allen Mitteln zu einem brauchbaren Mittel zur Lieferung von Waren und Dienstleistungen in Übereinstimmung mit den Bedürfnissen der Armee und der arbeitenden Bevölkerung. Allmählich begann das Geld in dem Bilde zu verblassen. Die Kriegsämter dachten nicht an Geld, sondern vor allem an Tonnen Stahl, Zentner Weizen und Brettfuß Holz. Diese außerordentliche Einheit, dieser außerordentlich gesunde Menschenverstand konnte trotz vieler anfänglicher Fehlschläge und Fehlgriffe schließlich erreichen, daß dem Lande ein Viertel der gesamten Arbeitskraft entzogen wurde und daß sich trotzdem die Lebensnorm für die Bevölkerung erhöhte.

Auf diese Weise wird uns ein faßbares anschauliches Bild der ungeheuren Verschwendung wirtschaftlicher Bemühungen vermittelt, die in normalen Zeiten gang und gäbe ist. Der heute bereits vergessene Ruf des „Wiederaufbaus“ stellte einen Versuch von seiten jener dar, die diesen Gegensatz sahen und bestrebt waren, die bisher ausgeübte Kriegskontrolle wirtschaftlicher Betätigungen als ein machtvolles Instrument weiterhin zu dem Zweck zu gebrauchen, um Verschwendung und damit zusammenhängend Armut zu bannen. David Friday drückte diese Hoffnung 1919 aus:

„Die wichtigste und auch schwierigste Aufgabe, die uns bevorsteht, ist die Erhaltung des Standes der Erzeugung, den wir während der Kriegszeit erreicht hatten. Durch zweckmäßigste Verwendung unserer Naturschätze, unserer Betriebe, unserer Maschinen und auch unserer Arbeitskraft konnten wir die Ausbeute an Waren um 25 bis 30% gegenüber der Vorkriegszeit erhöhen. Gestatten wir, daß die Erzeugung wieder auf den Vorkriegsstand sinkt, so wird die Ausbeute um 20% fallen, was eine entsprechende Verschwendung produktiver Hilfsmittel und eine Verminderung von jährlich 14000000000 Dollar an Volkseinkommen, gemessen an Hand unseres gegenwärtigen Preisniveaus, bedeuten würde. Angesichts der Ungeheuerlichkeit dieser Verschwendung könnte die Regierung es sich sehr wohl leisten, falls nötig, jährlich mehrere Milliarden auszugeben, um den gegenwärtigen Stand der Erzeugung zu erhalten“[7]).

Sir Leo Chiozza Money bewies, daß England nach dem Waffenstillstand für eine Höchstausbeute eingerichtet war; er zeigte, daß es viel einfacher sei, ein kleines, gut ausgestattetes Wohnhaus herzustellen als einen Tank; daß es leichter sei, eine gute Kochgelegenheit als ein Geschütz zu fabrizieren, sowie einen Stuhl statt einen Flugzeugpropeller zu bauen — d. h. daß die Friedenserzeugung eine einfachere Aufgabe darstellt als die Kriegserzeugung. Mit einer Kriegskontrolle, die sich nunmehr ausschließlich auf Nahrung, Wohnung, Kleidung und Behaglichkeit erstreckte, gäbe es seiner Meinung nach kein Ende aller vorhandenen Möglichkeiten, die Lebensnorm zu erhöhen[8]).

Der Wiederaufbau fiel aber in sich zusammen. Die früheren Zustände kehrten zurück, die Ausbeute sank in großem Maße und Arbeitslosigkeit erhob ihr häßliches Haupt. Das Jahr 1921 hatte eine ungeheure Geschäftskrisis zu verzeichnen, und mit vier am Bau des Hauses beschäftigten Arbeitern schritt der Bau viel langsamer vorwärts als vorher mit drei. Ein Wirtschaftssystem, das in der Lage ist, mit entsprechender Überlegung drei Leute die Arbeit von vieren verrichten zu lassen, verdient im Zusammenhang mit den Ursachen und der Ausdehnung wirtschaftlicher Verschwendung eine ziemlich genaue Prüfung. Herbert Hoover faßte das im Februar 1921 treffend zusammen: „Ein zwingender Beweis unserer mangelhaften Erzeugung ergibt sich, wenn wir berücksichtigen, daß wir nach Abberufung von 20% unserer menschlichen Arbeitskräfte zur Armee trotzdem 20% mehr Waren erzeugten als heute“[9]).

Drei Milliarden Sklaven.

Wir haben bereits das Versagen der 40000000 Arbeitenden erwähnt, die nicht imstande sind, sich in normalen Zeiten mit den Notwendigkeiten und Behaglichkeiten des Lebens zu versorgen. In Kapitel XIII werden noch die genauen Zahlen gegeben werden, die diese Ansicht unterstützen. Ob sich die Lebenshaltung der Arbeiterfamilie im Vergleich mit den Verhältnissen vor 30 Jahren wirklich allgemein gebessert hat, ist eine Frage, über die sich die Wirtschaftler nicht einig sind. Unzweifelhaft hat die Erzeugung, auf den Kopf der Bevölkerung gerechnet, einen größeren Umfang angenommen und es gibt unzweifelhaft eine größere Menge von Waren, die eine reichere Auswahl ermöglicht. Die Beschaffenheit der heutigen Ware ist aber schon eine etwas zweifelhaftere Angelegenheit. Angenommen, wir haben heute eine etwas höhere Lebensnorm, so können wir trotzdem noch nicht behaupten, daß sie die Mehrzahl der Bevölkerung über das reine Existenzminimum hinausgehoben hat oder daß die schließliche Erhöhung mehr als nur sehr bescheiden gewesen ist. Das Durchschnittseinkommen für zwei Drittel der Familien Amerikas übersteigt heute noch nicht 1500 Dollar, ein Betrag, der ein einigermaßen gutes Leben nicht ermöglicht[10]).

Die vergangenen 30 Jahre waren Zeuge eines unerhörten Fortschritts in der Technik der Erzeugung. Gilbert und Pogue berechneten, daß „es die Arbeitskraft 2000000000 schwer arbeitender Sklaven erfordern würde, um die jährlich durch die Kraftquellen in den Vereinigten Staaten geleistete Arbeit zu bewältigen" ..., wobei sie ihre Schätzung auf die 150000000 Pferdekräfte (multipliziert mit 20 Mannskräften für jede Pferdekraft) stützen, die durch Kessel und Turbinen erzeugt werden.

Die Benutzung von Energie gewährt jedem Mann, jeder Frau und jedem Kinde in Amerika das Äquivalent von 30 Dienstboten[11]). Roger W. Babson hat vor kurzem eine Tabelle zusammengestellt, die die Erhöhung der Maschinenleistungen gegenüber den Handleistungen in den verschiedenen industriellen Arbeitsgängen zeigt. (Die gegebenen Zahlen stellen Verhältniszahlen dar und keine Stundenangaben.)[12])

	Maschinenzeit	Handarbeitszeit
Männerschuhe	1	9
Baumwoll-Laken	1	106
Wollene Röcke	1	76
Brüsseler Teppiche	1	8
Schlächtermesser	1	29
Kiefernbretter	1	58
Marmorplatten	1	539
Eisenröhren	1	18
Nägel	1	129
Bleifarbe	1	17
Hanfbindfaden	1	119
Pflüge	1	32
Heugabeln	1	15

Auch wenn man ausreichende Zuschläge für jene menschliche Arbeitskraft rechnet, die zur Herstellung und Erhaltung der Kraftstation, der Maschinen- und sonstigen Ausrüstung erforderlich ist und bei einer Bewertung der gegebenen Zahlen unbedingt berücksichtigt werden muß, ist es doch klar, daß uns eine Erzeugungsmöglichkeit zur Verfügung steht, die jene jeder früheren Zivilisation weit übertrifft. In Griechenland kamen in den Zeiten seiner höchsten Blüte im Durchschnitt nur 5 Heloten auf die Familie oder etwa 1 Sklave je Kopf im Gegensatz zu den heutigen 30 mechanischen Sklaven. Wieweit übertrifft der Lebensstand der amerikanischen Durchschnittsfamilie jenen der Familien in Griechenland vor 2500 Jahren? Die Menge mag heute größer sein, die Güte indessen, besonders was Kunst anbetrifft, kann den Vergleich nicht aushalten. Welche Gegenleistungen, vor allem in Bezug auf Lebenshaltung und Behaglichkeit, Mußezeit und Schönheit erhalten wir durch die Arbeit der 3 000 000 000 mechanischen Sklaven? U. a. bekommen wir durch sie ein Pittsburgh, die Ostseite von New York, die Schattenseiten der Schlachthäuser von Chicago, die Pächter und schließlich auch die Friedhofskulpturen! Wohin geht diese mechanische Menschenkraft, daß so verhältnismäßig wenig Gutes von ihr kommt? Diese Vergeudung gibt uns eine weitere Veranlassung, einmal tiefer in Ursachen vorkommender wirtschaftlicher Verluste einzudringen.

★

II. Eine Flugzeugübersicht.

Eine Untersuchung von Verlusten und Mängeln in der Industrie kann sowohl von unten nach oben als auch von oben nach unten durchgeführt werden. Die bereits im Zusammenhang mit der Kriegswirtschaft untersuchten und zur Verfügung stehenden Zahlen aus dem ganzen Lande lassen uns den letzten Weg als den empfehlenswerteren erscheinen. Wir wollen die Vereinigten Staaten als ein industrielles Ganzes betrachten — unter Berücksichtigung der vielen Beziehungen zur Weltwirtschaft — und versuchen, zunächst einen Gesamtüberblick dieses Landes zu erhalten und dann auf die einzelnen Industriezweige und mitunter auch auf den einzelnen Betrieb einzugehen. Auf diese Weise werden zwar an die Phantasie einige mitunter nicht ganz geringe Anforderungen gestellt, es bleibt uns aber die Verwirrung erspart, die unvermeidlich wäre, begönnen wir bei einer Zwischenstation, die zu dem gesamten Bild in keiner richtigen Beziehung stünde. Schon zu viele Untersuchungen über Verlustquellen wurden aufgenommen und nie zu Ende geführt. Dieser Abschnitt ist ein Versuch, jenen Gesichtspunkt in die Friedenszeit hinüberzuleiten, den die verschiedenen Ämter, Ausschüsse und Verwaltungsstellen während des Krieges einzunehmen gezwungen waren.

Bis vor kurzem bedeutete Abfallwirtschaft nicht viel mehr als einen Abfallhaufen — die Wiederverwendung von Erzeugnissen oder Stoffen, die bisher fortgeworfen wurden. Wirtschaftliche Abfallverwertung war auch der Hausfrau bekannt; sie hob Reste der Mahlzeiten auf, fertigte aus alten Kleidern neue an und legte eine Matte zum Reinigen der Füße vor die Tür. Heute sieht der Geschäftsmann diese Frage als durchaus erfaß- und meßbar an, er weiß, daß eine Nichtbeachtung vorkommender Verlustquellen geeignet ist, ihm den erwünschten Gewinn unter Umständen zu

schmälern — mitunter infolge hoher Betriebskosten oder ungenügender Vertriebsverfahren, die ihm schließlich nicht den gewünschten Umsatz bringen. Der Ingenieur kennt Verlust oder Verschwendung als Hemmung seiner Bemühungen, mit geringstem Kraftaufwand höchste Leistung zu erzielen auch da, wo die Erreichung höchster Leistungsfähigkeit, wie bei Frederick W. Taylors Schnelldrehstahl, die Abnutzung eines Schneidwerkzeuges in wenigen Minuten bedeutet. Der gute Staatsbürger erkennt Verschwendung an einer Erhöhung der Regierungsausgaben, und der Hüter der Naturschätze betrachtet sie als eine nicht wieder einzubringende Vernichtung natürlicher Hilfsmittel.

Von diesen Erklärungen muß man eine Auswahl treffen und sich dann für eine entscheiden. Verschwendung oder Verlust wird stets ein mehr oder minder allgemeiner Ausdruck sein, der verschiedenen Menschen etwas anderes bedeutet. Eine genaue und allgemein zutreffende Begriffsbestimmung kann nicht gegeben werden. Für die Zwecke dieses Buches wollen wir uns im großen ganzen an die Auffassung des Ingenieurs halten, d. h. wir wollen Verlust als Hemmung auf dem Wege zu einem höchsten Nutzwert der Ausbeute bei geringsten tatsächlichen Kosten für Energie und Material bezeichnen. Vielleicht können wir unsere Stellungnahme am besten durch eine Flugzeugübersicht Amerikas darlegen.

Angenommen, daß David Friday und Sir Leo Chiozza Money recht behalten hätten und der „Wiederaufbau" sich tatsächlich zu einer faßbaren Leistung geformt hätte, anstatt nur eine schöne Versprechung zu bleiben, die aufblüte, um unter der kalten Dusche des Alltags wieder zu erlöschen; angenommen, daß die industrielle Kriegswirtschaft geblieben wäre, um einen Krieg gegen Armut und eine zu geringe Lebensnorm zu führen; angenommen, daß, anstatt Deutsche zu töten, die Organisationen es sich zum Ziel gesetzt hätten, alle Unterernährung zu töten und gegen Scheunenviertel, abgetragene Kleider, Kindersterblichkeit, Berufskrankheiten, Analphabetentum und Unkenntnis zu kämpfen. Wie hätte sich unter diesen Umständen die Arbeit des industriellen Generalstabs im Hauptquartier zu Washington gestaltet? Welche Schritte müßten wir unternehmen, um Herr der Situation zu bleiben und schließlich den Krieg zu gewinnen? Wenn es uns gelingt, auch nur einen Einblick in die Gegenseite zu gewinnen, wird es uns vielleicht auch gelingen, ein Bild von einer wirtschaftlichen Gesellschaftsform zu erhalten, in der vorkommende Verschwendung gering ist, und das uns gewissermaßen die Norm zeigt, an Hand derer wir die tatsächlichen Leistungen unserer heutigen Alltagswelt messen können. In diesem Bemühen müssen wir uns gleich in ein Gebiet der verschiedensten Unklarheiten, ja sogar offensichtlicher Unmöglichkeiten begeben; wollen wir unsere Verlustanalyse aber schließlich zu einer Gemeinschaftssynthese führen und nicht einen Abfallhaufen durchwühlen, wollen wir Verlust nicht als ein Mittel ansehen, durch dessen Beseitigung wir unter dem jetzigen Preissystem die Gewinne erhöhen würden, so müssen wir schon dieses noch unklare Gebiet betreten.

Genau so wie im Kriege mit Deutschland wäre der Generalstab gezwungen, den gesamten industriellen Prozeß nicht in Geldeswert, sondern vor allem nach der zur Verfügung stehenden menschlichen Arbeitskraft, nach den natürlichen Hilfsquellen, nach der vorhandenen Ausrüstung, den Lagerbeständen, den Transport- und Verkehrsmöglichkeiten und dem Bedarf zu beurteilen. Trotz aller guten Seiten ist Geld nicht leicht verdaulich; es hat zwar seine Zwecke aber auch seine Zwecklosigkeiten, und Banknoten unter einem Kessel haben noch nie auch nur ein Pfund Dampf erzeugen können.

Was ist nun das Ergebnis einer derartigen flüchtigen Übersicht des Geländes? Wir müssen bei unserem Vorsatz bleiben und unseren Fahrer mit einem übernatürlichen Augenlicht ausstatten, das ihm erlaubt, auf seiner Fahrt kreuz und quer durch den nordamerikanischen Kontinent alles, was vorgeht, zu sehen. Er wird kaum nahe genug ans Land kommen, um in die Bücher der Banken, in die Akten usw. hineinsehen zu können. Er wird aber die Bauerngehöfte, die Wälder, Bergwerke, Eisenbahnen und Straßen, die Flüsse und Kanäle und Brücken sehen können; die Fabriken, Warenhäuser, Geschäfte, Schulen, Büchereien, Theater, Golfplätze und die Heime; und schließlich das Verhalten von etwa 100000000 Männern, Frauen und Kindern in ihrer Beziehung zu alledem. Männer, die graben und pflügen, die die Ventile der Maschinen regulieren, die Plakate malen oder Stahl in eine Werkzeugmaschine führen; die Pakete packen, Karren schieben, sich über Schreibtische beugen, durch Telephone sprechen, sich in überfüllte Untergrundbahnen hineinzwängen; die auf der Hochsee fischen, Waldbrände bekämpfen, Zeitungen lesen, Tennis spielen, schreiben, schlafen und essen; die sich verlieben, zur Kirche gehen, tanzen, schwimmen, klettern — die in gestreiften Anzügen durch die Korridore der Gefängnisse schreiten. Frauen, die auf Kinder und Öfen aufpassen, die Mah-Yong spielen, Tee trinken und Zigaretten rauchen. Kinder, die der Schulglocke folgen, die sich unruhig auf ihren Plätzen hin und her bewegen, die durch die Spielplätze jagen, die in Baumwollfabriken arbeiten, die vom Fieber hin und her geschüttelt werden . . . eine ungeheure Ansammlung menschlicher Betätigung.

Das alles stellt bis zu einem gewissen Grade den Rohstoff dar, mit dem der Generalstab zu arbeiten hat. Genau wie im Kriege ist eine Übersicht der bestehenden Bedürfnisse erstes Erfordernis. Diese Bedürfnisse belaufen sich jetzt aber nicht auf 75-mm-Gewehre, Kakistoff, Libertymotore, Bomben und Drahtverhaue, sondern auf Kubikfuß von Baumaterial, Tonnen von Getreide, Pfunde von Fleisch, Quadratmeter von Baumwolle und Wollwaren, auf Schulgebäude, Spielplätze, elektrische Leitungen und gepflasterte Straßen. Der Generalstab kann durch Nachschlagen der bereits während des Krieges vom Council of National Defense in Angriff genommenen Zusammenstellung der nationalen Bedürfnisse feststellen, daß das Land jährlich etwa folgende Warenmengen braucht[1]):

290 000 000 Paar Schuhe,
3 800 000 000 Quadratyards Baumwolle und seidengewebte Waren,
635 000 000 Quadratyards gewebte Wollwaren,
95 000 000 Dutzend Paar Strümpfe,
11 000 000 000 Pfund Fleisch,
5 300 000 000 Pfund Zucker.

Diese Zahlen gehen von dem Haushaltplan aus, den das Arbeitsamt als Mindestmenge für einen gesunden und lebensfähigen Haushalt von 5 Köpfen angenommen hat; sie wurden auf Grund der in Amerika vorhandenen 20 000 000 Familien unter Vornahme entsprechender statistischer Ausfeilungen und Verbesserungen ausgewertet. Auf diese Weise war eine zunächst grobe Mindestschätzung dessen möglich, was im Lande erzeugt und gleichmäßig verteilt werden muß, um in jeder Familie die Armut zu bannen. Von dieser Grundlage ausgehend werden

Prioritätsaufträge erteilt, um die notwendige Gesamtmenge von Verbrauchsgütern zu sichern und den Lebensnotwendigkeiten ein Vorrecht vor der Herstellung von Luxusartikeln und solchen, die nicht zu den Lebensnotwendigkeiten zählen, einzuräumen. Selbstverständlich muß irgendwie eine Grenze zwischen solchen Waren bzw. Dienstleistungen gezogen werden, die biologisch bedingt oder die es nicht sind.

Nachdem der vorhandene Bedarf bestimmt wurde, ist die nächste Aufgabe des industriellen Generalstabes, sich einen Überblick der vorhandenen produktiven Leistungsfähigkeit zu verschaffen. Hierzu gehört zunächst eine Untersuchung der vorhandenen natürlichen Hilfsmittel an Kohle, Öl, Mineralerzen, Wasserkraft, Waldbestand, Erdbeschaffenheit, Fischbestand — ihre Lage, ihr voraussichtliches Ausbringen und die Art ihrer Erschöpfung. Sodann gehört hierzu eine Untersuchung der bestehenden Erzeugungsstätten nach Fabriken, Lagerhäusern, Verkehrs- und Verteilungsmöglichkeiten, und schließlich eine Übersicht der vorhandenen zurzeit beschäftigten oder unbeschäftigten menschlichen Arbeitskraft an jeder Stelle des industriellen Produktionsprozesses. Welche Mengen von Rohstoffen, Werkzeugen und Arbeitskräften stehen dem Land zur Verfügung, um den ermittelten Bedürfnissen zu entsprechen und auf diese Weise den Krieg gegen Elend und Armut zu gewinnen?

Die folgende graphische Darstellung gibt ein rohes Bild sowohl von dem Kreislauf der Waren und Dienstleistungen als auch von dem Umfang der hierbei beschäftigten menschlichen Arbeitskraft. Vom Lande, Bergwerk und Walde ausgehend, gelangen die Rohstoffe in die Fabriken, wo sie bearbeitet, geformt und zusammengesetzt werden; von dort werden sie in die Lagerhäuser des Großhändlers weiterbefördert und kommen dann zum Kleinhändler, um von hier aus endlich als Nahrungsmittel, als Wohn- und Bekleidungsmittel im Einzelhaushalt zu landen. Ein großer Teil dieses Stromes findet sein Bett in sogenannten Produktionsgütern, d. h. in neuen Fabrikanlagen, Maschinen, Bureaugebäuden, Brücken, Eisenbahnschienen und Dämmen. Ein anderer Teil des Stromes durchläuft nicht den gesamten Kanal, sondern gelangt entweder unmittelbar vom Lande oder Wald oder auch von der Fabrik in die Hand des schließlichen Verbrauchers. Die Landwirte essen ihr eigenes Getreide, Zimmerleute bauen sich ihr

Amerikanische Arbeitskraft und der industrielle Lauf.

42 000 000 Arbeitende — Volkszählung 1920.

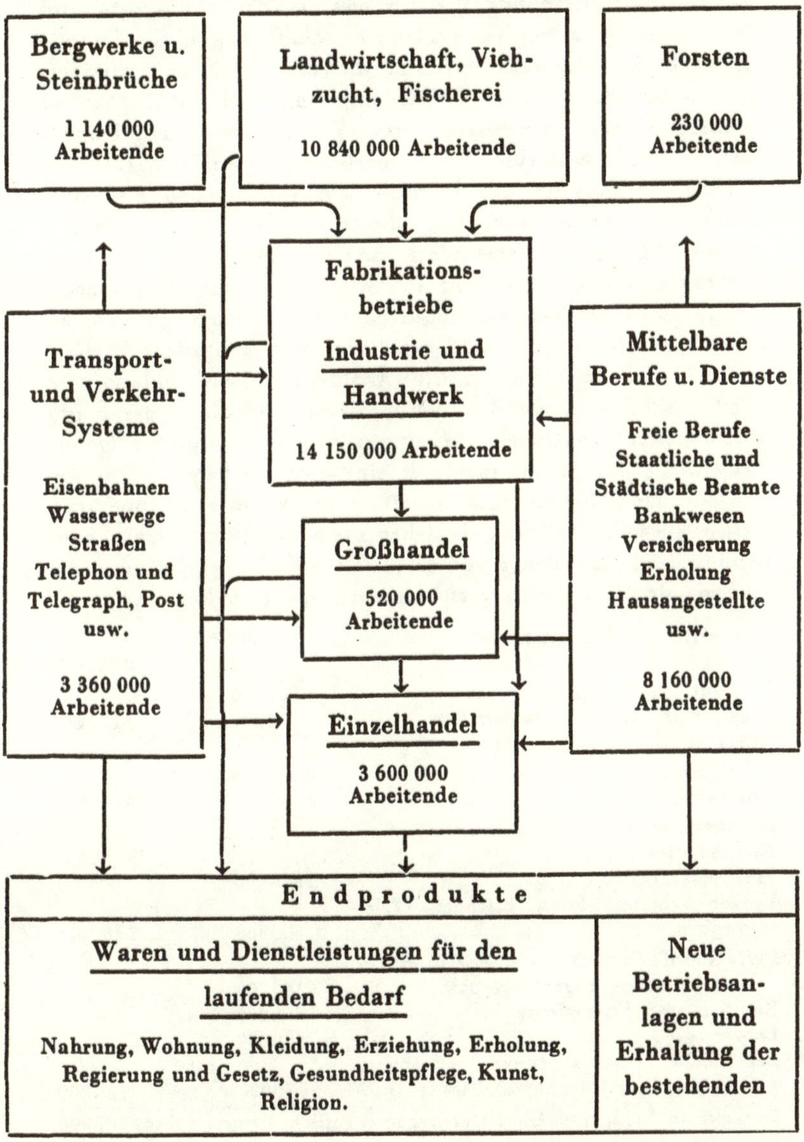

eigenes kleines Haus. Fabriken verkaufen unmittelbar an den Kleinhändler oder an den Verbraucher usw.

Mit jeder Windung des Stromes ist das Transport- und Verteilungssystem eng verbunden. Es schafft sowohl die Energie als auch die Organisationsform, die die Ware weiterbewegt. Ebenso mit dem Strom verbunden, wenn auch nicht ganz so dynamisch, sind die sogenannten Verwaltungs- und Dienstbetriebe — freie Berufe, Regierungsbeamte, Bankiers, Juristen, Versicherungsbeamte, die je nach dem vorliegenden Fall notwendig sind oder auch nicht. In dieser Verwaltungsgruppe finden wir auch die große Armee derer, die am Aufbau des gesamten Verbrauchs durch persönliche Dienstleistungen mithelfen: Schullehrer, Schauspieler, Hotelbesitzer, Ärzte, Geistliche, Sozialbeamte, berufsmäßige Sportsleute, Barbiere, Schuhputzer, Portiers und als letzte die Bestatter. Eine Analyse der Berufszählung vom Jahre 1920 (wobei die Bureaugruppen sich auf die in der Karte aufgeführten funktionellen Gruppen verteilen) ergibt folgende Zahlen, die aber nicht mehr als eine grobe Schätzung der gesamten menschlichen Arbeitskraft in irgendeiner Gruppe darstellen; sie sollen lediglich als Behelf zur deutlicheren Veranschaulichung der Frage dienen und es auf diese Weise ermöglichen, die vorliegende Untersuchung richtig vornehmen zu können.

Landwirte und Viehzüchter	10790000	
Fischer	50000	10840000
Bergleute in Kohlenbergwerken	780000	
Bergleute in anderen Bergwerken	360000	1140000
Holzarbeiter		230000
Fabrikarbeiter	10000000	
Handwerker	4150000	14150000
Großhändler		520000
Kleinhändler		3600000
Transportarbeiter	2860000	
Verkehrsarbeiter (Post, Telephon, Telegraph usw.)	500000	3360000
Freie Berufe (Rechtsanwälte, Ärzte, Krankenschwestern, Ingenieure usw.)	1140000	
Bankiers und Finanzleute	450000	
Lehrer	800000	
Persönliche Dienstleistungen (Barbiere, Hotelportiere, Hausangestellte usw.)	5770000	8160000
Gesamte in Lohn und Gehalt stehende beruflich Tätige		42000000

Wir haben hier 42000000 Arbeitende, die mehr oder weniger für Lohn beschäftigt sind — 10000000 Frauen und 32000000 Männer — von denen 1000000 noch Kinder unter 14 Jahren sind. Die Frage erhebt sich: was geschieht, um dem Strom an Ware und Dienstleistungen die höchste Nutznießung mit geringstem Kraftaufwand zu verschaffen? Welcher Teil der durch diese Menschen geschaffenen Ausbeute entspricht nicht eigentlichen Lebensnotwendigkeiten? Inwieweit machen sie zwei Schritte, wo einer genügen würde?

Der Generalstab überblickt Rohstoffe, Betriebsanlagen, unter gleichzeitiger Berücksichtigung der zur Verfügung stehenden menschlichen Arbeitskraft. Er findet u. a. folgendes, wobei diese Zahlen wiederum nur eine grobe Schätzung darstellen:

500000000	Morgen gepflegten Ackerboden,
110000000	Morgen Weideland,
464000000	Morgen Forstgelände,
35000000000	t nicht geförderte Kohle,
6000000000	Faß in der Erde befindliches Öl,
260000	Ölquellen,
60000000	PS in Flüssen,
250000	Fabriken,
750000	Einzelgeschäfte,
400000	km Eisenbahngeleise,
27000	Schiffe mit einer Gesamttonnenzahl von 18000000,
80000	km Straßenbahngeleise,
480000	km gepflegte Straßen

und so weiter und so weiter. Berge von Zahlen ohne einen bestimmten Zweck. Kriegszahlen. Die Frage ist, wie sind diese menschlichen Arbeitskräfte und vorhandenen Betriebsanlagen zu verteilen, um dem inzwischen aufgestellten Notwendigkeitsplan zu entsprechen? Kurz gesagt: wie sollte eine funktionelle Gesellschaft arbeiten? R. H. Tawney beschreibt eine derartige Gesellschaft als eine Einrichtung, in der die Industrie vor allem und in erster Linie den Zweck verfolgt, die menschlichen Bedürfnisse zu befriedigen, und wo der Gewinn nur ein Nebenerzeugnis darstellt. Unsere gegenwärtige Wirtschaftsform nennt er eine „erwerbsstrebige Gesellschaft“, wo der Besitz rechtmäßige und unabhängige Vorbedingung der Funktion ist, und wo dementsprechend eine Erzeugung zur Befriedigung menschlicher Bedürfnisse Nebenprodukt anstatt Zweck der wirtschaftlichen

Betätigung ist. Oder, wie Dr. Mitchell es ausdrückt: „Ein geschäftliches Unternehmen kann oder kann auch nicht seinen Teil dazu beitragen, das Land mit notwendigen Waren zu versehen. Denn es gibt verschiedene Wege um Geld zu verdienen, die für das Wohlergehen des Landes einfach verheerend sind. Zu verurteilen aber ist es in jedem Fall, daß auch jene Unternehmen, die lebensnotwendige Waren herstellen, das vor allen Dingen mit dem Gedanken tun, dem Hauptzweck des Betriebes, Geld zu verdienen, zu entsprechen. Jedes andere Verhalten ist unter dem System der Geldwirtschaft unpraktisch. Der Mann, der die menschliche Wohlfahrt als erstes Ziel seines Geschäfts erklärte, würde kurz darauf aus dem Handel herausgedrängt sein. Vom geschäftlichen Standpunkt aus betrachtet, sind die erzeugten lebensnotwendigen Waren nichts mehr als Nebenprodukte auf dem Wege, Dividenden zu verteilen“[2]).

Unsere Norm zur Messung von Verlusten muß sich schließlich fest auf eine funktionelle Auffassung der Industrie stützen. Hierauf werden wir in den folgenden Seiten immer wieder zurückkommen. Der industrielle Generalstab ist bei der Bearbeitung der angestellten Flugzeugübersicht vor allen Dingen an dem Besitz als Mittel, weniger an dem Besitz als Zweck an sich interessiert. Er sieht ihn als eine Sache, nicht als Geldwert an, und wir müssen ihm hierin folgen und den Besitz mit seinen Augen betrachten. Auch unter dem jetzigen System einer nach Erwerb strebenden Gesellschaft wird es viele Verluste geben, die beseitigt werden können und zum Teil auch beseitigt werden, wie wir noch sehen werden. Ob eine erwerbsstrebige Organisation durch einen unmerklichen Übergang in eine funktionelle hineinwachsen kann, und zwar ohne irgendwelche wirtschaftliche Krise durchzumachen, ist eine Frage, die mit ebenso großer Überzeugung und Bestimmtheit sowohl nach der verneinenden als auch nach der bejahenden Seite hin beantwortet wird. Wir können indessen auf dem bisher verhältnismäßig wenig beackerten Gebiet sozialer Psychologie keinerlei Anhaltspunkte finden, die eine solche bestimmte Annahme weder nach der einen noch nach der anderen Seite hin bestätigen. Wir wissen, daß sich eine Ausmerzung von Verschwendung vor allen Dingen auf eine funktionelle Zusammenfassung stützen wird; wie aber eine solche Umgruppierung herbeigeführt werden kann, liegt außerhalb unserer Kenntnis und ist auch nicht Zweck der gegenwärtigen Untersuchung.

Wir gehen in unserem Fall von den Ermittlungen des Flugzeugbeobachters aus, der nach den Angaben des industriellen Generalstabs arbeitet. Er sieht die Struktur der Industrie vor allen Dingen in Sachwerten. Geld und Preise, Statuten, Gemarkungen der Landesvermesser, Ermittlungen führender Wirtschaftler — all' das liegt außerhalb des Rahmens seiner Untersuchung. Es ist durchaus möglich, eine wirtschaftliche Tätigkeit auch von diesem Standpunkt aus zu betrachten. Sicherlich wird das nicht der einzige Weg sein, um eine solche Frage zu betrachten, und es mag vielleicht sogar bessere Wege geben. Es ist aber der Weg, den wir uns für die Zwecke unserer Untersuchung gewählt haben. Von diesen Voraussetzungen ausgehend, stützt sich Verschwendung auf eine sachliche Untersuchung nützlicher Funktionen und erstrebt das Ziel des Ingenieurs, diese nützlichen Funktionen mit geringstem Kraftaufwand zu vollbringen.

★

III. Die vier Hauptquellen der Verschwendung.

Das Untersuchungsverfahren.

Der Flugzeugbeobachter sieht wirtschaftliche Tätigkeit. Er ist mit gesundem Menschenverstand ausgestattet und kann so auf den ersten Blick erkennen, daß ein Teil dieser Tätigkeit als verschwendet anzusehen ist. Über kurz oder lang wird er aber an den Punkt gelangen, wo es ihm schwer fallen dürfte, zu entscheiden, ob ein bestimmter Vorgang, den er beobachtet, als verschwendet zu bezeichnen ist oder nicht. So z. B. wird er die Frage nur schwer beantworten können, welchen Zweck die im Anzeigengeschäft tätigen 600000 Menschen verfolgen. Er muß also an dieser Stelle zunächst einmal seine Beobachtungen unterbrechen, um sich die Frage vorzulegen, was er unter Verschwendung versteht, was eigentlich Zweck wirtschaftlicher Tätigkeit ist, kurzum, er muß sich, um seine Berichte an den Generalstab verständlich und logisch aufzubauen, eine „Theorie der Verschwendung" zurechtlegen. Zweck dieses Abschnittes soll es sein, eine solche Theorie kurz zu schildern.

Es gibt, wie wir sahen, 40000000 mehr oder minder gesunde, arbeitsfähige Erwachsene. Die meisten von ihnen sind außerhalb ihres Hauses mit irgendeiner Arbeit beschäftigt oder bemüht, irgendwelche Arbeit zu erhalten. Wir sehen ungeheure Einrichtungen in Gestalt industrieller Anlagen. Vom Standpunkt einer funktionellen Gesellschaft sind die Beziehungen des Zweckes zu einer Tätigkeit und der Tätigkeit zu einer industriellen Anlage klar genug. Es gibt bestimmte Bedürfnisse hinsichtlich Nahrung, Wohnung und Kleidung, die befriedigt werden müssen; außerdem gibt es Bedürfnisse in Form von Annehmlichkeiten und Vergnügungen, denen nach Möglichkeit entsprochen werden soll. Das

Ziel wirtschaftlicher Tätigkeit ist die Benutzung jener industriellen Anlagen, um diesen Bedürfnissen mit einem Mindestmaß an Abnutzung, Bruch und Reibung zu entsprechen und dabei, wenn möglich, noch genug freie Zeit zu erübrigen, damit diese 40000000 Menschen Bilder malen oder auf Berge klettern, ins Kino gehen, sich auf den Kopf stellen oder irgend etwas anderes treiben können, was ihnen in ihren Mußestunden am meisten zusagt. Eine Hausfrau wird danach trachten, ihre Arbeit bereits am Vormittag zu erledigen, um nachmittags einen Tee besuchen zu können; je besser und schneller sie ihre Arbeit leistet, um so größer ist die Möglichkeit, nachmittags oder abends ihre Filmhelden auf der Leinwand zu sehen. So können wir bei unserer Theorie der Verschwendung zwei Forderungen unterscheiden: eine Ermittlung der Bedürfnisse als Ziel jeder wirtschaftlichen Tätigkeit, und die Wirksamkeit der Arbeitsverfahren, mit denen sich diese Bedürfnisse schaffen lassen. Der Beobachter muß die Bedürfnisse beschreiben können, er muß auch den gegenwärtigen Stand technischer Erzeugungs- und Verteilungsverfahren kennen, um entscheiden zu können, wo die bestehenden Verfahren hinter der Norm zurückbleiben. Wenn er sich diese Richtlinien eingeprägt hat, kann er jetzt bei seinen Beobachtungen als Verschwendung jede wirtschaftliche Tätigkeit bezeichnen, die nicht der Bedarfsdeckung dient oder nicht mit dem gegenwärtigen Stand der Arbeitsverfahren im Einklang steht. Stillstand wird ebenfalls als offensichtliche Verschwendung zu bezeichnen sein, ebenso die absichtliche Verschwendung wertvoller natürlicher Hilfsquellen. So unterscheidet unser Beobachter drei Arten verschwendeter menschlicher Arbeitskraft: die Erzeugung unnötiger Waren, Stillstand und minderwertige technische Arbeitsverfahren. Schließlich erkennt er auch Verluste — ausgedrückt in PS oder tons — bei der Verwertung natürlicher Hilfsmittel. Das wird etwa das sein, was er von oben sehen kann. Und diese vier Verlustquellen scheinen von dem uns gesetzten Standpunkt aus die Hauptbestandteile unseres Verschwendungsproblems zu sein — genau so, wie wir das bereits im ersten Abschnitt bei den vier Ruderern zu schildern versuchten.

Die Frage der Verschwendung ist theoretisch also ziemlich klar umrissen, gleichgültig, wie schwierig die praktische Auswertung aller Einzelheiten auch sein mag. Nehmen wir die beobachteten 40000000 Arbeiter — wieviele von ihnen vollbringen schädliche oder überflüssige Waren und Dienstleistungen und wieviele schaffen überhaupt nichts; wieviele von ihnen brauchen zur Erledigung ihrer Arbeit zu viel Zeit, weil sie nicht entsprechend vorbereitet wurde? Wie ist das Verhältnis dieser zuviel verbrauchten Zeit im Vergleich zur Normalzeit? Welcher Teil von der gesamten verfügbaren menschlichen Arbeitskraft wird von diesen drei Hauptverlustquellen abgezogen? Welcher Teil von den gesamten Rohstoffen, die der Kruste des Planeten abgerungen wurden, wäre zweckmäßiger da gelassen worden, wo er sich befand? Das sind die Fragen, die dem Flugzeugbeobachter begegnen, und das sind auch die Fragen, die wir in dem Umfang, wie es die folgenden Seiten zeigen sollen, zu beantworten versuchen werden.

Die Gesamtfrage beginnt sich also immer mehr als eine technische, weniger als eine moralische zu entpuppen; trotzdem haben einige Erörterungen bei dem Versuch, festzustellen, was unnötige Waren sind, der moralischen Beurteilung nicht entgehen können. Es ergibt sich keinerlei Gelegenheit, zu tadeln oder zu beschuldigen. Und es ergibt sich auch keinerlei Gelegenheit, sich moralisch zu entrüsten. Es besteht kein Zwang, bestimmte Vorschläge zu machen oder ein Programm für eine umfassende Ausmerzung vorkommender Verschwendung zu entwerfen. Bestimmte Annahmen zugegeben, so vor allem jene der funktionellen Überwachung, wird es trotzdem immer und zu allen Zeiten ein bestimmtes Maß verschwendeter Arbeitskraft und von verschwendetem Rohstoff geben. Ob diese Grenze richtig beschrieben und dargestellt wurde, muß dem Urteil des Lesers überlassen bleiben. Was unternommen werden soll, um sie noch mehr zu begrenzen, muß Aufgabe des Ingenieurs und des Staatsmannes sein. Die Annahmen sind nicht ganz so klar, wie wir es gewünscht hätten, und die Angaben, die wir unseren Berechnungen zugrunde legen mußten, lassen viel zu wünschen übrig. Bei einem so ungeheuren und weitverzweigten Gegenstand müssen wir aber das Gegebene als das zurzeit für uns mögliche Beste betrachten; auch da, wo unsere Theorie möglicherweise versagen könnte — was unzweifelhaft der Fall sein dürfte — können wir nur die Hoffnung aussprechen, daß trotzdem noch genug fester Boden bleibt, um unseren Versuch erstrebenswert erscheinen zu lassen.

Menschliche Bedürfnisse.

Die Befriedigung menschlicher Bedürfnisse ist unserer Theorie entsprechend das Ziel, dem die Erzeugung zunächst und vor allem entsprechen muß. Die Philosophie der menschlichen Bedürfnisse ist umfassend und in vieler Beziehung auch sehr bitter. Die meisten Wirtschaftler meiden sie daher nach Möglichkeit. Welcher Gott oder welcher Dämon wird sich bereitfinden, das, was wir haben wollen, zu ergreifen und vor den Pflug des Statistikers zu spannen? Was dem einen zum Nutzen gereicht, wird dem anderen zum Schaden. Ist es aber tatsächlich so? Wir wagen zu behaupten, daß dem Gewicht nach etwa 90% der menschlichen Bedürfnisse bekannt und auch bis in die letzte Stufe der Erzeugung hinein berechenbar sind. Vor allen Dingen ist der Bedarf an Nahrungsmitteln auf Grund ihrer Zusammensetzung von Eiweiß, Stärke, Fett und Mineralwerten mit ziemlicher Genauigkeit für alle Menschen zu ermitteln. Wie Dr. Raymond Pearl[1]) bewiesen hat, wird sich die Zu- oder Abnahme der Bevölkerung immer nach der Menge der Nahrungsmittel richten. In weniger ausgeprägtem Maße verlangen die Wohn-, Heizungs-, Bekleidungs- und Erziehungsmöglichkeiten einen einheitlichen gemeinsamen Nenner auf Grund der physischen Ausbeute — Holz, Eisen, Kupfer, Kohle, Öl, Zement. Erst dann, wenn wir uns den Annehmlichkeiten des Lebens — Luxus und Kunst — nähern, werden Meinungsverschiedenheiten auftauchen. Hier wird die Art der Nachfrage weit voneinander abweichen. Hier wird tatsächlich der Nutzen des einen dem anderen zum Schaden gereichen. Und hier ist auch der Punkt, wo die Ärzte unter sich zu keiner Einigung kommen können. Lassen wir es also so und behalten wir dabei stets im Gedächtnis, daß sich diese Meinungsverschiedenheiten nur auf 10% des Gewichts der Gesamtausbeute erstrecken; denn schließlich wissen wir ja auch, daß die Nachfrage nach Luxuswaren, Büchern, Kunstwerken und nach Erholung im allgemeinen nicht so sehr eine Frage des persönlichen Geschmacks als eine der Mode ist. Und die Mode ihrerseits sorgt wiederum für eine gewisse Einheitlichkeit und einen gewissen Ausgleich.

Verlustquellen im Verbrauch.

Die erste große Quelle verschwendeter menschlicher Arbeitskraft ist die Erzeugung von Waren, die außerhalb der menschlichen Bedürfnisse liegen. Da diese Waren zum größten Teil abgesetzt werden, ist es richtig, der Auffassung von J. A. Hobson zu folgen, der diesen Vorgang als Verschwendung im Verbrauch bezeichnet[2]). Die Zahl der Menschen, die durch Benutzung von Patentmedizinen im Laufe der Zeit schließlich von selbst zu ausgesprochenen Gegnern von Narkotikas wurden oder gar erkrankten, ist an sich schon eine Form der Verschwendung; wir werden aber vor allem die Zahl der industriellen Arbeiter zu erfassen suchen, die derartig schädliche Erzeugnisse in Behälter füllen, verpacken, anzeigen und schließlich verkaufen müssen.

Ruskin hat vielleicht die schwerste Anklage gegen Verschwendung dieser Art erhoben. Waren, die wirklichen Bedürfnissen entsprechen, bezeichnet er als Wohlstand (wealth). Eine Verkehrung der Bedürfnisse, also schädliche Erzeugnisse, nennt er Schaden (illth)[3]).

Es gibt noch eine Erzeugungsform der Verschwendung im Verbrauch, die hier zumindest erwähnt werden sollte — der wirtschaftliche Verlust, der beim Kauf von Lebensnotwendigkeiten durch Unkenntnis oder Aberglauben hervorgerufen wird. Im Laufe der Zeit bilden sich feste Kaufgewohnheiten heraus — Äpfel werden vor allem ihrer schönen roten Farbe, weniger ihres Nährwertes wegen gekauft; weißes Brot und polierter Reis werden dem gesünderen, nicht so stark ausgemahlenen Weizenbrot und braunem Reis vorgezogen. Die Stadt New York verlangt vor allem weiße Eier, die Stadt Boston dagegen braune. Roggenbrot ist im Aussehen weniger vornehm als Weizenbrot. Im ganzen betrachtet kann gesagt werden, daß die Bevölkerung der Vereinigten Staaten zu viel teures Fleisch und zu wenig von dem billigeren, aber gesünderen Getreide und Gemüse, zu wenig Käse und Obst ißt. Sollte es gelingen, den Verbraucher dazu zu erziehen, die Sachen zu verlangen und zu kaufen, die den höchsten Wert bei geringsten Kosten bieten, so würde bereits ein großer Teil produktiver Arbeitskraft erspart werden können. Henry Harap hat dem amerikanischen Volk mit der Herausgabe seines Buches „Die Erziehung des Verbrauchers" (The Education of the Consumer) einen unschätzbaren Dienst geleistet, indem er in großer Ausführlichkeit darauf hinwies, wie solche Verschwendung zumindest eingeschränkt werden könnte. Es braucht wohl nicht einmal betont zu werden, daß sich solche Anregungen nur auf die Lebensnotwendigkeiten, also auf Nahrung, Wohnung, Heizung und einen Teil der Kleidung beziehen. Haben wir einmal die Grenze der Lebensnotwendigkeiten erreicht, so scheint die menschliche Natur sich wirtschaftlichen Erwägungen zu verschließen. Man faßt eine Vorliebe für dieses oder jenes, und auch die beste „Erziehung des Verbrauchers“ wird wenig dazu beitragen, diese Vorliebe zu beeinflussen. Man kauft sich z. B. Krawatten nicht ihrer großen Haltbarkeit wegen, sondern weil man von ihnen eine Hebung der Persönlichkeit erhofft.

Unbeschäftigte menschliche Arbeitskraft.

Vielleicht das interessanteste und auch nachhaltigste Beispiel unserer zweiten Hauptquelle der Verschwendung ist die Arbeitslosigkeit. Es ist ausgerechnet worden, daß in den Vereinigten Staaten auch in wirtschaftlich äußerst günstigen Zeiten stets mehr als 1000000 Menschen Arbeit suchen und daß in Zeiten wirtschaftlicher Krisen, wie z. B. im Jahre 1921, diese Zahl sogar auf 5000000 bis 6000000 steigen kann. Auf die hauptsächlichsten Verluste, die durch Beschäftigungslosigkeit entstehen, soll noch eingegangen werden.

Verschwendung im Erzeugungsverfahren.

Seit Frederick W. Taylor vor fast einem Menschenalter die Grundsätze „Wissenschaftlicher Betriebsführung“ niederlegte, ist die amerikanische Industrie, vom Standpunkt der „Leistungsfähigkeit“ („efficiency“) betrachtet, führend. Als unmittelbarer Ausfluß dieser Bewegung ist die Arbeit von Hoover im Handelsministerium und die Arbeit des amerikanischen Normenausschusses zu nennen. Trotz der vielen offensichtlichen Mißgriffe wissenschaftlicher Betriebsführung, vor allem bei der Behandlung des Arbeiters, bleibt sie trotzdem ein zu großen Hoffnungen berechtigender Weg. Auf Grund der uns nach dieser Richtung hin vorliegenden Übersichten und Berichten soll ein großer Teil des gegebenen Beweismaterials das Vorhandensein dieser dritten großen Verlustquelle zeigen. Wir nehmen von diesen Beweisen Kenntnis und gehen dazu über, vorkommende technische Verschwendungen von einer höheren Warte aus zu betrachten.

Die Güte und der Stand der Erzeugung und Verteilung stützt sich auf den gegenwärtigen Stand der Technik, der Physik, der

Chemie und der Verwaltungsverfahren. Ein Strom kann nie die Höhe seiner Quelle erreichen, und Verschwendung kann nur da auftreten, wo ein bestimmter Arbeitsvorgang nicht nach dem zurzeit bekannten besten Verfahren ausgeführt wird. Um ein Beispiel anzuführen: für die Destillation von Kohle hat der Koksofen seinen Wert bewiesen. Die Tatsache, daß trotzdem noch ein großer Teil der Verkokung in Bienenkorböfen, die die Kohlenwerte nicht voll ausnutzen, vorgenommen wird, ist ein deutliches Beispiel von Verschwendung. Trotz alledem müssen wir vorsichtig sein, daß wir in dieser Auffassung nicht zu weit gehen. Wenn es auch stimmt, daß ungeheuerliche Verschwendungen vorkommen, weil die erprobten besten Verfahren nicht angewendet werden, so werden mitunter die Kosten der Ausschaltung alter Maschinen und der Anschaffung neuer weit größer sein als die möglichen Ersparnisse.

Es gibt noch einen anderen Punkt, der dem Flugzeugbeobachter in der Bewertung vorkommender Verschwendung gewisse Schwierigkeiten bereiten dürfte, und zwar die Standortfrage unter Berücksichtigung des heutigen industriellen Betriebes, wobei wir unter „Betrieb" jede industrielle Einrichtung, Fabriken, Transport- und Verteilungssysteme sowie die Landwirtschaft verstehen. Oder mit anderen Worten: welche Möglichkeit besteht, die augenblicklichen Arbeitsverfahren ohne große geldliche Anlagen zu verbessern? Einiges Licht wird auf diese Frage durch die bereits beschriebenen Kriegserfahrungen geworfen. Ohne große Veränderungen der Fabrikausrüstung konnte man, allgemein gesprochen, im Jahre 1918 die nach Gewicht berechnete Ausbeute je Arbeiter um etwa 30% erhöhen. Erreicht wurde das im wesentlichen durch eine Umgruppierung des Transportwesens inner- und außerhalb des Betriebes, durch eine bessere Ausnutzung der im Betriebe vorhandenen Hilfsmittel, kurzum, durch eine Zusammenfassung der Arbeitsprozesse. Entsprechend können wir also behaupten, daß in den heutigen industriellen Betrieben verhältnismäßig große Verluste, vor allem in bezug auf die technischen Arbeitsverfahren vorkommen.

Was aber, wenn der Betrieb umgestaltet und an einen anderen Ort verlegt wird? Angenommen, die Fabrikationsbetriebe würden soweit als möglich in die Nähe des Rohstoffvorkommens gelegt werden; angenommen, daß die Wasserwege ausgebaut und für schwere umfangreiche Frachten ausgenutzt würden; angenommen, es würde ein Großkraftsystem eingerichtet werden, um Bergwerke und Wasserkraft zu verbinden; angenommen, daß die Hauptmärkte sich im Einklang mit einer sinngemäßen Preisgestaltung entwickelten; angenommen, daß die gesamte Verteilung vereinheitlicht und vereinfacht würde! Es stehen uns nur wenige Angaben zur Verfügung, die uns auf diesem großen Gebiete Führer sein könnten. Die Erfahrungen in der Provinz von Ontario mit ihren großen hydroelektrischen Anlagen scheinen auf dem Gebiete der Großkraft zu zeigen, daß die durch eine solche Einführung möglichen jährlichen Ersparnisse so groß sein würden, daß die Kapitalsanlage in verhältnismäßig kurzer Zeit abgezahlt werden könnte. Ingenieure erzählen uns, daß gerade in derartigen Projekten ungeheure Ersparnisse schlummern. Der zahlenmäßige Beweis — ein Vergleich zwischen arbeitlichem Gewinn und Geldanlage — ist mitunter schwer zu erbringen. Häufig verlangen derartige große Pläne zu viel oder ein sich zu langsam verzinsendes Kapital, um dem Einzelunternehmer den von ihm ja vor allem erstrebten Gewinn zu bringen. Nur kommunale Unternehmungen können solche Pläne wirkungsvoll durchführen. Die aus dem Versagen, solche weitgesteckten Pläne durchzuführen, erwachsende menschliche Arbeitskraft ist bestenfalls eine äußerst spekulative Angelegenheit. Wir werden uns daher befleißigen, bei einer Erörterung solcher Punkte eine gewisse Vorsicht walten zu lassen.

Verschwendung natürlicher Hilfsmittel.

Die vierte und letzte Quelle der Verschwendung finden wir in der Vernichtung natürlicher Hilfsmittel, und zwar soweit der Bedarf angemessene, vernünftige Grenzen übersteigt. Heute mag es billiger und bequemer sein, „die Sahne“ ertragreicher Kohlenfelder, Ölquellen und Terpentinwälder abzuschöpfen; unsere Kinder und Kindeskinder werden für ein solches Vorgehen aber einen bitteren und hohen Lohn zahlen müssen.

Bleibt unser gegenwärtiger Verbrauch etwa der gleiche wie heute, so werden die amerikanischen Ölvorräte nach verschiedenen Schätzungen von maßgebender Seite noch 12 bis 20 Jahre vorhalten. Und doch, für jedes Faß Öl, welches schließlich seinen Bestimmungsort erreicht, sind 3 Faß entweder während der

Lieferung verschwendet worden oder aber für ewige Zeiten ungehoben in der Erde verblieben. In Amerika werden jährlich rd. 110000000000 Brettfuß Holz geschnitten, von denen nach einer Berechnung von Arthur D. Little 70000000000 verschwendet werden. Floyd W. Parsons, Schriftleiter der Zeitschrift „Gas Age Record", faßt die Lage folgendermaßen zusammen: „Die Entwicklungsgeschichte des amerikanischen Lebens und der amerikanischen Industrie ist vielleicht der erstaunlichste Bericht über eine Verschwendung von Werten und Reichtümern durch ein sorgloses, in den Tag hinein lebendes Volk, den die Welt jemals erlebt hat. Wir haben die Luft mit jenem Wunder an Heizkraft, dem Naturgas, überflutet; wir haben unser Land mit der Asche niedergebrannter Wälder bedeckt; wir haben aus Sport das Leben unserer wilden Tiere getötet; und unsere jungfräulichen Ländereien haben wir so weit ihrer Fruchtbarkeit beraubt, daß in vielen Gegenden Landwirtschaft eine ebenso außer Brauch gekommene Beschäftigung darstellt, wie z. B. das Spinnen am Spinnrad."

Messung vorkommender Verschwendung.

Es wurde bereits genug gesagt, um klar zu zeigen, daß eine Messung der menschlichen Arbeitskraft und der Rohstoffe nach Gewicht der Weg ist, auf dem wir bei den erwähnten vier Hauptquellen die vorkommende Verschwendung zu erfassen suchen werden.

Bei den ersten drei Quellen wird die Frage stets eine Verteilung der arbeitlichen Bemühungen von 40000000 Menschen sein. Wir gewinnen auf diese Weise einen festen und eindeutigen Ausgangspunkt: die wirtschaftliche Tätigkeit der Gesamtzahl gesunder, fähiger Erzeuger. Zu bemerken ist, daß sie uns indessen nur als „nutzbringend beschäftigt" interessieren, also als Einheit, die der Gesellschaft einen gewissen Gegenwert für die von ihr geleisteten Dienste gewährt. Es wäre nicht zur Sache gehörig und auch unhöflich, in ihre Tätigkeit als unabhängige menschliche Wesen während ihrer freien Zeit einzudringen.

Die meisten bisher angestellten Untersuchungen legten der Messung vorkommender Verschwendung Geldeinheiten zugrunde. Vor unseren erstaunten Augen häuften sich Milliarden auf Milliarden, und ohne Zweifel sprechen diese Geldsummen eine eindringliche Sprache. Auf dem hier zur Betrachtung stehenden

Gebiet ist es aber nur zu leicht möglich, daß sie mit ebenso viel verschiedenen Zungen reden könnten wie die Erbauer des Turmes zu Babel.

Ein schwankendes Preisniveau läßt dieses Vorgehen ebenfalls höchst unsicher erscheinen. Eine Verschwendung von 1000000000 Dollar im Jahre 1913 wird im Jahre 1920 2000000000 Dollar ausmachen. Sodann umfaßt ein solches Vorgehen alle Erzeugnisse, gleichgültig ob sie gut oder schlecht sind; denn mit einem Dollar kann man ebenso gut 10 Laib Brot wie eine Pille Heroin kaufen. Es neigt auch nur zu leicht zu Doppelberechnungen, wo zwei oder noch mehr Industrien in Frage kommen, ganz besonders aber dann, wenn die Verschwendung auf der Grundlage des Verkaufswertes der Ware berechnet wird. Zum Beispiel: beträgt der Gesamtumsatz in der Kohlenindustrie 1000000000 Dollar, und berechnet der Ingenieur eine Verschwendung von 50%, so wird als Verlust eine halbe Milliarde festgelegt. Inzwischen kann der Umsatz in den metallverarbeitenden Industrien 3000000000 Dollar betragen und die vorkommende Verschwendung mit 33⅓% berechnet werden, der Verlust also dementsprechend 1000000000 Dollar ausmachen. Beträgt jetzt die Verschwendung dieser beiden Industrien zusammen 1500000000 Dollar? Nein. Der Umsatz der Metallindustrie schließt auch den Kauf großer Kohlenvorräte ein, deren vorkommender Verlust bereits berechnet wurde. Würde man auch hier wieder den Verlustsatz von 33% hinzunehmen, so gelangt man zu einer unnötigen Verdoppelung. Anderseits sind uns die in der Kohlenindustrie ebenso wie die in der Metallindustrie vorhandenen menschlichen Arbeitskräfte bekannt, und so können wir die entsprechenden Verlustsätze mathematisch weit einfacher und sicherer bestimmen.

Soweit das möglich ist, sollen daher in den folgenden Abschnitten als Maßstab vorkommender Verluste entweder menschliche Arbeitskraft oder Rohstoffe benutzt werden. Von Zeit zu Zeit werden aber auch mangels anderer ausreichender Angaben, Berechnungen menschlicher Arbeitskraft auf Grund geldlicher Zahlen angestellt werden müssen. Hierbei werden wir aber stets davon ausgehen, daß 2000 Dollar jährlich die Grundlage für eine entsprechende Aufteilung jeweils gegebener Geldwerte darstellen, um den Wert der vorhandenen menschlichen Arbeitskraft annähernd richtig berechnen zu können. Obwohl der Durchschnittslohn in Amerika zurzeit nicht mehr als 1500 Dollar beträgt, wurden dennoch 2000 Dollar als Grundlage genommen, um für gewisse Weiterungen Raum zu lassen und einer Kritik, daß unsere Berechnungen den Durchschnitt überschreiten, vorzubeugen. Ein Beispiel: beträgt der gesamte Umsatz in der Reklameindustrie jährlich 1200000000 Dollar und wird als Durchschnittslohn 2000 Dollar angenommen, so erhalten wir die Zahl von 600000 unmittelbar oder mittelbar in diesem Berufszweig Beschäftigten. Indessen ist, wie gesagt, die Gefahr doppelter Berechnungen bei diesen geldlichen Schätzungen stets vorhanden.

Zusammenfassung.

Wenn wir auch in den nächsten Abschnitten bemüht sein werden, zahlenmäßig und bildlich vier Hauptquellen der Verschwendung zu erforschen und zusammenzufassen, so sind wir uns doch keinen Augenblick darüber im unklaren, daß in einer so umfassenden und weitreichenden Aufgabe ungeheuer viele Elemente mitsprechen, die sich kreuzen und immer wieder schneiden werden; so daß die schließlich ermittelten Zahlen mehr oder minder immer nur Schätzungen bleiben werden. Die Stärke der Untersuchung wird und muß in der schließlichen Zusammenfassung einer vor allen Dingen zahlenmäßigen Beschreibung liegen.

Der Verfasser gibt sich auch keinerlei Täuschungen über die Möglichkeit einer sofortigen Einführung dieses wirtschaftlichen Systems hin, das sich nicht mehr so sehr auf Besitzrechte als auf Funktionen stützt. Der industrielle Generalstab — gleichgültig, ob er die Form eines politischen Amtes, eines gemeinschaftlichen Clearing Houses für Erzeuger und Verbraucher darstellt, ob es sich um den Aufsichtsrat einer großen privatkapitalistischen Gesellschaft oder um eine Handelskammer fortschrittlich gesonnener Geschäftsleute (wie sie z. B. E. A. Filene vorausschauend sieht), oder um eine Spitzenorganisation industrieller Gewerkschaften handelt — wird niemals seinen Flugzeugbeobachter landen lassen, bis sich die der Masse in Fleisch und Blut übergegangenen Gewohnheiten der gegenwärtigen Generation überlebt haben. Vielleicht ist die menschliche Natur so kompliziert, daß es niemals dazu kommen wird. . . .

★

IV. Menschliche Bedürfnisse.

Das erste Erfordernis unserer Theorie der Verschwendung, wie wir sie im vorigen Abschnitt andeuteten, bestand in der Bestimmung einer gewissen Norm der Lebensnotwendigkeiten und in der Forderung nach guten Waren und ebensolchen Dienstleistungen, denen die Erzeugung entsprechen sollte. Jetzt soll der Versuch unternommen werden, eine solche Norm kurz zu beschreiben.

Zweckmäßig wollen wir mit zwei Aussprüchen beginnen, und zwar mit einem aus Bertrand Russels Besprechung des Buches „Dance of Life" von Havelock Ellis und sodann mit einem aus J. A. Hobsons „Work and Wealth".

„Die Moralisten neigen dazu, das Leben als vor allen Dingen aus Arbeit bestehend zu betrachten und sich nur solche Pausen zur Erholung zu gönnen, die physiologisch nötig sind. Havelock Ellis betrachtet das Leben vornehmlich als ein Spiel, das nur durch die Notwendigkeit einer gewissen Mindestmenge an Arbeit unterbrochen wird, um sich die Notwendigkeiten zur Existenz zu sichern."

„Dieser wirtschaftliche Mensch ist nirgends zu finden. Der wirkliche Mensch, wie ihn viele Anthropologen schildern, scheint mit dem Luxus zu beginnen und die Annehmlichkeiten zu entbehren."

Kein Versuch, die menschlichen Bedürfnisse festzulegen, wird sich der Lächerlichkeit entziehen können, wenn nicht die grundlegende Wahrheit dieser Beobachtungen voll berücksichtigt wird. Kroeber vertritt in seiner „Anthropology" die Annahme, daß aller Wahrscheinlichkeit nach Schmuck immer der Kleidung voranging. Erst kam das Halsband aus Knochenbein, dann der Schurz aus Leder.

Damit aber dieser Nicht-Utilitarismus nicht mit den Argumenten entschwinden kann, soll gewissermaßen als Gegenstück noch Ruskin angeführt werden:

„Und weder durch eine Achtung nützlicher oder nutzloser Dinge kann die menschliche Einschätzung dieser Dinge ihren Wert ändern. Bestimmte Stoffe werden dem Menschen zur Nahrung dienen und andere werden schädlich für ihn sein; was er auch über sie denken oder wünschen mag, er wird ihre Kraft weder ändern noch vermindern können. Ißt er Getreide, wird er leben; ißt er Nachtschatten, wird er sterben. Erzeugt er schöne und gute Dinge, so werden sie ihn erquicken; sind sie schlecht und häßlich, so werden sie ihn verderben und ihn zerschellen, d. h. ihn je nach dem Grad ihrer Macht töten"[1]).

Wären alle Verbraucher nach dieser Richtung hin gut erzogen, hätten alle etwa die gleiche Kaufkraft auf dem Markt, wären die zum Verkauf angebotenen Waren und Dienstleistungen von Mängeln und Fälschungen frei, so wäre es überflüssig, eine Untersuchung der menschlichen Bedürfnisse anzustellen. Man würde das, was der Verbraucher verlangt, als den wahren Maßstab ansehen. Die Verbraucher sind aber zum Eigenschutz gegen verfälschte Waren nicht erzogen; sie haben auf dem Markt nicht alle die gleiche Kaufkraft und werden daher dazu verleitet, billige Nachahmungen jener Ware zu kaufen, die ihre wirtschaftlich überlegenen Mitmenschen besitzen. Verfälschung und Kurpfuscherei blühen. Der heutige Anzeigende hat eine Technik der künstlichen Anregung entwickelt, die sogar eine Kleopatra zum Erröten bringen würde. Schließlich macht es die Zahl und Vielheit der heute zum Verkauf gestellten Waren dem Verbraucher unmöglich, das, was er kauft, zu prüfen und zu bewerten. In den meisten Fällen muß er sich in dieser Beziehung auf jemand verlassen können, und in drei von vier Fällen wird es der Anzeigende sein, dem er glauben muß. Von diesem Gesichtspunkt aus betrachtet verliert unsere Untersuchung vielleicht einiges ihrer anfänglich erscheinenden Überflüssigkeit. Eine Berechnung des tatsächlichen menschlichen Bedarfs im Gegensatz zu den laufend verkauften und gelieferten Waren und Dienstleistungen hat daher einen unbedingten Wert für die Aufstellung einer Theorie industrieller Verschwendung.

Jene Zweifelnden indessen, die die Meinung vertreten, daß menschliche Bedürfnisse einer Begriffsbestimmung unzugänglich sind, die behaupten, daß ohne Einsetzung einer unduldsamen moralischen Zensur gute Sachen von schlechten nicht unterschieden werden können, sollten diesen Abschnitt einfach überspringen und diese Gruppe der Verlustquellen als einen durchaus berechtigten Teil der Verschwendung betrachten. Dadurch wird unsere These keineswegs über den Haufen geworfen, sondern lediglich einer der vier Hauptteile der Untersuchung beseitigt.

Einigen von uns erscheint es indessen trotz der deutlichen Gefahren und der bestehenden Schwierigkeiten des Gegenstandes nötig, einen Trennungsstrich zwischen wertvollen und nutzlosen oder schädlichen Waren zu ziehen. Kann man die wirklich ungeheure Energie, die heute in den militärischen Einrichtungen verschiedener christlicher Nationen festgehalten wird, überhaupt als sozial nötig und wünschenswert bezeichnen? Entspricht der Opiumhandel einem unbedingten Bedürfnis? Kann man die mitunter wirklich übertriebenen geldlichen Aufwendungen der Reichen — besonders der Neureichen — als nützlich und weise ansprechen? Sind die wertlosen Patentmedizinen, welche die Gutgläubigen verwenden, sind Kurpfuscher, Charlatans und Zauberer mit ihren „unfehlbaren“ Kuren, mit ihren Botschaften an die Verstorbenen und ihren Hilfsmitteln zur „Verdoppelung des Geldes in einer Woche“ — sind alle diese Tätigkeiten zu den menschlichen Bedürfnissen und Lebensnotwendigkeiten zu zählen? Trotz unseres Wunsches, allen Menschen das zu lassen, was ihre Gewohnheiten ihnen als notwendig vorschreiben, müssen wir doch mit Ruskin versuchen, einen Strich zu ziehen — nichts kann so fein als ein Strich sein! — zwischen jenen Waren und Dienstleistungen, die im Einklang mit einem guten Leben zu stehen scheinen, und jenen, die nicht dazu nötig sind.

Das erste, wogegen man sich bei jeder versuchten Erläuterung von Lebensnotwendigkeiten schützen soll, ist also, wie aus alledem klar hervorgeht, eine zu strenge Beurteilung lediglich auf der Grundlage der Zweckmäßigkeit. Der Mensch lebt nicht von Brot allein. Viele seiner Bedürfnisse erfüllen keinen irgendwie lebensnotwendigen Zweck — z. B. nach Tee, Tabak usw. Die Befriedigung vieler dieser Bedürfnisse kann mitunter nur durch einen vermehrten Arbeitsaufwand nach Erreichung der Nützlichkeitsnorm ermöglicht werden. Der Mensch kann bei einer völlig fleischlosen Kost leben und sich auch gesund dabei erhalten. Ein Pfund Fleisch enthält 10 mal soviel Nährkraft wie die gleiche Menge Getreide. Oder mit anderen Worten: 10 Menschen können von der gleichen Menge Getreide leben, die, in Fleisch umgesetzt, nur einen Mann ernähren wird. Vom reinen Nützlichkeitsstandpunkt aus betrachtet, ist die wirtschaftliche Verschwendung daher ungeheuer. Bei alledem bleibt aber immer noch die nackte Tatsache bestehen, daß die meisten Menschen der westlichen Zivilisation Fleisch verlangen; den Unterschied zwischen Fleisch und Getreide als Verschwendung zu bezeichnen, würde, von jedem praktischen Standpunkt aus gesehen, vollkommen irreführend sein. Wohl mögen sich die Vegetarier an derartigen Zusammenstellungen erfreuen; sie haben aber für eine Untersuchung wirtschaftlicher Verlustquellen so lange keinerlei Bedeutung, als die Mehrzahl der Bevölkerung eine vorzugsweise nichtvegetarische Kost genießt.

Warum kaufen sich die Verkäuferinnen Seidenstrümpfe, trotzdem sie noch keine warme Unterkleidung besitzen? Warum kaufen wir Hüte à la Prince of Wales, wenn wir bereits einen guten Hut besitzen? Warum kaufen wir überhaupt Hüte — in gemäßigten Zonen erfüllen sie eigentlich keinen richtigen Zweck, und ihre steifen Ränder tragen vielleicht sogar viel zur Erlangung einer Glatze bei. Schließlich ist auch noch die Frage offen, warum wir so große Mengen völlig nutzloser Waren kaufen müssen, nur um mit den Müllers und Schulzes Schritt halten zu können? Man denke in diesem Zusammenhang nur an den Automobilfimmel, an das Radio, an Silbergeschirr, an das Abendkleid und den Frack. Vom Nützlichkeitsstandpunkt aus sind das alles unbedingte Verschwendungen. Die menschliche Natur ist aber nun einmal so geartet, daß sie das dringende Bedürfnis hat, es mit den Müllers und Schulzes aufnehmen zu können — ganz besonders in demokratisch regierten Ländern. Das individuelle Ich zittert vor dem Gedanken, die Norm des Durchschnitts nicht erreichen zu können. Der Tod ist immer noch besser als das Tragen eines Arbeitsanzuges bei einer Tischgesellschaft oder einer gestreiften Mütze beim Empfang eines Königs!

Jede Untersuchung von Verschwendung im Verbrauch muß, falls sie nicht den Stempel der Lächerlichkeit tragen soll, die unheimliche Macht der Überlieferung, der Gewohnheit, der gesellschaftlichen Norm berücksichtigen. Worauf indessen in diesem Zusammenhang geachtet werden muß, ist der Faktor der künstlichen Anregung. Und gerade er ist es, der wegen der bestehenden Ungleichheit der Kaufkraft eine wirtschaftlich schwache Klasse aus Gründen des Ansehens zwingt, die Narrheiten der besser gestellten Klasse blindlings nachzuahmen. Veblen hat gerade auf diesem Punkt eine Philosophie der Verschwendung aufgebaut und sie als „Die Theorie der Müßiggangklasse“ bezeichnet. Wenn eine kleine Gruppe von Pariser Konfektionären, die nur von dem Wunsche geleitet wird, so schnell als möglich reich zu werden, den Versuch unternimmt, Frauenmoden mit höchster Geschwindigkeit zu ändern, um den Umsatz zu erhöhen und gute Kleiderstoffe innerhalb einiger Monate unbrauchbar werden zu lassen — dann können wir von tatsächlichen und ernsthaften Formen der Verschwendung sprechen. Wenn das ganze Streben unseres heutigen Anzeigenwesens sich vor allem darauf richtet, die Kaufkraft von Lebensnotwendigkeiten auf Überflüssiges zu lenken; wenn eine Müßiggängerklasse ihre Macht in Form von übermäßiger Konsumtion mißbraucht und die wirtschaftlich Schwächeren zwingt, die ihnen für Lebensnotwendigkeiten zur Verfügung stehenden Mittel für billige Nachahmungen zu verwenden, dann haben wir die Verlustquellen, die im Zusammenhang mit unseren Betrachtungen von besonderer Bedeutung sind.

Individuelle physiologische Bedürfnisse.

Welches sind die nackten Lebensnotwendigkeiten, die die Menschen in allen Ländern und zu allen Zeiten haben müssen? Welches ist der geringste gleiche Nenner für ein gesundes Leben?

Essen und Trinken, wobei das Essen die richtigen Bestandteile von Eiweiß, Stärke, Fett und Mineralwerten aufweisen muß.

Zufluchtsort für Wärme und Schatten und für jenes eingewurzelte Gefühl des Herdes, das Heim.

Kleidung für Wärme und Schutz — indessen nur in einigen Landstrichen.

Liebe für die Erhaltung der Art und für Kameradschaftlichkeit.

Spiele — einschließlich Rhythmus, Betätigung und Erholung.

Neugierde — die Freiheit zu untersuchen, zu basteln, zu erforschen — der Anfang organisierten Wissens.

Diese physiologischen Bedürfnisse kommen denen der höheren Tiere gleich mit der einen Ausnahme, daß der Instinkt im Menschen weniger ausgebildet ist und daß eine größere schöpferische Intelligenz vorhanden sein muß, um das Einzelwesen seiner Umgebung anpassen zu können. Die Natur ist beim Menschen nicht so freigebig gewesen wie bei den Tieren, indem sie uns keinen kostenlosen Schutz gegen das Klima schaffte. Die gegebenen Bedürfnisse sind grundlegend. Kein Mensch kann lange Zeit hindurch ein normales Leben führen, wenn er nicht die meisten bzw. alle diese Bedürfnisse berücksichtigt. Trotzdem vervollständigen sie noch lange nicht das Bild. Der Mensch ist ein soziales Tier. Die neuzeitige Anthropologie hat die Sage des einsamen Höhlenbewohners zerstört, der einem Tiger gleich mit seiner ganzen Art ständig auf dem Kriegsfuß lebte. Scheinbar hat der Mensch stets in Gruppen, im Clan oder in Herden gelebt. Mitunter waren diese Gemeinschaften sehr klein; oft befanden sie sich im Kriege mit anderen, niemals jedoch, von Ausnahmen abgesehen, als Einzelwesen oder als Familie. Um für unsere Zwecke ein wahrheitsgetreues und vollständiges Bild zu erhalten, müssen wir noch jene Bedürfnisse hinzunehmen, die das Gemeinschaftsleben seit ewigen Zeiten uns auferlegte. Wir glauben, daß die Anthropologen mit der folgenden Aufstellung einverstanden sein werden, die auf die in jeder Gruppe — gleichgültig wie tiefstehend sie auch sei — vorzufindenden Bedürfnisse eingeht.

Soziale Bedürfnisse.

Sprache.

Die Entwicklung der Verständigungsmittel und die Errichtung eines Wissenskörpers, der von Menschenalter zu Menschenalter überliefert wurde, ist der Charakterzug, der uns vor allem anderen endgültig von den Tieren trennt. Die Tradition des Wissens brauchte nicht lange Zeit, um die Form der Erziehung anzunehmen. Die mündlichen Überlieferungen der Weisen von gestern sind die Universitäten und Forschungsstätten von heute. Vielleicht ist gerade diese Äußerung intellektueller Neugierde, die schließlich zu einem planvollen Wissen führte, das wertvollste aller menschlichen Bedürfnisse. Man braucht nur eine Stunde mit einem nichtverdorbenen Kinde zusammen zu sein, um die Stärke dieser Eigenschaft begreifen zu können.

Religion.

Eines der Hauptbedürfnisse ist die Anbetung irgendeiner Kraft, die höher steht als menschliche Macht. Es wurde noch kein noch so tiefstehendes Geschlecht gefunden, das nicht eine wohldurchbildete religiöse Überlieferung besaß.

Regierung und Gesetz.

Diese sozialen Bedürfnisse sind auch in einem Gemeinschaftsleben unerläßlich. Es gibt wohl einige vereinzelte Stämme, die ihre tägliche Arbeit mit einem geringsten Maß staatlicher Einmischung verrichten; andere dagegen, trotzdem sie in gleichem Maß völlig abgeschlossen sind, besitzen ein äußerst umfassendes System staatlicher Überwachung. Gesetze können schriftlich oder auch nur mündlich festgelegt werden; sind sie aber einmal da, so erben sie sich von Rasse zu Rasse und von Zeitalter zu Zeitalter fort. Die Form der Regierung schwankt wohl, aber Regierungen gibt es immer. Ehe der weiße Mann erschien, fanden sich bei den indianischen Stämmen des nördlich von Mexiko gelegenen Amerikas nur zwei Könige inmitten unzähliger freier Demokratien. Wir finden durch die Erbfolge bestimmte, ebenso wie frei gewählte Herrscher, religiöse Häupter, Führerinnen, Zauberer — Führer jeder Art, aber stets irgendeinen Führer, um der Gruppe als Oberhaupt und als Leiter zu dienen, um Kriege zu führen, um die Bräuche zu erhalten und Streitigkeiten zu schlichten. Bemerkenswert ist, was hier indessen nur angedeutet werden soll, daß keine jener Gemeinschaften Privateigentum in irgendeinem annähernd so großen Umfange besaß, wie unsere heutige westliche Zivilisation persönliches Eigentum in Form von Kleidung, Schmuckstücken usw. aufzuweisen hat. Waffen und Werkzeuge wurden schon immer geschätzt. Eigentum aber, so unentwirrbar und unfaßbar wie Obligationen, Aktien und Schuldscheine, stellt eine metaphysische Abstraktion dar, mit der die wirklichkeitsnahe Gedankeneinstellung dieser Völker bestimmt nichts anzufangen wüßte. Was hätte z. B. Plato mit einer Aktiengesellschaft zu beginnen gewußt?

Kunst.

In gleicher Weise wird keine Gemeinschaft zu finden sein, die sich nicht in irgendeiner Form künstlerisch ausgezeichnet hat. Tanzen, Singen, Märchen erzählen, Volkssagen sind so gut wie allgemein, ebenso wie gewisse Muster in Verbindung mit Ton und Textilwaren. Wir kennen die von den Cro-Magnons vor 20000 Jahren an den Wänden von Höhlen im südlichen Frankreich eingeäzten Büffelgestalten. Architektur ist eine alte und fast allgemein vorzufindende Kunst. Dichtung geht noch weiter zurück.

Sport und organisierte Spiele.

Dieses Bedürfnis ist so offensichtlich, daß es keiner Erläuterung bedarf. Es umfaßt sowohl Vergnügungen im Freien als auch in geschlossenen Räumen, u. a. auch Zirkus, Kino, Radio und verschiedene Arten von Sammlungen. Von den olympischen Spielen zu Delphi bis zu den olympischen Spielen in Paris sind die Gruppenspiele von Jahrhundert zu Jahrhundert weiter marschiert. Fraglich ist aber, ob die gewerbsmäßigen sportlichen Veranstaltungen von heute die Anzahl der Teilnehmer nicht künstlich beschränken und die der Zuschauer künstlich erhöhen — zum Schaden für beide Teile. Es bereitet zwar großes Vergnügen, zuzuschauen, aber noch größeres, selber mitzutun. Die Beobachter bilden eine größere Einnahmequelle als die Spieler — es scheint fast, daß wir alle schon zu viel beobachten. Dem Bedürfnis nach sportlicher Betätigung kann vielleicht biologisch besser entsprochen werden, wenn wir uns in größerem Umfang selber am Spiel beteiligten.

Als eine gewisse Weiterentwicklung des Sports und der Spiele finden wir in fast jedem Zeitalter und in fast jedem Volksstamm die verschiedensten Formen der Wettspiele, und von diesem Standpunkt aus betrachtet scheinen sie auch eine gewisse Berechtigung zu haben. Aber auch hier wieder finden wir zwischen den unter Freunden veranstalteten Wettspielen und jenen in geschäftliche Form gebrachten Wettunternehmungen der heutigen Zeit, wie z. B. Spekulationen an der Börse, Pferderennen, Monte Carlo usw., große Unterschiede. „Der Roulettetisch macht sich für niemand als den Bankhalter bezahlt. Trotzdem ist eine Leidenschaft für das Spiel allgemein, indessen eine solche für das Halten der Bank unbekannt“[2]).

Arzneimittel und Gesundheit.

Es gibt keinen Stamm ohne Doktor und Medizinmann. In manchen Fällen finden wir Medizin, Zauberei und Religion unentwirrbar miteinander verbunden, wie z. B. bei den melanesianischen Indianern der Banksinseln oder bei den christlichen Gesundbetern. Arzneimittel und die Pflege der Gesundheit stellen ein grundsätzliches Gruppenbedürfnis dar. Es ist auch keineswegs völlig einwandfrei erwiesen, daß die allopathische Schule die allein berechtigte Verwalterin dieses Bedürfnisses ist. Es bleibt bei alledem noch immer viel zugunsten der christlichen Wissenschaft und der Theosophie zu sagen. Nichts bleibt aber übrig für jene Charlatans, die bewußt und mit Absicht, in Form von schädlichen Patentmedizinen, „elektrischen Behandlungskuren" und „Augendiagnosen" Geld aus dem menschlichen Glauben herausschlagen. Nichts kann die Auswüchse vorkommender Verschwendung in dieser Gruppe vielleicht so eingehend und so treffend schildern wie die genaue Untersuchung einer Patentmedizin, die H. G. Wells in seinem Buch „Tono Bungay"[3]) durchführte.

Familie und Sitten.

Diese Gruppenbedürfnisse stellen vielleicht die stärksten aller Gewohnheiten dar. Wir finden sie bei jedem noch so primitiven Volksstamm. Von den australischen Buschmännern — eine der tiefstehendsten aller lebenden Rassen — wird berichtet, daß sie das vielleicht strengste System sexueller Verbote besitzen sollen. Solche Bedürfnisse umfassen im allgemeinen keine bedeutende wirtschaftliche Tätigkeit und liegen außerhalb des Rahmens einer rein wirtschaftlichen Untersuchung vorkommender Verschwendung.

Narkotika.

Hier haben wir es mit einer rätselhaften, eigentümlichen Klasse zu tun. Im ersten Augenblick ist man leicht geneigt, Narkotika als unberechtigtes Bedürfnis anzusprechen und sie völlig zu den Verlustquellen zu zählen, aber eine anregende Tasse Kaffee am frühen Morgen, die Tasse Tee auf einer schattigen Terrasse und ein Schnitt dunkles Münchener Bier, die Pfeife am gemütlichen Lagerfeuer! Was für Zerstörungen sie auf den Körper auch ausüben mögen, in der geistigen Anregung bieten sie doch einen gewissen, wenn auch vielleicht nicht ausreichenden Ausgleich hierfür. Der Verfasser ist der Meinung — unzweifelhaft ganz ohne Berechtigung — daß es in einer Gesellschaft, die nach höchstem Wohlergehen strebt und auch in diesem Sinne geleitet wird, so viele interessante Aufgaben und so viel aufregende Erfahrungen geben müßte, daß Narkotika allmählich ihren großen Einfluß verlieren und schließlich vielleicht völlig verschwinden würden. In einer solchen Gesellschaftsform könnten diese Gifte vielleicht in Bausch und Bogen als Verschwendung betrachtet werden. In unseren heutigen dunklen Tagen indessen, angesichts unserer Unsicherheit und Nervosität, bieten gerade diese Sachen einen gewissen Ansporn, einen gewissen Balsam für unsere armen, unruhigen Herzen. Es ist schwer, ein Volk zu finden ohne Alkohol, ohne Tabak und ohne seine Betelnuß. Das Sehnen ist tief verankert. Wie die Lage heute ist, bezweifle ich sehr, ob man die Arbeitskraft, die zur Erzeugung von Narkotika erforderlich ist — und zusammengefaßt ist diese menschliche Arbeitskraft ziemlich bedeutend — ohne weiteres als Verschwendung ansehen kann. Vielleicht sind alle Alkoholarten mit Ausnahme von Wein und Bier, vielleicht ist ein großer Teil des heutigen Tabakverbrauchs, und bestimmt sind alle Formen des Opiums völlige Verschwendung. Tee und Kaffee indessen behaupten ihren umkämpften Platz, und duftend und dampfend wollen wir sie stehen lassen.

So können wir uns ein ziemlich greifbares Bild jener Einzel- als auch Gruppenbedürfnisse machen, die zu allen Zeiten und in allen Ländern stets zu finden sein werden. Nur in Äußerlichkeiten werden sich die Bedürfnisse der westlichen Zivilisation von denen anderer Zivilisationen unterscheiden; denn alle bauen sich auf den gleichen Wurzeln der menschlichen Natur auf. Vorkommende Verschwendung ist weniger auf die Unzweckmäßigkeit bestimmter Waren zurückzuführen als vor allem auf ein Übermaß, auf Verfälschung, künstliche Anregung — also auf den allein verfolgten Zweck des schnell zu erwerbenden Reichtums, oder auch einfach auf Dummheit. Nur wenige von uns wissen, von den uns von der Natur gegebenen Bedürfnissen ausgegangen, ganz genau, was wir wollen. Bei dem unruhigen Hin- und Hertasten, um diese Kenntnisse zu erlangen, kommt ebenfalls in großem Maße Verschwendung vor. Jede Gruppe der Bedürfnisse verlangt wirtschaftliche Tätigkeit, entweder in Form von Waren oder Dienstleistungen, und zwar einzelne Gruppen in größerem Maße als andere.

Wenn auch unser Hauptinteresse sich vor allem jenen Gruppen zuwendet, die einen großen wirtschaftlichen Aufwand bedingen, so bitten wir um Nachsicht, wenn wir trotzdem im folgenden eine nach Möglichkeit vollkommene Aufstellung der Bedürfnisse und der zu ihrer Befriedigung erforderlichen Tätigkeiten geben:

Bedürfnis	Erforderliche wirtschaftl. Betätigung	Vorkommende Verluste im Verbrauch
1. Nahrung	*Ungeheure* — vielleicht der größte Teil menschlicher Arbeit	Verfälschung u. übermäßige Verfeinerung
2. Wohnung	*Ungeheure* — Holz, Eisen, Mauerwerk, Ausstattung der Häuser, Innenausschmückung	Spekulationsbauten, Überfüllung, übermäßige Verfeinerung
3. Kleidung	*Ungeheure* — Baumwolle, Wolle, Seide, Leder, Pelze	Billigkeit, künstlich angeregte Mode, übermäßige Verfeinerung
4. Sprache u. Erziehung	*Bedeutende* — Schulen, Universitäten, Vorträge, Bücher, Postdienst, Telephon, Telegraph, wissenschaftliche Beiträge, Zeitschriften	Reklame an Stelle von Tatsachen; zum Teil Anzeigen
5. Erholung	*Große* — Baseball, Fußball, Wassersport, Boxkämpfe, Automobilfahren (zum Teil), Radio, Kino, Variété, Tanz, Geselligkeit, Reisen, Bridge, Billard, Golf, Wetten, Spielwaren, Sammlungen	Künstliche Anregung durch übermäßige geschäftliche Handhabung
6. Regierung u. Gesetz	*Ungeheure* — militärische Einrichtungen, Polizei, Gerichtswesen, Zivildienst, auswärtige Beziehungen	Krieg (zwischen Völkern mit ähnlicher Kultur), ein großer Teil der Gesetzgebung für den Besitz
7. Gesundheitliche Einrichtungen	*Bedeutende* — Krankenhäuser, Kliniken, Bäderwesen, zahnärztliche Dienstleistungen, Arzneien und Heilmittel	Kurpfuscherei
8. Religion	*Bedeutende* — Kirchen, Kathedralen, Colleges, Wohlfahrtseinrichtungen, Bücher, Erbauungsschriften, Musikinstrumente	Quacksalberei

9. Kunst	*Bedeutende*— Theater, Oper, Konzerte, Bildergalerien, kunstgewerbliche Schulen, Literatur, Architektur, Musikinstrumente, klassischer Tanz	Übermäßige geschäftliche Handhabung
10. Liebe	*Geringe* — Blumengeschäfte, Geschenkindustrie, Goldwarenhändler, Schneider	

Diese zehn Gruppen müssen, trotzdem sie sich sicherlich oft überschneiden, doch als eine ungefähre Erfassung der menschlichen Bedürfnisse gelten. Soweit wirtschaftliche Tätigkeit diesem Ziele zustrebt, wird sie niemals verschwendet sein, gleichgültig, wie weit die technischen Verfahren, die hierbei angewendet werden, als verlustreich bezeichnet werden mögen. Verlustquellen entstehen dort, wo sich Verfälschungen, Bestechungen, Kurpfuscherei, künstliche Anregung, übermäßige geschäftliche Handhabung und ebensolche Verfeinerung einschleichen.

So steuern wir auf unser Ziel los. Wer soll das Urteil sprechen, wo die Kunst aufhört, frei zu sein und verkrüppelt; wo die Moden schneller wechseln als zulässig; wo ein Krieg nötig und wo er unnötig ist; wo das Sportwesen allzu geschäftlich gehandhabt wird und schließlich, wo das Heilwesen Kurpfuscherei wird? Der Himmel mag das wissen! Es gibt hier keine Formel. Erfahrung und gesunder Menschenverstand sind hierbei die einzigen Schiedsrichter. Sicher kann behauptet werden, daß es nicht zwei Menschen geben dürfte, die bezüglich nützlicher und schädlicher Arbeiten, Waren oder Dienstleistungen einig gehen werden. In der rechten Spalte unserer Aufstellung haben wir das aufgeführt, was unserer Meinung nach als Verschwendung zu bezeichnen ist. In den folgenden Abschnitten werden wir noch ausführlicher darauf zurückkommen und dem Leser dann die Entscheidung überlassen, inwieweit unsere Schlußfolgerungen irrig sind.

★

V. Verlustquellen im Verbrauch.

Unkenntnis der Verbraucher.

Nach zwei Richtungen hin kann der Verbrauch verbessert werden: zunächst durch Abschaffung schädlicher, schlechter oder unnötiger Produkte; sodann durch eine zweckentsprechendere Auswahl der guten Erzeugnisse. Als Beispiel der ersten Richtung kann wohl am besten die durch die Erzeugung nutzloser Patentmedizinen verlorene Arbeitskraft genannt werden und als zweites Beispiel der Kauf von rotbackigen aber holzigen Äpfeln an Stelle von grünen oder gelben, die den doppelten Nährwert besitzen.

Von den in Amerika verbrauchten Getreidearten besitzt Hafer den größten Nährwert; ihm folgen Gerste, Roggen, Mais, Reis und Weizen. Und trotzdem ist der Verbrauch dieser Getreidearten in umgekehrter Reihenfolge zu beobachten. An erster Stelle steht der Weizen, und ihm folgen Mais, Reis, Roggen, Gerste und Hafer. Der Genuß von weißem Brot ist lediglich eine Gewohnheit. Bis vor kurzem verband man mit Haferflocken und Hafererzeugnissen die Vorstellung tierischer Nahrung. Trotzdem steht der Nährwert von Hafer für menschliche Nahrung (auf Grund der Kalorien, des Phosphor-, Kalzium-, Eiweiß- und Eisengehaltes) mit 2245 gegen 1372 für Weizen an erster Stelle. Die Kosten für 100 Kalorien Hafer betragen 34 Cent, jene für 100 Kalorien Weizen 48 Cent. Das soll aber nun keineswegs bedeuten, daß wir uns alle vom Weizen abkehren und ganz dem Hafer zuwenden sollen. Es soll mit dem Beispiel nur auseinandergesetzt werden, daß eine entsprechende Aufklärung sicherlich manchen Verbraucher dazu bewegen würde, mehr Hafer und weniger Weizen zu genießen. Haferflocken sind an Kohlenhydraten, Proteinen, Fetten und Mineralsalzen außerordentlich reich, und trotzdem wurden bis zum Jahre 1918 nicht mehr als 2% des gesamten amerikanischen Hafervorrates für Nahrungsmittel verwendet.

Maismehl hat einen höheren Nährwert als ausgemahlenes Weizenmehl und ist dabei die billigste aller Getreidearten. Dennoch werden nur 10% der gesamten Maisernte für menschliche Nahrung verwendet. Im Vergleich zum Verbrauch an Fleisch, Zucker und Fetten in Amerika ist die Nachfrage nach Hülsenfrüchten, Gemüse und Obst sehr gering. Für Fleisch wird zuviel und für Milcherzeugnisse und Eier zu wenig Geld ausgegeben. So verbraucht z. B. die Stadt Rochester nur halb soviel Milch, als zur Erhaltung der Gesundheit erforderlich wäre[1]).

Wenn das Reklamewesen, das heute mitunter noch viel dazu beiträgt, vernünftigere und wirtschaftlichere Ernährung zu verhindern (z. B. die Anzeigenfeldzüge der Fleischindustrie), sich auf eine Erziehung des Verbrauchers zur Verwendung höchster Nährwerte bei geringsten Kosten umstellen würde, so könnten die dadurch möglichen Ersparnisse in der Erzeugung und Verteilung unbedingt viel dazu tun, um einige große Verlustquellen zu beseitigen, von gehobenem Lebensmut und verbesserter Gesundheit ganz zu schweigen.

Dr. Carl L. Alsberg hat mit einiger Ausführlichkeit eine Diät für Amerika, und zwar sowohl in tierischen Produkten als auch in Getreidearten, ausgearbeitet, die einen derartigen höchsten Nährwert mit geringsten Aufwendungen ermöglichen würde. Ein Bedürfnis nach Milch und etwas Fleisch zugestanden, ist er der Meinung, daß ein landwirtschaftliches Programm, das sich auf billige Getreidearten, Rindfleisch von den Viehtriften, Kalbfleisch von den männlichen Kälbern, Hammelfleisch als Nebenprodukt der Wollerzeugung, Fisch und Eier von Masthühnern stützt (wobei keinerlei Getreide an Schlachtvieh verfüttert wird), die gewünschten Ergebnisse zeitigen dürfte. „Es ist klar, daß der sich hieraus ergebende Volksgewinn an ersparter Arbeitskraft sicherlich recht bedeutend sein dürfte.“ Eine Untersuchung der von Dr. Alsberg aufgestellten Tabelle zeigt die Tatsache, daß etwa die Hälfte der heute noch in der Landwirtschaft verwendeten menschlichen Arbeitskraft auf dieser Grundlage zu entbehren wäre — wodurch die Ernährungskosten des Landes bei gleichzeitig erhöhter Nährkraft auf etwa die Hälfte vermindert werden könnten[2]).

Solche großzügigen Betrachtungen bewegen sich indessen etwas außerhalb unserer augenblicklichen Erörterungen. Gleichgültig, wieviel das amerikanische Volk durch eine Änderung seiner Ernährungsgewohnheiten gewinnen könnte, so wird es sich sicherlich nicht beeilen, eine Änderung vorzunehmen. Wir können uns nur merken, daß auf Grund der Unwissenheit der Verbraucher beträchtliche Verluste zu verzeichnen sind und dann dazu übergehen, von den deutlicheren Formen der Verschwendung im Verbrauch zu sprechen.

Erzeugung schädlicher Waren.

Ruskin gibt uns eine klare Vorstellung von derartigen Verlustquellen in seiner Beschreibung eines nationalen Warenlagers für den Austausch aller im Heim erzeugten Waren: „Hier sehen wir gutes Getreide, Seide, gute Weine und Schießpulver. Alle haben den gleichen geldlichen Wert, und die Nation fühlt sich durch die Statistiken ihres Wohlstandes sicher. Das Lager an Schießpulver wächst, und eines Tages wird auch der größte Geldbetrag nichts anderes als festliches Feuerwerk kaufen können. Der Vorrat an Feuerwerkskörpern ist unbeschränkt; jener der Lebensmittel in ganz bestimmter Weise beschränkt. Der gesamte Bestand in Händen der Gesellschaft stellt eine ungeheure Explosivmacht, aber keinerlei feste Grundlage dar“[3]). Hier führt Ruskin seinen Fall der Verlustquellen ad absurdum. Und ab und zu sollte er auch zum Zweck der Beweisführung stark unterstrichen werden. Der wirtschaftliche Trugschluß über die Vor-Teile des „Geld-im-Umlauf-haltens“ und des „Arbeitbeschaffens“ bedarf einer stetigen Verbesserung. Wenn jemand 50000000 Dollar ausgibt, um eine Pyramide in Größe der Cheops-Pyramide für die Bestattung seiner Überreste zu bauen, so würde ein solches Vorgehen also bedeuten, daß er die Gemeinde durch Schaffung von Arbeitsmöglichkeiten bereichert. Angenommen indessen, jemand gelangte in den Besitz fast des gesamten freien Einkommens des Landes und beschäftigte den größten Teil der Bevölkerung durch Errichtung von nicht einer, sondern von 500 Pyramiden. Es würde dann zwar aller Wahrscheinlichkeit nach genug Geld im Umlauf sein; wir hätten jedoch nichts zu essen, da die Lebensmittelproduzenten ja Steine schleppen müßten. Vom Standpunkt einer funktionellen Gesellschaftsform wird Arbeit, die nicht für die Befriedigung menschlicher Bedürfnisse geleistet wird, stets und für alle Zeiten als Verschwendung angesehen werden müssen.

Verschwendung der Verbraucher.

Wir wünschen eine sachliche Untersuchung der im Verbrauch vorkommenden Verschwendung anzustellen — eine Untersuchung, die frei von allen gefühlsmäßigen Regungen und von jeder moralischen Beurteilung ist. Nicht immer wird uns das möglich sein. Ab und zu werden wir auch diese Gefühle sprechen lassen müssen. Denn der Verfasser muß bekennen, daß er Kriege haßt und keinerlei Wunsch hegt, eine Stadt aus der Luft beschießen zu lassen. Ebenso, daß er keinerlei Abneigung gegen andere Völker und andere Rassen hegt. Er hat nicht das Verlangen, ein Geldschrankeinbrecher zu werden oder das Heer der Verbrecher durch seinen Sohn bereichern zu lassen. In bezug auf die Prostitution hegt er einige Bedenken und spürt auch nicht den geringsten Wunsch, mit irgendeiner Geschlechtskrankheit behaftet zu werden. Er sieht kein Vergnügen darin, von einem schlauen Verkäufer eingewickelt zu werden. In bezug auf den größten Teil des Anzeigenwesens ist er mehr als mißtrauisch, und die auf den Landstraßen befindlichen Plakate lassen den heißen Wunsch nach einer Pechfackel in ihm aufkommen. Er hat keinerlei Zutrauen zu Patentmedizinen, ebensowenig zu den Spiritistenhäusern von Los Angeles. Er verspürt kein Verlangen nach Kokain und verlor einmal 500 Dollar an der Börse — trotz der gegenteiligen Versicherungen seiner Berater. Er ist äußerst eingenommen für Sport, das viele Zuschauen langweilt ihn jedoch. Er hat auch einige Vorstellungen von Berufsehre und ist sehr eingenommen gegen Gebühren oder Honorare bzw. Gelder, die auf der Grundlage des Zufalls erworben werden. Seine eigenen schlechten Erfahrungen lehrten ihn, darauf zu achten, ob eine Ware, die er kauft, sich beim Tragen bewährt oder nach kurzer Zeit unbrauchbar wird. Mitunter stellt er sich die Frage, ob er wohl jemals eine Nagelsorte finden wird, die sich nicht sofort verbiegt, wenn sie hartes Holz trifft. Er hegt den Wunsch, daß die Männermode von den mehr trauerähnlichen Farben und Mustern zu jenen der Renaissance übergeht, und er ist völlig damit zufrieden, den Luna-Park alle fünf Jahre einmal zu erforschen.

Aus alledem geht hervor, daß ein Verfasser mit derartiger Einstellung zum Leben, gleichgültig wie stark seine Neigung zur Sachlichkeit auch sein mag, die vorkommenden Verlustquellen nicht immer mit wirklicher Unvoreingenommenheit betrachten kann. Es wird sich nicht immer vermeiden lassen, daß sich in den Betrachtungen einige seiner persönlichen Auffassungen widerspiegeln werden, und so wird er sich schließlich zwischen zwei Stühle setzen. Die auf Reformen bedachten Kreise werden ihn, weil er nicht den Mut besessen, das Kind beim rechten Namen zu nennen, herunterreißen, und die Zyniker werden ausrufen: „Dieser Kerl möchte eine weiß ausgekachelte puritanische Welt bauen!" — In diesem Kreuzfeuer von rechts und links wird er nun die Ergebnisse seiner Untersuchungen auseinandersetzen.

Die militärischen Einrichtungen.

Die Kosten des Weltkrieges.

Die ermittelte Zahl der Toten des Weltkrieges betrug 9998771, der Schwerverwundeten 6295512, der sonst noch Verletzten 14002039, der Gefangenen oder Vermißten 5983600. Eine vorsichtige Schätzung dieser letzten Zahl zeigt, daß mindestens die Hälfte davon wiederum zu den Toten zu zählen ist, und zwar Tote, die in unkenntliche Teilchen zerrissen wurden und auf diese Weise als vermißt gelten. Die Gesamtzahl der Toten erhöht sich also auf 12990000. Von den Verwundeten wurden schließlich 9032000, d. h. 44% wieder geheilt und gesund; 10555000 erlitten eine dauernde Beeinträchtigung ihrer Gesundheit; 710000 wurden infolge ihrer Verwundungen völlig untauglich für das Leben. Die gesamten Verluste erreichten 33288000.

Die Grippe-Epidemie im Jahre 1918, die in erster Linie wohl im Krieg ihre Ursache hatte, tötete 10000000 und der Hunger 800000 Menschen in Rumänien, 1000000 in Serbien und Österreich sowie 2000000 in Rußland. Von Polen wird berichtet, daß im Jahre 1916 ein Drittel der jüngsten Generation vernichtet wurde. Deutschland verlor aus Kriegsursachen 813000 Zivilpersonen und mehr als 100000 Seeleute ließen durch Minen oder Unterseeboote ihr Leben auf hoher See.

Die Kriegskosten der alliierten Mächte betrugen 125737000000 Dollar; jene der Zentralmächte 60643000000, zusammen also mehr als 186000000000 Dollar.

In Frankreich wurden durch den Krieg rd. 13000 km^2 Ackerboden, 1200000 Morgen Wald, 900000 Gebäude, 6445

Schulen, 1200 Kirchen, 377 öffentliche Gebäude, 4400 Fabriken und außerdem Eisenbahnlinien, Brücken, Kraftanlagen und Bergwerke zerstört. Die gleiche Zerstörung wiederholte sich in Belgien, Polen und Ostpreußen. Bogart berechnet den gesamten Sachverlust auf 30000000000 Dollar. Mehr als 3000 dienstfähige Schiffe, die 7500000000 Dollar kosteten und einen Tonnengehalt von insgesamt 15398392 hatten, fanden auf dem Grunde des Meeres ihr Ende. Die Verminderung der Geburten während des Krieges betrug in England 500000, in Österreich 1100000, in Ungarn 1500000, in Frankreich 833000, in Deutschland 2600000[4]). Und zur gleichen Zeit wurde „anläßlich einer unentschiedenen Schlacht an der Aisne genug Stickstoff vernichtet, um ganz Indien vor einer Hungersnot zu bewahren“[5]).

Amerikas militärischer Aufwand.

Es kostete:

der Umsturz von 1776 . . .	504000000	Dollar
der Krieg von 1812	246000000	„
der Mexikanische Krieg . .	195000000	„
der Bürgerkrieg	13188000000	„
der Spanische Krieg	1015000000	„
der Weltkrieg	28832000000	„
die gesamten U.S.-Kriegskosten[6])	43980000000	Dollar

In den 131 Jahren von 1789 bis 1920 hat die Regierung der Vereinigten Staaten insgesamt 66000000000 Dollar verausgabt, von denen 53000000000 oder 78% auf Kriege oder militärische Einrichtungen entfielen[7]). Für das Jahr 1920 stellte Dr. Rosa vom Bureau of Standards folgende Gliederung des Haushaltplans der Vereinigten Staaten auf:

Ausgaben für vergangene Kriege	3855482000	Dollar	68%
Ausgaben für künftige Kriege (gegenwärtiger militärischer Aufwand)	1424139000	„	25 „
Gesamtausgaben für Kriege	5279621000	Dollar	93%
Ausgaben für Zivilabteilungen	181087000	Dollar	3%
Ausgaben für öffentl. Arbeiten	168204000	„	3 „
	349291000	Dollar	6%

Übertrag:	349291000 Dollar	6%
Ausgaben für Erziehung und Wissenschaft	57094000 „	1 „
Gesamte Ausgaben für Friedensarbeiten	406385000 Dollar	7%
Gesamte staatliche Ausgaben .	5686006000 Dollar	100%

93% für Kriege, vergangene und zukünftige, und 1% für Wissenschaft und Erziehung! Die gegenwärtige (1925) Stärke der Armee und Marine beträgt etwa 250000 Offiziere und Mannschaften. Die außerdem noch in Gestalt von Regierungsbeamten und Munitionsarbeitern für die Herstellung von Kriegsrüstungen aller Art erforderliche menschliche Arbeitskraft erreicht nach den Rosaschen Berechnungen etwa 500000 (durch Teilung der 1400000000 Dollar „für zukünftige Kriege" mit 2000 Dollar und durch entsprechenden Abzug der stehenden Armee und Marine). Die Kosten für die vergangenen Kriege stellen nicht nur Zinsen und Ruhegehälter dar, sondern umfassen auch eine ziemlich bedeutende Verwaltungsarbeit. Annähernd 1000000 Arbeitskräfte sind heute daran beteiligt, die militärischen Einrichtungen aufrechtzuerhalten. Zu gleicher Zeit erzielen die Verfahren des wissenschaftlichen Tötens derartige Fortschritte, daß Kriegsschiffe, noch ehe sie die Werft verlassen haben, schon überholt und veraltet sein können. Im Jahre 1922 kaufte Deutschland 30 britische Schlachtschiffe, um sie als Alteisen in seiner Industrie zu verwenden. Sie kosteten den Steuerzahlern in England 15000000 Pfund Sterling; Deutschland kaufte sie für 3% des Wertes[8]). Helgoland, das deutsche Gibraltar, beanspruchte 24 Jahre zum Ausbau der dortigen Befestigung. 175000000 Dollar waren nötig, um diesen Berg aus massivem Stein und zwölf riesenhafte Molen zu bauen, die den künstlichen Hafen bildeten. Nach dem Frieden von Versailles mußte diese Befestigung zerstört werden. Die Zerstörung des Hafens allein bedurfte 60000 Fuß an Löchern für Sprengzwecke und 300000 Pfund von hochexplosivem Material. 200000 Kubikyards Zementmauerwerk wurden in Atome zerschellt. Mit Azetylenfackeln wurden große und kleine Geschütze und Gewehre zu Altmetall gemacht ... ungezählte Menschenkraft zerstörte, was ungezählte Menschenkraft errichtet hatte!

Daß Rüstungen als wirtschaftliche Verschwendung angesehen werden sollen, wird in den Herzen jener schärfsten Widerspruch herausfordern, die Heer und Marine als das Rückgrat nationalen Lebens betrachten. Wir indessen, trotz unserer Anerkennung des Kampfinstinktes, fühlen und sind der Meinung, daß die heutige Kriegführung einen Grad der Technik mechanischer Tötung auf weite Entfernung und einen Grad der Zerstörung erreicht hat, der sie für zivilisierte und auch minderzivilisierte Menschen unerträglich erscheinen läßt. Wenn die verschiedenen Vorschläge zur Beseitigung von Kriegen, die vom Völkerbund, dem Weltgerichtshof, der Gruppe „Ungesetzlichkeit des Krieges" gemacht wurden, wirksam werden könnten, würden allein in Amerika fast 1000000 Menschen in produktive Beschäftigungen zurückkehren können.

Rauschmittel.

Der Opiumhandel.

Das Opium hat seine durchaus berechtigte medizinische Verwendung. Darüber hinaus stellt sein Verbrauch vielleicht eines der schwersten Laster dar, von denen die Menschheit jemals heimgesucht wurde. Der Opiumhandel hat eine weit zurückreichende und stürmisch bewegte Vergangenheit. Vor etwa einem Jahrhundert gestalteten die Briten die Mohnzucht in Indien zu einem Regierungsmonopol. Nachdem die verpackte Ware in Kalkutta versteigert war, hörte das Interesse der Regierung an der Weiterbestimmung der Kisten auf. Jahrelang kam das Opium nach China, wo es zusammen mit eigener Opiumzucht einen großen Teil der Bevölkerung ins Verderben stürzte. Als sich im Jahre 1839 die chinesische Regierung endlich aufraffte, um diesem Handel ein Ziel zu setzen und 20000 Kisten im Hafen von Kanton versenkte, erklärte England kurz entschlossen China den Krieg und setzte es durch, daß die sogenannten „Friedenshäfen" wieder mit Opium handeln durften. Ein zweiter Opiumkrieg wurde im Jahre 1858 durchgeführt. Endlich unterstützte England im Jahre 1907 die chinesische Regierung in ihren Bemühungen zur Eindämmung des Lasters. Trotzdem ist die Mohnzucht noch immer ein Regierungsmonopol, die schließliche Ware wird noch immer öffentlich in Kalkutta versteigert und findet, wie bisher, noch immer ihren Weg nach China und auch in andere Teile der Welt. Viel Opium gelangt auch auf diese Weise nach den Vereinigten Staaten. Allein in der Stadt New York schwanken die gesetzlichen Überschreitungen in diesem Punkt zwischen 10000 und 100000 jährlich. Das Gesundheitsamt der Vereinigten Staaten schätzte die Übertretungen im Lande auf etwa 200000. Diese Zahl stützt sich indessen nur auf die bekannte und daher auch verzeichnete Einführung des Opiums. Ein großer Teil dieses Rauschmittels wird der amtlichen Erfassung natürlich entgehen[9]). Ein vom Schatzministerium ernannter Ausschuß berechnete nach Überprüfung aller vorhandenen Angaben die Gesamtzahl der in Amerika vorkommenden Opiumüberschreitungen auf über 1000000. Die jährlich für Opium und Kokain aufgewendeten Gelder erreichen den Betrag von fast 100000000 Dollar.

Wenn auch keine genauen Zahlen zur Verfügung stehen, so ist dennoch die Behauptung ziemlich sicher, daß, von den Mohnzüchtern in Indien und China angefangen, bis zu den Händlern dieser Ware in New York ein ziemlich bedeutender Teil menschlicher Arbeitskraft für dieses dunkle Gewerbe in Anspruch genommen wird. Zu dieser Arbeitskraft kommen noch die von der britischen Regierung ernannten Beamten, die sich mit diesen Fragen beschäftigen müssen. Der Völkerbund hat sich vor nicht langer Zeit in einer Reihe von Sondersitzungen mit diesem über die ganze Welt verbreiteten Laster und der Möglichkeit seiner Einschränkung beschäftigt; die heute noch beteiligten geschäftlichen Interessen sind indessen so groß, daß jede Gegenaktion ein zumindest unsicheres Unterfangen darstellt.

Patentmedizinen.

Der laufende Umsatz im amerikanischen Drogengewerbe wird mit etwa 800000000 Dollar berechnet. Im Jahre 1850 gab es 6139 Apotheken und Drogerien in den Vereinigten Staaten. Heute übersteigt ihre Zahl 49000. Ein gut ausgestattetes Drogengroßhandelshaus führt etwa 45000 bis 60000 verschiedene Artikel, ein Einzelhandelshaus etwa 8000 bis 12000. Im Jahre 1871 konnte ein führendes Großhandlungshaus in Chikago 825 verschiedene Patentmedizinen anzeigen. Die Zahl der heute vertriebenen Patentmedizinen ist größer als 50000[10]).

Welcher Teil dieses Gewerbes mit dem ungeheuren Umsatz von 800000000 Dollar, das mittelbar und unmittelbar etwa

400000 Arbeitende beschäftigt, soll nun auf die Verlustseite lebensnotwendiger Erzeugung gesetzt werden? Unbedingt ist ein großer Teil der Ware, die die an jeder Straßenecke befindlichen kleinen Drogerien verkaufen, sehr nützlich und keineswegs unnötig. Viel gibt es hier, das auch durch eine funktionelle Gesellschaftsform nicht besser und umfassender verbreitet werden könnte. Bei voller Anerkennung dieser nötigen und nützlichen Mittel bleibt aber trotzdem noch ein recht bedeutender Teil nutzloser und mitunter sogar schädlicher Erzeugnisse übrig. Und hier nehmen die Patentmedizinen den Hauptplatz ein.

Dr. Paul H. De Kreif berichtet, daß von den im Jahre 1922 auf dem Markt befindlichen 45000 Medizinen nicht mehr als 50 zur Heilung von Krankheiten wirklich nötig waren. Die Heilmittel, auf denen sich schließlich die ganze Fabrikation aufbaut, zählen nicht mehr als 12.

Die Leichtgläubigkeit der Menschen, innere Leiden durch Patentmedizinen heilen zu wollen, scheint keine Grenzen zu kennen — eine Leichtgläubigkeit, die, wie Hobson sagt, nicht nur in unserer Zeit auftritt, sondern bereits die Geschichte aller Zeiten bereichert. Durch diese Leichtgläubigkeit macht der Patentmedizinmann seine Geschäfte, wobei er in hohem Maße von der neuzeitigen Propaganda unterstützt wird.

Die British Medical Association führte in einer eingehenden Untersuchung, deren Ergebnisse sie unter dem Titel „Geheimmittel" veröffentlichte, eine Analyse der hauptsächlichsten derartigen Mittel durch. Zusammengefaßt gelangte diese Arbeit zu dem Schluß, daß die Mehrzahl aller Patentmedizinen völlig wertlos und einige sogar unbedingt schädlich seien. Ein Hustenmittel, das in der Herstellung $\frac{1}{3}$ Penny kostete, wurde mit 2 sh. 3 d. verkauft. Ein anderes, das $^{1}/_{13}$ eines Farthings kostete, wurde für 1 sh. abgegeben. Eine „elektrische Flüssigkeit gegen Krebs" sowie ein anderes Krebsheilmittel bestanden aus Wasser mit einer geringen Zugabe unreinen Alkohols. Eine gesetzliche Vorlage zur Regelung dieser Frage wurde bereits im Jahre 1912 eingebracht. Bis zum Jahre 1924 war indessen noch nichts geschehen.

„Begleiten Sie mich in irgendein Krankenhaus," schreibt Dr. Goldwater, „und ich werde Ihnen Bett für Bett den Beweis erbringen, daß die Patienten nur dadurch vom ersten Stadium der Tuberkulose zum dritten gelangten, daß sie ihr Vertrauen in Patentmedizinen setzten, die auch nicht einen heilkräftigen Bestandteil enthielten"[11]).

In gleicher Weise wurde vor einiger Zeit vom Gesundheitsamt des Staates New York eine schwarze Kapsel untersucht, die als Entfettungsmittel angezeigt war. Dieses Mittel bestand aus einer Gelatineschicht, in die der Kopf eines Bandwurms eingebettet war! Die Gebrauchsanweisung lautete, wöchentlich eine solche Kapsel zu nehmen. Das gleiche Amt konnte eine Anzahl von Todesfällen durch gewaltsam herbeigeführte Anämie infolge Einnehmens von Entfettungskapseln verzeichnen, die vor allen Dingen aus Magnesium-Sulphatsalzen bestanden, ein Mittel, das, im Übermaß genossen, die roten Blutkörperchen schließlich vollkommen vernichtet. Ein „Verjüngungsmittel", das unter Garantie jugendliche Lebendigkeit verleihen sollte, nutzte mit großem Erfolg das in jüngst vergangener Zeit allgemein erwachte Interesse an der Frage von Drüsenübertragungen aus. Das Mittel kostete 15 Dollar je Flasche und bestand aus den gleichen eben genannten schädlichen Salzen, in Verbindung mit ein wenig weißem Essig; die Gesamtkosten je Flasche überstiegen nicht 25 Cent. Krebsheilmittel, die untersucht wurden, enthielten u. a. die Asche von Schnecken, die Schalen von Muscheln, und gelben Ton! Ein gegen Räude benutztes Heilmittel wurde in Flaschen gefüllt und als ein Haarwuchsmittel verkauft, das zu vielen Ansteckungen führte[12]).

Um der Industrie indessen Gerechtigkeit widerfahren zu lassen, muß gleich an dieser Stelle betont werden, daß sich die Zeiten seit 1907 doch schon geändert haben. Vor der Annahme des „Pure Food and Drugs-Gesetzes" in diesem Jahre bestanden für den Verkäufer von Patentmedizinen keinerlei Grenzen in bezug auf das, was er verkaufen oder anzeigen durfte, mit Ausnahme des eigenen Gewissens — ein etwas sehr dehnbarer Begriff. Dieses Gesetz sowie der Shirley-Zusatz und das Anti-Narcotic-Gesetz von 1915 führten schon gewisse wirtschaftliche Veränderungen herbei. Ein großer Teil der auf den Aufschriften und in den Anzeigen zutage tretenden offensichtlichen Unwahrheiten ist verschwunden. Kokain als Bestandteil der Heilmittel tritt immer seltener auf. Alkohol und Morphium finden aber noch immer stärkste Anwendung[13]). Nach Dr. A. J. Cramp von der amerikanischen Medizinischen Gesellschaft gibt es heute 64 Patentmedizinen, deren Hauptzweck darin besteht, die Wirkungen des Prohibitionsgesetzes zu mildern. Im allgemeinen kann man behaupten, daß dem Amerikaner die alten Amuletts sowie die „Rosapillen für blasse Menschen“ allmählich überwurden und sein Interesse sich jetzt mehr und mehr Sanatogen, Systo, kurz, Nährmitteln und Drüsenmixturen zuwendet. Die älteren Mittel finden heute ihr Hauptabsatzgebiet im Auslande, vor allem in Südamerika. Der einheimische Verbraucher zieht es vor, auf „wissenschaftlichere“ Art zum Narren gehalten zu werden.

Eines der ersten Mittel und vielleicht das erfolgreichste der neuen Schule war Sanatogen, das aus 95% Kasein und 5% Glyzerophosphaten besteht. „Getrockneter Landkäse im Werte von einigen Cent mit einer geringfügigen Menge einer therapeutisch wertlosen Arznei wurden für 1 Dollar verkauft; für diesen Dollar erhielt man ein Erzeugnis, dessen einziger Vorteil in seinem Nährwert bestand — und dieser war gleichbedeutend mit dem Werte einer für 2 Cent käuflichen Menge getrockneter Bohnen“[13]). Das Mittel wurde durch einen Reklamefeldzug angezeigt, dessen Erfolg so ungeheuerlich war, daß er Bewunderung erregte. Die Kaufaufforderung wurde vor allem an die Gebildeten gerichtet — der Inhalt der Anzeige war so abgefaßt, daß er die Atmosphäre des Laboratoriums, der Klinik, sowie des Chirurgen in seinem weißen Kittel und mit seinen Geräten vermittelte. Dazu sah man weißgekachelte Badezimmer, aseptische Hilfsmittel, Decken usw. Mail Street behielt zunächst seine Schwäche und Vorliebe für die alten Heilmittel, Floral Heights ging dagegen mit fliegenden Fahnen in das Lager von Sanatogen über.

Durch die sich hieraus ergebende wirtschaftliche Umschichtung ist indessen eine bisher nicht vorhandene Schwierigkeit entstanden, da jetzt die ganze Arbeit des Verkaufens der Reklame obliegt. Da diesen wissenschaftlichen Geheimmitteln das gewohnheitsbildende „Wiederholungselement“ abgeht, muß die Reklame ohne Unterbrechung mit Hochdruck betrieben werden. Medizin und Biologie erzielen auf dem Gebiete der Drogen, Seren und der Diätetik neue Entdeckungen in bisher nie gekanntem Maße. Die Möglichkeit, diese Entdeckungen und Erkenntnisse nutzbringend für ihre Zwecke zu verwerten, ist für einen großen Teil der Patentmedizinindustrie nur zu verlockend.

Trotz aller Bundesgesetze blüht dieser Gewerbszweig unentwegt weiter. Von den mittelbar und unmittelbar im Drogengewerbe beschäftigten 400000 Arbeitern kann man wohl ruhig behaupten, daß die Arbeitskraft von 100000 durch die Herstellung dieser zumindest wertlosen Patentmedizinen völlig verschwendet ist. Die gesamten 400000 Arbeitskräfte — hier wie auch in anderen Fällen vom geldlichen Umsatz ausgegangen — bestehen nicht nur aus den unmittelbar beteiligten Chemikern, Herstellern und Verkäufern, sondern auch aus Bergleuten, Eisenbahnbeamten, Holz-, Papier- und Glasarbeitern, Druckern und Drogisten, durch deren Arbeit die Industrie mit dem Rohstoff beliefert wird, bzw. die für den Transport und die Finanzierung des Erzeugnisses sorgen.

Alkohol und Tabak.

Auch diese zwei großen Gewerbe sollten eigentlich unter die Hauptklasse der Rauschmittel fallen. Was den Alkohol betrifft, so neigen wir der Ansicht zu, daß alle für die Erzeugung von sprithaltigen Getränken (Whisky, Brandy und Gins), die mehr als 10% Alkohol enthalten, aufgewendete Arbeitskraft höchstwahrscheinlich als verschwendet anzusehen ist und daß die Gesundheit von dem Genuß dieser Getränke mehr Schaden als Nutzen hat. Nach Bier und Wein scheint eine weit zurückreichende und fest eingewurzelte Nachfrage zu bestehen, und trotz des erbitterten Einspruchs der Abstinenzler können wir diese Getränke nicht zu den Verlustquellen rechnen. Vor Inkrafttreten des amerikanischen Prohibitionsgesetzes wäre es möglich gewesen, einigermaßen zuverlässige Zahlen über die Verteilung des Gesamthandels mit Getränken in diesen beiden Gruppen zu erhalten. Da heute indessen der Alkoholverbrauch nicht mehr eine Frage amtlicher Statistik, sondern privaten Schachergeschäfts in Verbindung mit Alkoholschmuggel ist, so sind die zur Verfügung stehenden Zahlen zumindest stark verschleiert. Wenn man den Gerüchten trauen darf, ist auch heute noch menschliche Arbeitskraft in nicht geringem Umfange mit der Herstellung und Verteilung stark alkoholhaltiger Getränke beschäftigt. Im Jahre 1917 war der Verbrauch an alkoholischen Getränken in den Vereinigten Staaten folgender:

Wein	42723376 Gallonen
Malzhaltige Getränke . .	1885071304 „
Gebrannte Getränke . .	167740325 „
Zusammen	2095535005 Gallonen[14]).

Angenommen, daß heute nur 50000000 Gallonen gebrannter Getränke zu 4 Dollar die Gallone verbraucht werden — wobei wir auf diese Weise einen recht großen Gewinn zugestehen — so würde die Schmuggelindustrie die Dienste von etwa 100000 Arbeitskräften beanspruchen.

Genau so wie Wein und Bier entspricht unserer Meinung nach auch Tabak einem durchaus berechtigten Bedürfnis. Sogar in den allerbescheidensten Haushaltungen der Arbeiterfamilien wird ein gewisser Teil des Einkommens für Tabak bestimmt. Trotzdem ist es aber zweifelhaft, ob die augenblickliche Höhe des Tabakverbrauches einem wirklichen Bedürfnis entspricht und ob er nicht durch die Anzeigen der Tabakfirmen und die Mode des vor allem bei dem weiblichen Geschlecht üblichen Zigarettenrauchens unnötigerweise aufgebauscht wird.

Gewerbsmäßige Unzucht und Verbrechen.

Gewerbsmäßige Unzucht.

Eine sorgfältige Übersicht, die vom amerikanischen Justizministerium für die Jahre 1911 bis 1913 aufgestellt wurde, zeigte, daß 100000 Frauen in amerikanischen Bordellen lebten. Woolston berechnet die Gesamtzahl der Frauen, die in- und außerhalb der Bordelle gewerbsmäßige Unzucht treiben, auf 200000[15]). Von anderer Seite ist diese Zahl mit 500000 angegeben worden. Stanley W. Finch, früherer Leiter des Untersuchungsamts des Justizministeriums, berechnete, daß 250000 Mädchen und Frauen rd. 50000 Zuhälter ernährten.

Die American Social Hygiene Association gab für das Jahr 1919 die Unterhaltungskosten der Prostitution mit 628000000 Dollar an, die sich wie folgt verteilen:

Gelder an Prostituierte	164000000 Dollar
Versorgung Geisteskranker infolge von Geschlechtskrankheit	51000000 „
	215000000 Dollar

Übertrag:	215000000	Dollar
Jährlicher wirtschaftlicher Verlust durch Geisteskranke	97000000	,,
Kosten der Erblindung	3000000	,,
Kosten der Inhaftierung	3000000	,,
Wirtschaftlicher Verlust durch Geschlechtskrankheiten der Bevölkerung	310000000	,,
Insgesamt	628000000	Dollar[16]).

Diese Zahlen sind natürlich wenig mehr als ein blindes Drauflosraten; und doch sind sie wertvoll genug, um die nebenhergehenden Kosten der Unzucht — Geschlechtskrankheiten, Geisteskrankheiten und Erblindung — zu veranschaulichen. Syphilis und Gonorrhoe töten 300000 Menschen jährlich. In den 12 Monaten, die mit dem 30. Juni 1921 endeten, wurden in öffentlichen Krankenhäusern der Vereinigten Staaten 140748 Menschen, die an Geschlechtskrankheiten litten, behandelt[17]).

Zu der eigentlichen Prostitution müssen wir indessen noch den Mädchenhandel rechnen, sowie die nicht ganz unbeträchtlichen Gewerbezweige, deren Erzeugnisse unzüchtige Bilder und Bücher sowie die Einführung junger Menschen in Perversitäten umfassen. Kaum ein Jüngling wächst zum Mann heran, ohne in irgendeiner Weise einmal mit diesem recht gewinnbringenden Handel in Verbindung getreten zu sein. Es gibt wohl keine teuflischere Form der Verschwendung als das gewinnsüchtige Bauen auf den machtvollen und unsteten Geschlechtstrieb. An sich ist es schon schwer, derartige Fragen zu behandeln; sie aber absichtlich und kaltblütig zu erschweren und zu betonen, läßt uns fast vergessen, daß wir uns hier moralisch nicht entrüsten wollten und gewährt unserer Bitterkeit nach dieser Richtung hin freien Lauf.

Eine funktionelle Gesellschaftsform würde es nicht als ihre Aufgabe ansehen, sexuelle Abweichungen zu beseitigen und auch, falls sie den Wunsch hierzu hätte, das gar nicht einmal durchführen zu können. Vielleicht könnte eine solche Gesellschaftsform nicht einmal die öffentliche Prostitution beseitigen. Was sie aber könnte, ist, den geschäftlichen Gewinn nach dieser Richtung hin auszumerzen und auf diese Weise einen dem Umfang nach unbekannten, aber sicher recht großen Teil sowohl männlicher als auch weiblicher Arbeitskraft nützlicheren Betätigungen zurückzugeben.

Verbrechen.

Verbrechen stellen ebenfalls eine der allerschlimmsten Verlustquellen dar. Die auf diese Weise nutzbringenden Beschäftigungen entzogene menschliche Arbeitskraft ist von L. F. Bower wie folgt berechnet worden:

Gefangene in Gefängnissen	120000
Verbrecher im allgemeinen	200000
Polizisten, Wächter und Gefangenenwärter	200000
Privatwächter, Detektive	100000
Arbeitskräfte, die mit der Herstellung von Sicherheitsvorrichtungen, in Gefängnisverwaltungen, bei der Buchführung und mit der Herstellung von Anti-Verbrechervorrichtungen beschäftigt sind	100000
Insgesamt	720000[17]).

Zur Bewachung der Verbrecher gehören mehr Menschen als es Verbrecher überhaupt gibt. Ihre Zahl reißt in die Reihen der gewinnbringend Beschäftigten eine große Lücke. Welcher Teil ist hierbei als durchaus verschwendet anzusehen? Selbstverständlich nicht alle. Wenn auch eine verbrecherische Veranlagung, den letzten Ergebnissen der Forschung entsprechend, nicht vererbt werden kann, so ist doch erwiesen, daß Generationen hindurch Menschen mit eigentümlichen geistigen Mängeln geboren werden, die sie der Kleptomanie und ähnlichen Handlungen besonders leicht zugänglich machen. Solche Menschen brauchen Wächter — hoffentlich werden das immer Psychiater sein — und gehören in Anstalten. Kein Zeitalter wird es aber geben, das nicht Verbrechen aus Leidenschaft aufzuweisen hätte. Trotzdem ist die Mehrzahl unserer heutigen Verbrecher, und zwar sowohl innerhalb wie auch außerhalb der Gefängnisse, mit Eigentumsdelikten behaftet — Diebstahl, Brandstiftung, Einbruch, Raubüberfälle, Fälschungen, Betrug. Es ergibt sich die Frage, wieviele dieser Verbrechen von selbst verschwinden würden, wenn jedem einzelnen Verbrecher eine höhere Lebensnorm ermöglicht würde. Wenn auch nicht der gesamte, so würde doch sicherlich der größte Teil dieser Arbeitskraft — besonders wenn sie statt in Scheunenvierteln in einer sicheren wirtschaftlichen Umgebung auferzogen würde — in die Reihen der ehrlich Arbeitenden zurückkehren. Für jeden der Arbeit zurückgegebenen Verbrecher würde sich auch mindestens ein Wächter einer nutzbringenderen Beschäftigung widmen können. Ist unsere Berechnung irrig, wenn wir annehmen, daß mehr als die Hälfte der gesamten verbrecherischen Menschenkraft verschwendet ist?

Verfälschungen.

Robert Hunter bezeichnet in einem Aufsatz im „Atlantic Monthly" die Verfälschungen als eine der vielleicht verlustreichsten aller vorkommenden Verschwendungsarten. „In Ermangelung einwandfreier Angaben würde man zumindest sehr unhöflich sein, dieser oder jener Verschwendungsform den Vorrang hierbei streitig zu machen. ... Eine schwere Anklage kann man aber meiner Meinung nach gegen jene Verschwendung von Arbeitskraft erheben, die auf die Verarbeitung eines denkbar kurzlebigen Stoffes verwendet wird — auf Stoffe, die in kürzester Zeit in Fetzen zerfallen; auf Leder, das reißt und bricht; auf Holz, das nicht ausgetrocknet ist; auf Wege, die in kurzer Zeit verwittern; auf Motore, die nach wenigen Jahren ausgedient haben; auf Häuser, die Spekulationsbauten darstellen; auf fast jeden Artikel, der in Mengen für das amerikanische Publikum hergestellt wird ... nicht die hohen Arbeitskosten, sondern die schlechten Materialien legen dem Verbraucher infolge der hohen Erzeugungskosten so schwere Lasten auf"[18]).

Unter der heutigen industriellen Herrschaft bedeutet schneller Umsatz schnellen Gewinn. Der höchste Gewinn ist daher durch einen Warenumlauf in möglichst kurzer Frist möglich. Dieses Ziel wird indessen immer jener Grenze der Warenbeschaffenheit unterliegen, an der Wiederholungsaufträge und ein Weiterverkauf nur noch Fragen des Zufalls wären. Oder mit anderen Worten: es gibt auch bei Verfälschungen ein Gesetz des verminderten Gewinns, das, falls man auch weiterhin verkaufen will, nicht übertreten werden darf. Der Arzt hat ein gewisses wirtschaftliches Interesse an Krankheiten, der Zahnarzt an vernachlässigten Zähnen, der Architekt und Bauherr an großen Bränden, der

Bücherrevisor an mangelhafter Buchführung und der Baumwollfabrikant an kurzfibrigem Material. Glücklicherweise lehnen sich, besonders in den freien Berufen, viele gegen dieses geschäftliche Interesse auf — und doch ist es ein nicht endenwollender Kampf, da der Versucher niemals schläft.

J. A. Hobson weist darauf hin, daß es schwerer ist, die Lebensnotwendigkeiten als die Luxuswaren vor Verfälschung zu bewahren. Der Verbraucher neigt nur zu leicht dazu, seine Lebensnotwendigkeiten als gegeben zu erachten. Seine Sportgeräte und seine Bruyèrepfeife indessen sind Gegenstände sorgfältigster Betrachtung. Die Hersteller sind sich dessen beim Anzeigen einer neuen Ware auch völlig bewußt — so z. B. bei einer neuen Zigarette oder einem Frühstücksmittel. Sie beginnen erst, diese Sachen zu verfälschen und zu verschlechtern, wenn ihre Verwendung bereits unbewußt zur Gewohnheit wurde. Und Hobson, den Fußtapfen Ruskins folgend, wird besonders bitter, wenn er den Niedergang der Kunst betrachtet: „Die Erzeugung schlechter, gemeiner Kunst, sei es in der Malerei, in der Musik, im Schauspiel in der Literatur oder in der Bildhauerei muß schließlich die höchsten menschlichen Kosten tragen, muß zum größten Verlust menschlicher Wohlfahrt, sowohl individuell als auch sozial führen. Denn ein solcher Künstler verkauft nicht nur seine eigene Seele, sondern auch die Seele der Masse, indem er jene Mittel, die die höchsten Fähigkeiten des Menschen nähren sollten, verfälscht."

Dr. L. B. Allen in Westfield, Mass., konnte als Ergebnis seiner Nahrungsmitteluntersuchungen feststellen, daß 8 bis 15% aller Lebensmittel nicht rein, also verfälscht und verschlechtert sind. Alfred McCann berechnete, daß in den Vereinigten Staaten jährlich 3000000 Menschen durch derartige Fälschungen erkranken[19]).

Inzwischen hörten wir noch im Februar 1923 von der Verschiffung von 380000 Gallonen Baumwollsamen-Öl von Hoboken nach Italien, die, dort umgefüllt und neu verpackt, als „reines Olivenöl" nach Amerika zurückgelangten[20]).

Es gibt aber noch eine zynischere Art der Fälschung, die die Rettungsringe des Dampfers „General Slocum" mit Sägespänen anstatt mit Kork füllte, so daß er mit sämtlichen Passagieren in die Fluten sank. Während der letzten 10 Jahre wurden durch

Theaterbrände mehr als 2000 Menschen getötet — in der Hauptsache handelte es sich hierbei um Spekulationsbauten[21]).

Der „Verband amerikanischer Ingenieurvereine" (Federated American Engineering Societies) berichtet von dem in ausgedehntem Maße angewendeten besonderen Behandlungsverfahren des Leders, wodurch Mängel in der Herstellung der Schuhe verdeckt werden sollen. Hier ist auch einer der Gründe für die geringe Haltbarkeit von Frauenschuhwerk zu suchen[22]).

Das Anstreichen von Holz, um es als „Ganzmahagoni" oder „Eiche" auszugeben, ist einer der Kniffe der Möbelindustrie. Ein Möbelverkäufer in einem New Yorker Warenhaus gab vor kurzem in vollem Ernst die Erklärung ab, daß er nicht mehr ganz sicher wäre, ob „Ganzmahagoni" wirklich durch und durch Mahagoni bedeutet, oder nur einige Mahagoniteile an dem betreffenden Möbelstück.

Wenn es aber, wie im Falle der Gummireifenindustrie, dahin kommt, daß im Jahre 1924 die Qualität und Lebensdauer eines Reifens durchschnittlich auf 1 Jahr 8 Monate gegen 1 Jahr 4 Monate im Jahre 1920 erhöht wurde, dann hören wir Äußerungen der beteiligten Kreise ähnlich wie folgende der Cleveland Trust Company in ihrem Nachrichtenblatt vom 15. September 1924: „Diese Zahlen erklären einige der Schwierigkeiten, die die Gummireifenindustrie befallen haben, die so für den ausgesprochenen Erfolg in der Verbesserung ihres Erzeugnisses bestraft wird." Wie bestraft? Durch geringeren Umsatz oder durch einen Rückgang des Verkaufs? Könnte die Jagd nach Verminderung der Warengüte noch wirkungsvoller geschildert werden?

F. L. Ackermann, ein Architekt, der der in der Stadt New York beim Häuserbau vorkommenden Verschwendung eingehende Studien widmete, konnte feststellen, daß sich der Ruf nach schnellem Umsatz sogar auf das Baugewerbe erstreckt. Heute werden Räumlichkeiten und Gebäude in der Stadt als kurzfristige Geldanlagen errichtet, um in dem Maße, als sich der Wert des betreffenden Grundstücks verändert, wieder heruntergerissen oder umgebaut zu werden. Im Durchschnitt müssen die gesamten Rohrleitungen in der Stadt New York alle 8 Jahre erneuert werden. Zweimal soviel Arbeitskräfte als für die ursprüngliche Einrichtung sind zum Ersetzen nötig, und Mr. Ackermann knüpft hieran die Bemerkung: „Im ganzen brauchen wir jetzt dreimal so viel Klempner, um einzurichten und wieder einzurichten als es der Fall wäre, wenn wir von Anfang an unsere Gebäude dauerhafter bauten.“ Er berechnet, daß die Hauseigentümer im ganzen Lande jährlich etwa 500000000 Dollar für den Ersatz von verrostetem Metall ausgeben müßten — der größte Teil wäre durch Verwendung besserer Materialien durchaus vermeidbar.

Ernest Flagg, ein anderer bekannter New Yorker Architekt, spricht in einem Aufsatz unter dem Titel „Hohe Kosten des Betruges“ über unsere heutigen Bauverfahren[23]): „Viele unserer hohen Gebäude sind ungeheuerliche Irreführungen. Nur wenige ihrer Teile sind das, was sie eigentlich sein sollten. Sie haben Wände, die keine Wände sind, Träger, die keine Träger sind — meistens tragen sie nichts, sondern werden selbst gestützt. Was als solides Mauerwerk wirkt, ist oft nicht mehr als eine dünne Schicht, die den Stahlrahmen zu verkleiden hat. Es gibt Steine, die aus Terrakotta, aus Blech, aus Zement oder aus irgend etwas anderem hergestellt werden, nur nicht aus dem, was sie darstellen. Das gewöhnliche kleine Haus ist eine fast ebenso große Täuschung wie das hohe Gebäude. Es kann z. B. ein Dach haben, das aus Schindeln zu sein scheint, es aber nicht ist . . . Im Innern des Hauses spiegeln uns Verkleidungen Täuschungen vor; das Ergebnis wird als „künstlerisch“ angesehen. Türrahmen sind nicht vorhanden, sondern werden nur vorgetäuscht; der richtige Rahmen ist mit einem Stoff verkleidet, der sechsmal soviel brennbares Material enthält und sechsmal so viel Zeit und Arbeit zur Herstellung der Verkleidung erfordert als der richtige Rahmen, wenn er seiner Zweckbestimmung zugeführt worden wäre. Dasselbe kann man von den Postamenten sagen. Auch hier herrscht der Grundsatz der Verkleidung vor, und doch könnten durch nur geringe Mehrkosten gerade diese Einzelheiten in hohem Maße für Ausschmückungszwecke benutzt werden. Wo und wann immer die Architektur einen höheren Grad der Vollkommenheit erreicht hat, konnten alle Teile schmückend wirken; denn gute Architektur ist ehrlich.“ Die Behauptungen Flaggs werden durch einen kürzlichen Bericht (Mai 1925) des American Construction Council unterstützt, der das Ergebnis einer ein Jahr währenden Untersuchung darstellt. Der Council findet, daß die durchschnittlichen Bauverfahren in den Städten „beklagenswert“ sind und daß viele jetzt neu errichtete Kleinhäuser „in 10 Jahren wertlos sein werden“.

Ackermans Klempner vermittelten uns bereits eine Vorstellung der durch Minderwertigkeit des Materials verlorenen menschlichen Arbeitskraft. Eine Verdoppelung der Dauerhaftigkeit und Güte der verwendeten Stoffe wird im allgemeinen die Arbeitskosten um die Hälfte vermindern. Wenn auch durch die Verwendung von dauerhafterem Material von Anfang an eine geringe Erhöhung der erforderlichen Arbeitskraft eintreten dürfte, so wird sie doch nicht entfernt jenem Verlust an Arbeitskraft gleichkommen, der durch den Grundsatz möglichst schnellen Gewinns herbeigeführt wird. Im Falle der verfälschten Nahrungsmittel müssen wir auch die Kosten zusätzlicher ärztlicher Behandlung veranschlagen. Wenn auch die in dieser Gruppe verschwendete Arbeitskraft zahlenmäßig nur schwer erfaßt werden kann, so ist doch klar, daß sie recht bedeutend sein muß. Denn schon im Werte von 500000000 Dollar unnötigerweise verrosteter Metallarbeiten liegt die Arbeitskraft von rd. 250000 Arbeitenden.

Quacksalberei.

Eng mit der Verfälschung und Verminderung der Warenbeschaffenheit hängen Quacksalberei, Kurpfuscherei und die Tätigkeit jener Menschen zusammen, die unter allen Umständen, gleichgültig mit welchen Mitteln, schnell reich werden wollen. Dieselbe Gutgläubigkeit, die wir bei der Besprechung der Patentmedizinen immer wieder feststellen mußten, derselbe allgemein verbreitete Wunsch, ohne Arbeit reich zu werden, sind Merkmale einer vor allen Dingen auf Erwerb eingestellten Gesellschaftsform. Auf den Flügeln der Reklame leben die Verkäufer von Humbug und Mystik einen guten Tag, und es ist kein geringer Teil menschlicher Arbeitskraft, der hierbei aufgewendet wird.

Allein im Staate New York gibt es 2500 Personen, die unrechtmäßig als Ärzte ihre Praxis ausüben. Durch den „diploma mill ring“ sind sie mit falschen Diplomen ausgestattet. Die Orientalische Universität in Washington D. C. verkaufte solche Diplome an irgend jemand, der 200 Dollar dafür zahlen konnte[24]). Und diese Universität ist nur eine von vielen. Außer diesen unechten Medizinern muß noch der Menge Heilmethoden gedacht werden — geistige, moralische, elektrische, Drüsenlehre, Rückenmassage, Spitzentanz, Vibration, Willensübertragung usw. — die sämtlich, wenn auch nur schwer erfaßbar, einen recht beträchtlichen Teil menschlicher Arbeitskraft umfassen. Die „New York World" berichtete von einem dieser Medizinmänner, der vor kurzem wegen Kurpfuscherei verurteilt wurde. Er hieß Joseph S. King und benutzte Visitenkarten, die folgende Buchstaben zeigten: „B. T. H. M. B. S. D. C." Nach der Bedeutung dieser rätselhaften Zeichen befragt, erklärte er den Richtern: „Baptist, Truth, Heaven, Master of Biblical Science und Doctor of Chiropractic (Baptist, Wahrheit, Himmel, Meister der biblischen Wissenschaft und Doktor der Chiropraktik). Es liegt uns fern, die Dienste all der Heiler als Verlust oder Verschwendung anzusehen, die von den Regeln der orthodoxen Medizin abweichen. In der „Christlichen Wissenschaft", in den „Neuen Gedanken", in der Theosophie und sogar in der Chiropraktik wird es Tausende von ernsthaften Männern und Frauen geben, die ohne Zweifel die Schmerzen vieler Patienten linderten und ihr Leben retteten. Heilung durch persönliche Beeinflussung befindet sich bereits auf dem Wege zu einer anerkannten Therapie. Aber hinter dieser ernst gemeinten, wenn auch nicht anerkannten Vorhut verbirgt sich ein Schwarm von Kurpfuschern, die bewußt nur einen Leitspruch befolgen: mit allen erlaubten und noch mehr mit allen unerlaubten Mitteln auf dem schnellsten Wege reich zu werden[25]).

Und weiter: man mache sich eine Vorstellung der Rolle, die die Schwindler auf dem Gebiete der Spekulation spielen. Nach sorgfältigen Untersuchungen kommt das American Institute of Accountants zu dem Schluß, daß dem amerikanischen Volk seit dem Kriege mehr als 3000000000 Dollar durch den Verkauf von unsicheren Papieren gestohlen wurden. H. J. Donnelly jun. schätzt in einem Aufsatz in den „Annals" die jährliche Gesamtsumme dieses Verlustes auf 600000000 Dollar bis 1000000000 Dollar[26]).

Ferner müssen in diesem Zusammenhang noch die Medien, die Geisterseher, die orientalischen Mystiker, die Heiligen in Bademänteln, die neuen „Psychologen", die Volksbeglücker, die das Geheimnis in Händen haben, jedem das Schreiben, Malen, Violinespielen und manches andere ohne Lehrer „zu Hause" beizubringen, erwähnt werden, eine endlose Liste von Menschen, die überall im Lande Gutgläubige finden und große Erfolge erzielen, d. h. viel Geld verdienen. Und zu gleicher Zeit weist der auf dem Gebiet der Verhaltungslehre bekannte John B. Watson auf die psychologischen Schwindler hin, die insbesondere auf dem Gebiet des „Charakterlesens“ mit Hilfe der Phrenologie und der Handschriftdeutung arbeiten.

Alwin F. Harlow, ein Zeichner und Graveur, war viele Jahre damit beschäftigt, mit Hilfe seines Gewerbes die Kurpfuscherei und Quacksalberei zu unterstützen. Im Märzheft 1924 des „American Mercury“ legt er eine volle Beichte über sein Arbeitsverfahren ab: „Drei der größten Sehnsüchte des Menschen sind Geld, Glaube und die Befreiung von Schmerzen. Auf diesen dreien baut sich das Vermögen der meisten Schwindler auf. Die größten Schwindeleien, die jemals mit Hilfe von Künstlern und Zeichnern ausgeübt wurden, sind den Kurpfuschern und Allesheilern zuzuschreiben.“ Harlow fährt fort, uns Einzelheiten über die Verfahren zur Herstellung der bekannten ‚Vorher‘- und ‚Nachher‘-Bilder, sowie der photographierten Anerkennungsschreiben zu schildern: „Tausend gegen eins ist zu wetten, daß die ‚Vorher‘- und ‚Nachher‘-Erscheinung durch die vereinte Geschicklichkeit von Künstler und Graveur erzielt wurde . . . Ich selbst habe dabei geholfen, Hunderte solcher Schwindelbilder herzustellen. Ein wenig Schatten unter jeden Backenknochen, ein dunkler Ring um die Augen läßt sie hohl erscheinen; ein geringes Herunterziehen der Mundwinkel, unordentliches Haar — und der kranke Mann ist fertig. Ich habe sogar auf verhältnismäßig gesund aussehende Gesichter und Körper Geschwüre, Knoten, Hautausschläge, Skropheln, Ekzeme und Dutzende von anderen Krankheitserscheinungen aufgemalt. Nachdem der Druckstock dann hergestellt ist, wird die Retouche von der Photographie abgewaschen, die Runzeln werden übermalt, in die Augen kommt ein Glanz, die Mundwinkel werden vielleicht ein klein wenig gehoben und der zufriedene Mann ist da, der nach Einnehmen von 6 Flaschen ‚Liquozone‘ oder ‚Kickapoo Indian Sagwa‘ zu neuem Leben erwachte.“

Harlow gibt uns auch Einzelheiten, wie man Lichtbilder zur Verherrlichung der gymnastischen Lehre durch Fernunterricht herstellt. Vor Anwendung von Dr. Starkbluts 20 kleinen Aufgaben: man stelle die Kamera ein und lasse das Modell die Arme lose herabhängen, seine Schultern nach vorn biegen und eine unglückliche Miene aufsetzen. Durch Retouche wird dem Gesicht ein mageres Aussehen gegeben, die Lage jeder Rippe hervorgehoben, bis der schließliche Abdruck uns einen fast verhungerten Menschen ohne Lebensfreude und Hoffnung zeigt. Nach Anwendung: man mache ein zweites Bild (5 Minuten nach dem ersten) des gleichen Modells, das noch immer zur Hälfte entkleidet ist, dessen Arme jetzt aber fest über der Brust gekreuzt sind, um die Muskeln hervortreten zu lassen, dessen Schultern mit einer stolzen Geste zurückgedrückt sind, und das einen Ausdruck höchsten Selbstvertrauens zeigt. Auch bei dem zweiten Bild läßt der Photograph seine Retouchierkünste spielen, diesmal aber mehr nach der konvexen als nach der konkaven Richtung. Das auf diese Weise schließlich hergestellte Bild stellt einen jungen Herkules dar, bereit, jeden schwachen, blutarmen Bankangestellten, der die beiden „Lichtbilder" in der Anzeige von Dr. Starkblut sieht, völlig für sich und sein Verfahren zu gewinnen.

Für eine Reihe hervorragender Krebsspezialisten einschließlich der berühmten Doktoren „Pyke and Pyke" verwendete Harlow seine Kunst, um auf die Lichtbilder von gesunden Menschen Geschwüre und Krebsgebilde aufzumalen, wobei das gesunde Bild „nach" und das zuletzt hergestellte „vorher" aufgenommen war. Für Dr. Q., den Erfinder des brasilianischen Balsams , aus „Wurzeln und Pflanzen hergestellt, die mit ungeheuren Kosten und mit größter Gefahr aus den tiefsten Tiefen der großen tropischen Wälder, durch die die mächtigen Nebenströme des Amazons fließen, erlangt wurden" — für diesen Dr. Q. mußte Harlow den Grippebazillus zeichnerisch festhalten. „Nach welcher Vorlage soll ich arbeiten, Herr Doktor?" fragte er. „Das kommt gar nicht darauf an," antwortete dieser Ehrenmann, „malen Sie nur ein eiförmiges Ding mit einem Auge am schmaleren Ende und einer Unmenge in sich verschlungener Beine. Vor allem muß das Ding furchtbar aussehen." Das Furchtbare wurde wunschgemäß gemalt und erschien Jahre lang in den Anzeigen dieses Dr. Q. unter der Unterschrift „Grippebazillus nach einer Photographie — 1600mal vergrößert".

Die größte Leistung dieses Harlow war aber wohl die Herstellung eines Tiefdruckbildes von Christus, das als eine bona fide-Photographie von Francis Schlatter, dem frommen Heiler aus dem Westen, ausgegeben werden sollte. „Ja, wir gewerbsmäßigen Maler helfen allen diesen Heiligen und Heilern, um ihre Lehren zu beweisen. Ich bin nicht ganz sicher, ob nicht die religiösen Charlatane von der gutgläubigen Menschheit ebensoviel Geld genommen haben wie die Börsenspekulanten oder Kurpfuscher — vielleicht sogar noch mehr." Wir können den Umfang dieser Quacksalberei in menschlicher Arbeitskraft nicht berechnen. Geht aber auch nur ein Tag vorüber, an dem wir nicht in irgendeiner Form mit diesen angenehmen Mitmenschen zusammentreffen?

*

VI. Weitere Verlustquellen.

Spekulation und Buchmacherei.

Wie wir schon andeuten konnten, scheint das Wetten und Spekulieren eine angeborene Eigenschaft des Menschen zu sein. In jedem Zeitalter und bei jeder Rasse hören wir von Wetten, von Glücksspielen usw. Gleichgültig, ob wir eine funktionelle oder nichtfunktionelle Gesellschaftsform haben, gewettet wird unentwegt. Verschwendung scheint auf diesem Gebiet da aufzutreten, wo der Wettrieb durch wohldurchdachte Geschäftsverfahren künstlich angeregt wird, also z. B. in der Buchmacherei, in Monte Carlo, im Spekulieren mit Lebensnotwendigkeiten, also mit Land, Getreide und ähnlichem. Das Ergebnis muß notwendigerweise eine soziale Störung und schließlich Verlust bedeuten. Der geldliche Umsatz ist für uns hierbei weniger von Belang und wir vergießen auch keine Träne über die Verluste der Hereingefallenen. Wir halten lediglich fest, daß ein großer Teil des Spekulierens und Wettens in die von uns aufgestellten Verlustklassen fällt und daß menschliche Arbeitskraft in nennenswertem Umfange in den Bureaus der Grundstücksmakler, der Getreidebörsen, durch die Bildung von Spekulationsringen usw. verschwendet wird.

Gewerbsmäßige Spekulation.

Veblen nennt als die Hauptursachen gewerbsmäßiger Spekulation: „Das Hauptaugenmerk des Geschäftsmannes ist von der altmodischen Überwachung und Leitung eines bestimmten industriellen Verfahrens abgekommen und auf ein schnelles Wiederverteilen der durch mehr oder minder gewinnreiche Wagnisse erzielten Investierungen gerichtet ... Diese Tätigkeit umschließt eine tatsächliche Erhöhung des Wagnisses und der Unsicherheit der Erzeugungsprozesse. ... Allgemein gesprochen hat diese Klasse von Geschäftsleuten, sofern sie nicht noch besondere versteckte strategische Ziele verfolgt, vor allem ein Interesse daran, Unruhe in das herrschende System zu bringen, um Gewinn daraus zu ziehen"[1]).

Zum Teil sind auf diese Weise auch unsere wilden Spekulationen, Produktenbörsen, das Handeln mit Aktien usw. usw. zu erklären. Mancher Fabrikant verwendet mehr Gedanken auf das Spekulieren in Rohstoffen als auf die Leitung seines Betriebes. Der natürliche menschliche Impuls, der sich in einem Spiel Poker oder Bridge oder in einem Wettrennen äußert, wird durch die ganz ungeheuerlichen Gewinne — Verluste sind tote Gedächtnisse —, die bei einem wirtschaftlichen System, das vor allem von Preiserwägungen abhängt, erzielt werden können, machtvoll angeregt. Arthur Clutten, Chicago, „verdiente" vor kurzem 1860000 Dollar durch den Erwerb von 1924er Getreide zu 76 Cent, das er sofort zu 1,08 Dollar weiterverkaufte[2]). Milliarden werden in Landspekulationen durch ein Voraussehen kommender Baupläne erworben. Der Kult, für nichts etwas zu erhalten, erreicht seine höchste Blüte im Spiel, und zwar nicht im Spiel mit Karten, sondern im Spiel mit Land, auf dem Menschen wohnen müssen, mit Getreide, das sie essen müssen, mit Öl, das sie brauchen oder mit Rohstoffen, die nötig sind, um sie zu bekleiden.

Volkswirte sind der Meinung, daß, von einem bestimmten Preissystem ausgegangen, Spekulationen einen heilsamen Einfluß auf die Stabilisierung der Preise ausüben. Unzweifelhaft wird das auch oft zutreffen. Es wird sich dabei aber mehr oder minder um das gleiche Verfahren handeln wie z. B. bei dem Haus, das niedergebrannt wurde, um notwendiges Heizmaterial zu gewinnen. Eine bewußte Stabilisierung der Preise — hierbei besonders von dem Gedanken der Bedarfswirtschaft ausgehend — könnte mit einem Bruchteil der heute noch im Börsengeschäft tätigen Menschenkraft die gleichen Dienste leisten.

Vom öffentlichen Standpunkt aus betrachtet, ist jede Spekulation mit Land ein durch keine Entschuldigung zu milderndes Übel. In ländlichen Bezirken ist sie die Hauptursache für das Anwachsen des Pachtsystems und für die gegenwärtige wirtschaftliche Notlage der Landbevölkerung. Während der Hochkonjunktur von 1919 gingen fast 20% der Landwirtschaft im Staate Iowa in andere Hände über, während der Preis je Acker

Landes von durchschnittlich 257 Dollar im Januar bis auf 442 Dollar im Dezember gestiegen war[3]). Die Glücklichen gingen nach Los Angeles, während die neuen Besitzer sich bald wieder zahlungsunfähig erklären mußten bzw. Himmel und Hölle in Bewegung setzten, um den gezahlten Überpreis auf die Brotverbraucher abzuwälzen. Über die städtischen Grundstücksverhältnisse schreibt der „New Yorker Ausschuß für einen Wiederaufbau" in einem Bericht von 1920: „In großem Umfange ist die Wohnungsfrage eine Landfrage. Die Ansiedlung der Bevölkerung in eine neue Gegend läßt den Wert des Landes sofort in die Höhe schnellen und die Ankömmlinge müssen diese Erhöhung entweder dnrch die Miete oder die Kosten des Hauses tragen. Jede Verbesserung der Häuser führt zu dem gleichen Ergebnis. Das Nachbarland steigt ebenfalls im Werte. Weitere Verbesserungen werden durch die vermehrten Kosten unmöglich gemacht. Nur die Reichen können es sich leisten, so weit von den städtischen Mittelpunkten entfernt zu wohnen, daß sie das Land noch zu billigen Preisen kaufen können. Der arme Mann wird in kleine und immer kleinere Behausungen gedrängt ... Der erhöhte Wert des Landes, der nur auf diese Tatsache zurückzuführen ist, daß sich Menschen an einem Ort zusammenpferchen, bringt jenen, die seine Steigerung hervorrufen, keinen Gewinn. Diese Erhöhung wird meist durch Spekulation erzielt. Zahlt die Stadt für eine Untergrundbahn, um die Bevölkerung über eine größere Fläche zu verteilen, so wird das an der Untergrundbahn liegende Gelände sofort im Werte steigen. Auch diese Erhöhung als Ergebnis eines kommunalen Unternehmens fließt gewöhnlich in die Taschen der Grundstücksspekulanten. Sie wird durch hohe Mieten oder Verkaufspreise dem Wert der Häuser zugeschlagen und dem Mieter berechnet. Diese erhöhten Werte, die auf die oben erwähnten Ursachen zurückzuführen sind, reichen aus, um einen großen Teil der Arbeitenden dieses Staates der Möglichkeit eines anständigen Heims zu berauben."

Die Dienstleistungen der Grundstücksspekulanten sind also ausgesprochen antisozial. Ihre Zeit und Kraft widmen sie der Überlegung, nach welcher Seite die Stadt sich ausdehnen wird, sowie dem Erwerb von Grundstücken, ehe die Gemeinde sich in eine aussichtsreiche Gegend ausbreitet. Wird ihnen von befreundeter Seite überdies noch ein Wink bezüglich einer geplanten

Untergrundbahn, einer Promenade oder einer Gartenanlage gegeben, so steigen ihre Gewinnmöglichkeiten auf Kosten der Gemeinde ins Ungeheuerliche. Könnte eine funktionelle Gesellschaftsform diese Dienste unschädlich machen, ebenso wie die Dienstleistungen der Spekulanten in Lebensnotwendigkeiten anderer Art, so würde nicht nur die Armee der nutzbringend Tätigen erhöht, sondern es würde gleichzeitig eine der stärksten und unbarmherzigsten Schranken entfernt werden, an der sich schon so manche Gemeinde ihren Kopf blutig lief. Im Vergleich zu den hier vorkommenden Verlusten sind jene der Buchmacher und der Spielhöllen in der Tat verschwindend gering.

Trotzdem konnte die „New York Sun“ am 2. Dezember 1920 berichten, daß 50000000 Dollar für vier große Automobilrennen in Maryland verwettet wurden. Diese Summe enthielt aber noch nicht jene für die gleichen Wettrennen in anderen Teilen des Landes ausgegebenen Gelder. Im Jahre 1924 wurden mehr als 1000000000 Frs. für Wettrennen in Paris ausgegeben[4]). Am 16. August 1921 konnte die „Chicago Tribune“ die Anklage erheben, daß die Chicagoer Polizei jährlich 500000 Dollar einsteckt, um die Spieler im „Schwarzen Gürtel“ (black belt) zu schützen.

Überluxus.

Dieser Gegenstand ist ein sehr heikler. Hat jemand nur ein bescheidenes Einkommen — oder noch weniger — so wird die Versuchung, die Auswüchse der Reichen moralisch entrüstet abzuurteilen, besonders groß sein. Ist man aber in der Steuerliste sehr hoch eingeschätzt, so ist die Versuchung ebenso groß, seine Ausgaben mit dem Hinweis einer Stützung der Kunst, der Wissenschaft und der Kultur im allgemeinen zu verteidigen. Was würde aus den Theatern, der Oper, aus der Dicht- und Malkunst werden; wie könnte die Kunst überhaupt bestehen, wenn nicht mit Hilfe der großen Geldbeutel ihrer Mäzene? — folgern sie. Keine dieser Einstellungen erfaßt die Frage vollkommen — die eine geht von einem gewissen Neidgefühl aus, die andere grenzt an Sophisterei. Nicht alle Luxuswaren sind Verschwendung; ebensowenig stellen sie aber immer die erforderliche Grundlage für die schönen Künste dar. Der Mäzen spielt wohl heute eine wichtige Rolle, indessen nur deshalb, weil die

Gemeinde nicht so dasteht, um die Führung in diesen Fragen selber übernehmen zu können. Wohl die herrlichste Kunst, die die Welt je sah, blühte auf Geheiß der freien Bürger von Athen.

Ferner würde unsere Theorie kaum zugeben, irgendwelche Arbeitskraft, die sich diesen schönen Künsten widmet, als Verschwendung zu bezeichnen, ganz besonders dann nicht, wenn die Öffentlichkeit die Möglichkeit hätte, sie zu betrachten. Uns interessiert nicht, wer für sie zahlt, sondern wie das Ding an sich ist. Ist es schön, so ist es nicht verschwendet. Unser Augenmerk richtet sich vornehmlich auf die Auswüchse menschlicher Lebensgewohnheiten — Heere von Dienstboten, überladene und leerstehende Häuser, die Überhebung einer Plutokratie, die nicht mehr von Kunst versteht als der Zeichner eines Magazinumschlages. Und trotzdem soll auch hier nicht alles von vornherein als unbedingt wertlos bezeichnet werden. Die Verschwendung nach dieser Richtung hin scheint vor allem in der Verwendung menschlicher Nichtlebensnotwendigkeiten zu liegen, und zwar solange als der Bedarf an den Lebensnotwendigkeiten nicht voll und ganz gedeckt ist. Und nicht nur auf die Herstellung von Überluxuswaren bezieht sich das bisher Gesagte, sondern in gleicher Weise auch auf die Herstellung von billigen Nachahmungen für die wirtschaftlich schwächeren Klassen.

Der Schatzsekretär gab, gestützt auf seine Steuereinnahmen, eine Zusammenstellung der für das Jahr 1919 gekauften Luxuswaren:

Schmucksachen	500 000 000	Dollar
Musikinstrumente	250 000 000	„
Toiletteseifen usw.	400 000 000	„
Automobile und Zubehör	2 000 000 000	„
Parfüms und Schönheitsmittel. . .	750 000 000	„
Dienstboten und andere Dienstleistungen	3 000 000 000	„
Luxus in Hotels und in Restaurants	750 000 000	„
Lukullische Genüsse	5 000 000 000	„
Schokoladen und Zuckerwaren . .	1 000 000 000	„
Getränke und Eiscreams	600 000 000	„
Kuchen und Backwaren	350 000 000	„
Frühstücksgerichte aus Getreide . .	230 000 000	„
Kaugummi	50 000 000	„
Zigaretten	800 000 000	„
	15 680 000 000	Dollar

	Übertrag: 15 680 000 000 Dollar
Zigarren	510 000 000 „
Tabak und Schnupftabak	800 000 000 „
Zigarren- und Zigarettenhalter	1 000 000 „
Pelze	300 000 000 „
Luxuskleidung, Teppiche und Vorleger	1 500 000 000 „
Dienstkleidung	3 000 000 „
Jagdkostüme	7 000 000 „
Flinten und Munition	50 000 000 „
Sportartikel	25 000 000 „
Jachten	1 000 000 „
Kunstgegenstände	15 000 000 „
Elektrische Ventilatoren	8 000 000 „
Eintrittsgelder und Abgaben	800 000 000 „
Badeorte, Wettrennen, Vergnügungsstätten usw.	3 000 000 000 „
Insgesamt	22 700 000 000 Dollar

Im Jahre 1919 betrug das Volkseinkommen etwa 66 000 000 000 Dollar. Diese Aufstellung umfaßt daher bereits ein Drittel der gesamten Kaufkraft des amerikanischen Volkes.

Der erste Einwand, den man gegen diese Aufstellung erheben muß, liegt in der ungewöhnlichen Freiheit, die sich der Schatzsekretär in bezug auf eine Begriffsbestimmung der Luxuswaren genommen hat; der zweite besteht darin, daß er sich bezüglich einiger Zahlen, wie z. B. bei den Badeorten, Wettrennen, Vergnügungsstätten usw. sehr stark auf das Gebiet des Schätzens und Ratens begeben hat. Diese Mängel zugegeben, sind die hier enthaltenen Zahlen doch der einzige jemals aufgestellte amtliche Bericht über die Ausgaben einer Nation für Waren und Dienstleistungen, die außerhalb der reinen Lebensnotwendigkeiten liegen. Vielleicht entfällt weniger als die Hälfte dieser 22 000 000 000 Dollar in die von uns aufgestellte Gruppe der durch Überluxus entstandenen tatsächlichen Verlustquellen. Die meisten der aufgeführten Waren bestehen zum großen Teil aus solchen Annehmlichkeiten, die wir noch als annehmbar und nicht außerhalb des Bereichs normaler und berechtigter Bedürfnisse bezeichnen können. Welchen Teil der 5 000 000 000 Dollar für Eßwaren müssen wir als ausgesprochene Schlemmerei bezeichnen und welchen Teil als jene gewöhnlichen Delikatessen, die wir alle gern essen? Welcher Teil der 300 000 000 Dollar für Pelze stellt nichts weiter dar als Protzentum, und welcher Teil besteht aus guten, warmen Mänteln zum Schutz gegen einen nördlichen Winter? Diese Fragen weichen jeder statistischen Beantwortung aus. Ein Schiedsgericht, das die Liste durchsehen und entscheiden sollte, würde wahrscheinlich einen gewissen Prozentsatz gediegener Annehmlichkeiten und einen ebensolchen ausgesprochener Überluxuswaren festlegen. Der größte Anteil würde indessen in jener Zwischenstufe liegen, über die eine Übereinstimmung nicht erzielt werden könnte.

Die Theorie der „Schaffung von Arbeitsgelegenheiten" wird vielleicht mehr auf die Herstellung von Luxuswaren angewendet als auf irgendein anderes Gebiet. Paul H. Douglas erklärt, daß diese irrige Auffassung von zweierlei Annahmen ausgeht: einmal, daß das für Luxuswaren ausgegebene Geld für nichts anderes ausgegeben würde; zum andern, daß die in der Herstellung von Luxuswaren beschäftigten Arbeiter anderswo nicht unterkommen könnten. Die Einschränkung der Luxusausgaben würde nicht notwendigerweise eine Vergrößerung des Heeres der Arbeitslosen bedeuten, sondern sie lediglich erwünschteren und nutzbringenderen Betätigungen zuführen. Er weist darauf hin, daß der Aufbau der Kriegsindustrien in einer so kurzen Zeit ein treffendes Beispiel für die Möglichkeit ungeheurer Umwälzungen in der Verteilung produktiver Kraft mit verhältnismäßig geringer Arbeitslosigkeit und Reibung abgibt[5]).

Überluxus deutet in den meisten Fällen auf unzweckmäßige oder unnötige Ausgaben von seiten der ganz reichen Bevölkerung hin. Veblen nimmt eine andere Stellung zu dieser Frage ein. In seiner „Theorie der Müßiggangklasse" behauptet er, daß die obersten Gruppen — der Adel, die Aristokratie oder in demokratischen Ländern die Plutokratie — lediglich die Richtlinien für den allgemeinen Verbrauch und die mit ihr verbundene Verschwendung angeben und daß die unmittelbar darauf folgenden Klassen diese Verschwendung bis zur Grenze ihrer geldlichen Mittel nachahmen aus dem rein menschlichen Bedürfnis heraus, der Welt zu zeigen, daß sie ebenso gut sind wie die anderen. Jede Wirtschaftsklasse versucht den Luxus der unmittelbar über ihr stehenden mitzumachen. Seltene Parfüms für den müßigen Reichen werden billige Parfüms für die Verkäuferin. Glockenbeinkleider des Prince of Wales werden die Mode für den Börsenspekulanten und ein wenig später auch für den Buchhalter. Ob diese etwas arglistige Theorie von Veblen wirklich allgemeine Anwendung findet oder nicht, ist gleichgültig; denn sie schildert zunächst und vor allem einmal eine besonders in demokratischen Ländern bestehende Neigung, die regierende Klasse nicht als von Gottes Gnaden eingesetzt zu betrachten. Trotzdem ein zahlenmäßiger Beweis der ausgesprochenen Behauptung nicht möglich ist, nimmt man an, daß für jeden von den Reichen nach der gegebenen Aufstellung des Schatzamtes verausgabten Dollar von den mittleren oder ärmeren Schichten zwei oder noch mehr Dollar geopfert werden, und zwar für den Kauf von billigen Nachahmungen der gleichen Warengattung. Zum Beispiel: welcher Teil der für Schmucksachen angeführten Ausgaben von 500000000 Dollar stellt den Einkauf der Reichen dar, und welcher Teil rührt von Familien des Mittelstandes, von Stenotypistinnen, Buchhaltern und gehobenen Arbeiterfamilien her, die sie für Trauringe, Verlobungsringe, Freundschaftsringe, Nadeln, Arm- und Halsbänder anlegten?

„Die meisten reichen Leute werden ihre Reichtümer weniger für die Freuden, die sie gewähren, als aus sozialen Rücksichten und für persönliche Auszeichnungen ausgeben, die durch sie erreichbar sind“[6]).

Die wirtschaftlich schwächeren Klassen setzen sich, wie wir sehen, mit allen Mitteln gegen eine derartige persönliche Auszeichnung zur Wehr.

Besitzen wir irgendwelche Mittel, um festzustellen, welcher Teil dieser 22000000000 Dollar wirklich als reine Überluxusware angesehen werden kann? Auf Grund der Angaben des Steueramtes für das am 30. Juni 1921 endigende Jahr berechnete Roger Babson die gesamten Ausgaben für Luxus mit 13766000000 Dollar — im Vergleich zu der Aufstellung von 1919 ein starker Rückgang. Streichen wir die Zahlen des Schatzamtes auf ein Drittel zusammen und jene von Babson auf die Hälfte, so kommen wir auf ca. 7000000000 Dollar oder ungefähr auf ein Zehntel des Volkseinkommens. Etwa zur gleichen Zeit kam der britische Statistiker, Professor Bowley, nach einer sorgfältigen Untersuchung des Volkseinkommens im Jahre 1913 zu dem Schluß, daß etwa 10% durch „Übermänner und Überfrauen in Automobilen, Yachten, luxuriösen Häusern, kostspieligen Kleidern und Schmucksachen, in den großen Restaurants usw. vergeudet werden“[7]). (Babson ist vorsichtig, indem er darauf hinweist, daß auch eine Verwendung dieser 10proz. produktiven Arbeitskraft für die Herstellung von Lebensnotwendigkeiten die Lebensnorm für die große Masse nicht sonderlich heben dürfte.) Von der Annahme ausgegangen, daß die Reichen 10% des Volkseinkommens ausgeben — beileibe nicht völlig nutzlos — und daß von finanziell schwächeren Schichten weitere 10% (obwohl es sich hier zweifellos um mehr handelt) für die Nachahmungen dieser Luxuswaren der Reichen ausgegeben werden (wobei ein Teil dieser Waren ebenfalls einen Gebrauchswert besitzt), ist es wohl nicht ganz irrig, anzunehmen, daß heute mindestens 15% des Volkseinkommens, oder grob geschätzt 15% der produktiven Arbeitskraft für die Herstellung von Luxuswaren, also auch für Erholungs- und Modezwecke erforderlich sind. Das stellt die beste Schätzung dar, der wir im Augenblick fähig sind, und 15% der gesamten menschlichen Arbeitskraft von Amerika sind etwa 600000 Arbeiter.

Sidney und Beatrice Webb rechneten aus, daß eine reiche Frau zur Herstellung ihrer Kleidung die Arbeitskraft von 100 bis 200 Menschen braucht. Sie führen den Fall einer Frau an, die 79 Nachthemden besaß und durchschnittlich fünfmal täglich ihre Kleidung wechselte. Die Villen bzw. Landhäuser der Reichen stehen einen großen Teil des Jahres leer, je nach der Jahreszeit, und oft bedarf es 5 bis 25 Hausangestellter, um sie für 3 bis 4 Personen zu verwalten. „Der normale Verbrauch an Nahrungswerten, gemessen an der zu ihrer Herstellung erforderlichen Arbeitskraft, ist in der Müssiggängerklasse etwa 20mal so groß als jener der gewöhnlichen Arbeitenden“[8]). Mrs. Edward Henry Smith Wilkinson aus Nottingham in England ist stolz darauf, Schmucksachen im Werte von 3400000 Dollar, Kleider im Werte von 128000 Dollar, Hüte im Werte von 64000 Dollar und einen Zobelshawl im Werte von 60000 Dollar zu besitzen[9]).

Christine Frederick weist darauf hin, daß in den Jahren 1923/1924 fünfzig ausländische Parfümfabrikanten in Amerika Zweigniederlassungen eröffneten und daß das Geld, das die Frauen heute durch Abschaffung des Unterrocks sparen, völlig in Schönheitsmitteln aufgeht[10]). In der Parfümerieabteilung eines New Yorker Warenhauses kann man heute 10000 verschiedene Artikel zur Auswahl finden[11]). Die gesamten Ausgaben für Schönheitsmittel in Amerika werden vom Statistischen Amt für das Jahr 1923 mit 117000000 Dollar angegeben[12]). Zu gleicher Zeit berichteten die Inhaber der Drogerien in einer Versammlung in Washington (Dezember 1924), daß die Männer jährlich 750000000 Dollar in den Barbierstuben lassen; ferner, daß im Jahre 1924 von den Frauen 17853000 Schachteln Rouge gekauft werden, und 240902000 Schachteln anderer Schönheitsmittel, Hautsalben usw. Ein „persönliches Parfüm" wird jetzt verkauft. Der voraussichtliche Käufer — besser noch das Opfer — muß einen großen Fragebogen über seine persönlichen Eigenschaften ausfüllen. Auf Grund dieses Fragebogens stellt der Verkäufer ein Parfüm „der Persönlichkeit angepaßt" zusammen. Für diese Zusammensetzung werden sechs ganz billige Parfüms benutzt, die zusammen etwa 20 Cent kosten. Das Opfer zahlt indessen zwei Dollar dafür.

Frank Ward O'Malley sammelte auf einem Rundgang durch die Geschäfte der Fifth Avenue in New York im Frühjahr 1921 folgende beachtliche Angaben[13]):

	Dollar:		
Damenschuhe:			
Einfache Abendschuhe . . . . . je Paar	20.—		
Billigstes Schuhwerk (in verschiedenen Geschäften) . . . . je Paar	25.—		
Gewöhnliche Straßenschuhe (in einem besonders vornehmen Geschäft) . je Paar	65.—		
Damenhüte:			
Einfacher Sporthut aus Stroh	25.—		
Einfacher, aber vornehmer Straßenhut . .	40.—		
Kleiner Trotteurhut	100.—	bis	175.—
Damenkleider:			
Modernes Straßenkleid aus einem Stück .	250.—	bis	350.—
Bade-Negligee	250.—		
Nachmittagskleid	300.—		
Maßkostüm	350.—		
Elegantes Abendkleid (volkstümlicher Preis)	700.—	bis	1200.—
Großes Abendkleid	5000.—		
Damenmäntel:			
Sportmäntel nach Maß	75.—	bis	100.—
Gewöhnlicher russischer Zobel	12000.—	bis	40000.—
Guter Chinchillamantel für den Abend . .	40000.—		
Ausgesuchter russischer Zobel	62000.—	bis	120000.—

Verschiedenes:

Federfächer	25.—	bis	50.—
Stirnbänder	35.—	bis	40.—
Elegante Nachthemden	50.—		
Seidene Sweater	50.—	aufwärts	
Strümpfe für den Abend . . . . je Paar	10.—	bis	25.—
Seidenstrümpfe in einem ganz vornehmen Geschäft . . . . je Paar	500.—		

Schmucksachen (für Damen):

Lippenstift	25.—	bis	100.—
Handtaschen	36.—	bis	200.—
Hutnadel	100.—	bis	150.—
Zigarettenspitze	125.—	bis	350.—
Zigarettenetuis	175.—	bis	350.—
Kleines gebundenes Scheckbuch	150.—		
Goldene Damentasche (mesh bag)	425.—	bis	2200.—
Toilettengarnitur (18 Stück)	650.—	bis	750.—
Lorgnetten	500.—	bis	1000.—
Ziernadeln	1000.—	aufwärts	
Moderne Gliederarmbänder	1000.—	bis	2000.—
Perlenhalsband	6000.—	bis	8000.—
Perlketten	150000.—	aufwärts	

Moden.

Im Schaufenster eines vornehmen Juwelengeschäfts in dem Gebäude, in dem wir dieses Buch schreiben, hängt ein Schild mit folgender Aufschrift:

„Lassen Sie Ihren Trauring nach der neuesten Mode herstellen."

Die auf die Mode zurückzuführende Verschwendung wurde bereits in ihren allgemeinen Umrissen im vorhergehenden Abschnitt behandelt. Hier sollen nur noch einige besondere Beobachtungen festgehalten werden. Im Juliheft 1924 der „Harvard Business Review" läßt sich Dr. Paul T. Cherrington über die Wirkung von Moden auf die Textilindustrie aus. Die Frauenmode, stellt er fest, hängt zum großen Teil von Berichten der französischen Modekünstler ab. Sie ist „Gegenstand plötzlicher und unberechenbarer Änderungen. Viele Stoffe und Kleider, die noch genau so gut sind wie am Tage ihrer Herstellung, werden plötzlich unmodern und unverkäuflich". Auch nach Ansicht der schließlichen Käufer sind sie sofort unmöglich und unbenutzbar —

(leider ist auch das Geschäft der Umarbeiterin nicht mehr das, was es früher war). Diese unberechenbaren Berichte bringen ein stark spekulatives, fast möchte man sagen Glücksmoment, in die gesamte Textilindustrie hinein, was sich sowohl im Stoff als auch in der Anfertigung auswirkt. Die Herstellung und Verteilung der Textilwaren nimmt eine gewisse Zeit in Anspruch; denn etwa 4 bis 6 Monate sind nötig, um auf wirtschaftliche Weise Stoffe herzustellen und zu verteilen. Heute ist es indessen so, daß eine Textilfabrik, die den Wunsch hat, Modewaren in Massen herzustellen, die erste Hälfte der Saison damit zubringt, die Neigung des Marktes kennen zu lernen bzw. zu erraten und auf feste Bestellungen zu warten, um die zweite Hälfte mit fieberhafter Überstundenzeit zu arbeiten. Drei Monate Wartezeit und drei Monate Hetzarbeit, wobei jede dieser Zeitspannen für ein zweckmäßiges Arbeiten bestimmt nicht das Richtige darstellt. Das gleiche, vielleicht in noch verschärftem Maße, können wir von der Konfektion sagen. Die Angst vor einer plötzlichen Änderung der Mode veranlaßt die Einzelhändler, ihre Aufträge bis auf die allerletzte Minute hinauszuschieben; dadurch ist ein ausgeglichenes Arbeiten in dem Gewerbe unmöglich, wodurch wiederum jede Planwirtschaft in den Textilfabriken verhindert wird. Eine ungeheure Saisonüberlastung in allen Industrien, die von der Mode abhängig sind, mit entsprechender Arbeitslosigkeit, Systemlosigkeit und schließlicher allgemeiner Verschwendung sind sinngemäße Folgen dieses Zustandes.

Bei der Herstellung von Damenschuhen nahm diese Unsitte so überhand, daß einige Jahre hindurch für jedes Paar Herrenschuhe zwei Paar Damenschuhe angefertigt wurden. Die Schuhfabrikanten suchen durch eine Förderung dieser modischen Veränderungen Nachfrage und Absatz zu heben. Bei alledem ist aber zu berücksichtigen, daß es in Amerika nur wenig mehr Männer als Frauen gibt und daß jene im großen ganzen ihre Füße genau so benutzen wie diese[14]).

Im „Daily News Record" — ein Organ des Bekleidungsgewerbes — erschien kürzlich ein amtlicher Bericht, der durch Zahlen und Schaubilder bekräftigt wurde und von einem Untersucher stammte, der in Palm Beach die Herrenmoden studiert hatte[15]). Wir entnehmen einige Stellen diesem Aufsatz, der an die Kurzwareneinzelhändler gerichtet war: „Die eine große

Tatsache, die Ihrer tiefsten Betrachtung wert ist, besteht darin, daß 18% der Männer auf den Golfplätzen statt Kniehosen jetzt Flanellbeinkleider tragen. Wenn Ihre Zeit da ist, Flanellbeinkleider in Mengen zu verkaufen, dann seien Sie auf der Hut! Ein Herr in einem gewöhnlichen weißen Flanellbeinkleid ist in einem Badeort einfach unmöglich. Seine Mitmenschen werden denken, daß er nur ein Paar besitzt, das er nachts in seinem Zimmer wäscht und bügelt, ungefähr so wie jener Mann, der nichts anderes als die gewöhnlichen blauen Kragen mit Vorhemden trägt. Nur sehr wenige Herren können es sich leisten, in anderen das Gefühl aufkommen zu lassen, daß sie nicht täglich ihr Hemd wechseln. Selbstverständlich sollten alle Ihre Kunden weiße Flanellbeinkleider besitzen; aber sie sollten mit der Art des Streifens wechseln bzw. mehrere Beinkleider mit verschiedenen Streifen besitzen. Wenn Sie in Ihren Anzeigen die Tatsache erklären, weshalb ein Herr eine Garnitur von Flanellbeinkleidern besitzen muß, so werden Sie mehr Flanellbeinkleider als weiße Kniehosen verkaufen. Seien Sie offen und sagen Sie den Herren Ihrer Stadt, warum sie weiße und graue, sowie einfache und gestreifte Beinkleider besitzen müssen ... Die Käufer glauben genau zu wissen, was sie wollen. Trotzdem muß man ihnen sagen, was sie wollen; und sie werden einer graphischen Darstellung, die ihnen in nüchternen Zahlen erzählt, was von allen beneidete und als Vorbild erscheinende Herren tragen, glauben."

Die „Nationale Vereinigung der Kleider- und Kurzwarenhändler" ist im Begriff, mit entsprechender Reklame eine neue Bewegung ins Leben zu rufen. Ihre Losung lautet: „Gut kleiden und erfolgreich sein!" Präsident Schloß leitete diese Bewegung gelegentlich eines Festessens im Dezember 1924 ein: „Sie müssen zwar einen Kopf besitzen, warum aber sollen Sie nicht mehr als einen Hut tragen?" Er gab seinen Hörern den Rat, wie sie es anfangen sollten, ihren Kunden drei Strohhüte zu verkaufen: einen für die Arbeit, einen weichen für den Sport und noch einen dritten für den Abend. „Wir sollten uns doch einmal eine so unbedeutende Figur, wie die des englischen Angestellten, anschauen. Und was sehen wir da? Frack, Zylinder, Gamaschen und Spazierstock. In Amerika — leider, leider! — finden wir den Zylinder nur beim Bräutigam und bei den Kutschern. Wir müssen die Männer über die soziale, kulturelle und auch finanzielle Bedeutung eines guten Aussehens aufklären. Ziel des „Gut-Kleiden-und-erfolgreich-sein“-Feldzuges soll es sein, die Männer kleiderbewußter, kleiderwählerischer und kleiderstrebiger zu erziehen (wobei die Betonung auf „strebiger“ liegt). Ein Wiedererwecken des Kleiderbewußtseins auf Seiten des Publikums ist eine große und notwendige Aufgabe.“ Mr. Schloß, genau so wie Mr. Babbitt, verspricht für diesen Zweck die Dienstleistungen einer Vereinigung und gibt uns bei der Gelegenheit auch einige Zahlen, die für die große Frage der Verschwendung nicht ganz ohne Bedeutung sind. Er erzählt uns, daß in den Vereinigten Staaten jährlich nur 62 Anzüge an je 100 Männer verkauft werden, sowie 52 neue Hüte und 18 Paar Handschuhe. „Solche Zahlen zeigen uns deutlich, wie schlecht die amerikanischen Männer in bezug auf ihr Äußeres beraten sind“[16]). Sie zeigen uns auch den erschreckenden Mangel an einigen der größten Lebensnotwendigkeiten. Und zur selben Zeit lesen wir in den Berichten der Zeitschrift „Women's Wear“ zu Beginn des Jahres 1925, daß ein Feldzug der Hutfabrikanten gegen die Filzhüte unternommen werden soll — denn diese Hüte halten zu lange.

Kleidermoden sind vielleicht das treffendste Beispiel für vorkommende Verschwendung. Sie stellen indessen keineswegs das einzige Gebiet dar, das von der Mode beherrscht wird. Unser ganzer Haushaltungsplan für Annehmlichkeiten und Luxuswaren wird in mehr oder minder starkem Maße durch die Mode beeinflußt. Vor kurzem gab die Möbelindustrie bekannt, daß sie im Begriffe wäre, einen Anzeigenfeldzug zu unternehmen, um den Amerikaner für einen jährlichen Wechsel seines Möbelstils zu erziehen. Man hat das Gefühl, daß die Industrie ihren vornehmsten Zweck nicht erreicht, wenn sie uns nicht mindestens einmal jährlich mit einer neuen Zimmereinrichtung beglückt. Die Schuhwarenhändler erklärten in ihrer im Februar 1925 in Atlantic City abgehaltenen Tagung: „Wir hoffen, dahin zu gelangen, daß der Mann, der nach dem 15. Mai noch Winterschuhwerk trägt, sich ebenso unbehaglich fühlt wie jener, der nach dem 15. September noch einen Strohhut trägt“[17]). Man denke auch einmal über die Mode für Schmucksachen, Liebhabereien — vor allem Hunde —, über die ganze Erscheinung des „Sammelns“ (Altertümer, Gemälde usw.) nach. Und schließlich gibt es auch eine Mode in der Literatur und Architektur, in Silberwaren, Tischwäsche und sogar in Nahrungsmitteln. Es gibt Moden im Haarschneiden, in der Hautpflege, für Schnurrbärte und auch für Bureauausstattungen.

Unserer Meinung nach entspricht eine gewisse Änderung der Moden unbedingt einem wirklichen menschlichen Bedürfnis. Man wird der ewiggleichen Kleidung und Möbel allmählich überdrüssig; das „letzte Wort" bringt mitunter in unser Leben einen ersehnten frischen Zug. Verschwendung entsteht nicht durch die Mode an sich, sondern durch die Anregung, die künstlich die Zeitspanne des menschlichen Bedürfnisses nach einer Veränderung verkürzt. Wir wissen, daß derartige Anregungen bestehen und wir wissen auch, daß sie für einen großen Teil unnötiger Arbeitskraft verantwortlich sind. Ein großer Teil dieser Verschwendung entzieht sich aber jeder Messung. Wenn man z. B. die Industrie für Damenschuhe als Beispiel wählt, so muß man, wenn die Mode in gleichem Schritt wie für die Männer weiterschreitet, ziemlich sicher annehmen können, daß die Frauen mit ein Paar Schuhen ebenso lange auskommen werden wie die Männer, und daß an Stelle der bisher hergestellten je zwei Paar Schuhe für Frauen jetzt nur noch ein Paar nötig wäre. Indem auf dieses eine Paar bessere Rohstoffe und bessere Arbeit verwendet würde, ergäbe sich ein gewisser Ausgleich. Vielleicht die Hälfte der gesamten Arbeitskraft dieser Industrie geht durch modische Veränderungen verloren — ein Verlust, der sich in gleicher Weise in der Lederindustrie wie auch in verwandten Gewerbezweigen auswirkt. Dasselbe können wir auch für die Bekleidungs-, Textil-, Automobil-, Hausausstattungs-, für die Nahrungsmittel- und Schmucksachenindustrie annehmen.

Gewerbsmäßige Erholung.

Erholung haben wir ohne Einschränkung in unsere Aufstellung der Lebensnotwendigkeiten hineingenommen. Wir wissen, daß von Zeit zu Zeit dieses Bedürfnis sogar größer ist als das nach Nahrung, Wohnung und Kleidung. Nach allen uns zur Verfügung stehenden Nachweisen ist und bleibt der Mensch ein spielendes Tier. Wir sind der Meinung, daß eine funktionelle Gesellschaftsform ihm noch größere Spielmöglichkeiten gewähren dürfte. Heute ist jede organisierte Erholung vor allem in Händen von geschäftlichen Unternehmungen, und da man aus den Zuschauern mehr Geld herausholen kann als aus den Spielern, so wächst sich das Spiel mehr und mehr zu einem Geschäftsunternehmen aus. Das Zuschauen wird ebenfalls in steigendem Maße eine Angelegenheit der Reklame und Massenerzeugung. Die Gehälter der führenden Fußballtruppen stellen schon fünfstellige Zahlen dar. Ein Preisboxer verlangt für einen Weltmeisterschaftskampf eine Gebühr von 1000000 Dollar; ein anderer lehnt es ab, für lumpige 250000 Dollar zu spielen. Berufsmäßige Golfspieler bringen es bis auf 30000 Dollar im Jahr; Hockeyspieler erhalten für ein Spiel mehrere hundert Dollar, Skiläufer 200 Dollar in der Woche. Berufsmäßige Schlagballspieler werden bis zu 250 Dollar je Spiel bezahlt und als letztes sind noch die Tennisstars zu erwähnen, die ebenfalls für jedes Spiel eine recht ansehnliche Summe erhalten[18]). Wenn Mr. Dempsey von seinen mehr oder minder vielen Millionen aus der Boxarena zum Kino — eine andere große Quelle volkstümlicher Erholung — übergeht, so fließt ihm eine weitere Million zu[18]). Im Jahre 1921 erreichten die in der Filmindustrie angelegten Gelder die Höhe von 500000000 Dollar. Die Herstellungskosten belaufen sich auf über 200000000 Dollar jährlich und der jährliche Umsatz (also des Einzelhandels) betrug 1440000000 Dollar. Täglich setzen 18000 Kinos 20000000 Menschen, also einem Fünftel der Bevölkerung der Vereinigten Staaten, die Erzeugnisse der Filmindustrie vor[19]). Es gibt mehr als 40 Kinoschauspielerinnen und -Schauspieler mit Gehältern von 1000 bis 10000 Dollar die Woche Die Vertriebskosten — an und für sich eine viel einfachere Angelegenheit als die Herstellung der Filme — beanspruchen von jedem Dollar, der für diese verausgabt wird, 40 Cent. Wenn man überlegt, daß die Filme sich fast durchweg einer etwa zwölfjährigen Intelligenz anpassen, muß man staunen, in welchem Umfange sie eine tatsächliche Erholung darstellen und einem menschlichen Bedürfnis entsprechen können.

In England gab F. E Bussey 600000 Pfund für die Einführung einer neuen Sensation in Wembleys „Fun City" aus[20]). Die Coney Islands und unsere White Cities in Amerika haben das Lachen auf eine bezahlte Formel gebracht. Wir geben zu, daß Conley Island uns ablenkt, aber nicht so sehr wie Sandy Hook, wo nichts als Dünen, See und Himmel zu sehen und wo die Kosten gleich Null sind.

Sogar unsere Bildungsstätten haben Geschmack an den großen Geschäftserfolgen gewonnen: „Es gibt zuviel Geld, zuviel berufsmäßigen Sport; zuviel Zeit wird zur Erzielung von Rekordleistungen verwendet ... auf Kosten der wirklichen Ausübung des Sports."

Und das ist es gerade: auf Kosten der wirklichen Ausübung des Sports. Wir freuen uns an jeder Art von Sport. Können wir nicht mitspielen, so schauen wir gern zu. Wir haben keine tiefgehenden Einwände gegen Boxmatches, gegen Hollywood, gegen den Sport an den Universitäten. Aber in diesem ungeheuerlichen Aufmarsch von Geld und Massen geht der wahre Geist des Sports scheinbar verloren. Und die Erholung läuft unserer Meinung nach Gefahr, in die Spalte der Verlustquellen zu gelangen, sobald der Geschäftsmann den Sportler verdrängt.

Die freien und häuslichen (persönlichen) Berufe.

Die bildliche Darstellung in Abschnitt II zeigte uns, daß etwa 8000000 Arbeitende mit „unproduktiven" Dienstleistungen beschäftigt sind. Es handelt sich hier nicht um unmittelbare Erzeuger, Verkäufer oder Transportarbeiter, sondern um eine Klasse von Menschen, die allen diesen Betätigungsgebieten ihre Dienste ebenso wie bestimmte unmittelbare Dienstleistungen dem Verbraucher angedeihen lassen. Hierzu gehören die sogenannten freien Berufe — Ärzte, Rechtsanwälte, Ingenieure, Lehrer sowie Beamte, Bankiers, Finanzleute und schließlich als größte Gruppe die persönlichen Dienstleistungen der Friseure, Hotel- und Restaurationsbediensteten sowie der Hausangestellten. Bei einer Berücksichtigung der Luxuswaren, der Mode und der Quacksalberei konnten wir bereits einen Teil dieser Dienstleistungen als Verschwendung festhalten. Es bleibt noch eine Untersuchung der freien Berufe, der geldlichen Macht und der in den staatlichen und städtischen Verwaltungskörpern beschäftigten menschlichen Arbeitskraft vorzunehmen, soweit sie nicht zu den militärischen Einrichtungen des Landes gehören.

„Ein gelehrter Mann," sagt Huxley, „ist jener, der Wissenschaft und Erziehung zur Befriedigung menschlicher Bedürfnisse anwendet." Es ergibt sich die Frage, welcher Teil der gelehrten und auch freien Berufe dieser Forderung entspricht.

Zum Beispiel sei der Beruf des Rechtsanwalts einmal von diesem Standpunkt aus betrachtet. Wieviel Rechtsanwälte gibt es, die ihre Bemühungen darauf richten, die Rechtsprechung zu einem möglichst reibungslos laufenden Apparat zu gestalten und wie viele machen ihren Einfluß dahin geltend, Unklarheit und ein wirres Durcheinander zu erzeugen? Wie viele sind förmlich auf der Suche nach Fällen, die die bereits überlastete Maschine noch mehr balasten?

Der berühmte Fall von Jarndyce gegen Jarndyce ist nicht der einzige, der ewig währt. Besonders in der chemischen Industrie gibt es ein großes Feld für Rechtsstreitigkeiten, die auf einen Mangel an Normung in dieser Industrie zurückgeführt werden können. Die Gerichte werden gezwungen, über wissenschaftliche und technische Fragen, von denen sowohl der Richter als auch die Geschworenen wenig Ahnung haben, Urteile abzugeben, wodurch große Verzögerungen und auch viel Verwirrung entstehen. Von Henry Ford stammt die Bemerkung, daß „die meisten Eisenbahnen genügend Rechtsanwälte besitzen, um sie selbst zu betreiben“. Führende Rechtsanwälte, die ihrem Beruf wirklich ernsthaft entsprechen, haben schon verschiedentlich auf die Notwendigkeit einer planvolleren, mehr unmittelbaren und weniger verschwenderischen Verwaltung des gesamten Rechtswesens hingewiesen. Denn nicht nur um die Arbeitskraft der Rechtsanwälte, die verschwendet sein kann, handelt es sich hier, sondern auch um jene Klienten, der Schöffen, Zuschauer und der ewigen Schreiber und Berichterstatter. Vor einiger Zeit nahmen wir an einer solchen Verhandlung teil und trugen unser Scherflein zu einem Gutachten von fast 10000 Seiten bei, das die Regierung verfaßte, um die zwischen den Hauptinteressenten der Verpackungsindustrie entstandenen Schwierigkeiten zu schlichten. An und für sich sind diese Streitigkeiten, wenn auch nicht dem Namen, so doch der Tatsache nach, schon längst beigelegt; sie werden aber die Gerichte noch solange weiterbeschäftigen, bis die oberste Justizbehörde endlich eine Ablage dieser Papiermassen verlangt. In der Zwischenzeit aber stand uns ein Heer von Rechtsvertretern gegenüber, die ihr Bestes taten, um unsere Beobachtungen als die offensichtlichsten Unwahrheiten der Welt erscheinen zu lassen. Unsere Äußerungen unmittelbar zu Papier zu bringen, hätte nicht mehr als fünf Minuten beansprucht; um die schließlichen Überbleibsel festzuhalten waren zwei Tage und eine Anzahl von Schreibmaschinenseiten nötig, deren Umfang nur der liebe Gott und der Gerichtsstenograph ermessen kann. Das angeführte Beispiel ist nur eins, das für die täglich vorkommenden vielen anderen kennzeichnend ist.

„Beratung" der Geschäftswelt.

Der neuzeitige Geschäftsmann hat sich mit einer stets größer werdenden Wolke berufsmäßiger Berater umgeben, deren Dienstleistungen alles in allem genommen etwas zweifelhaft sind. „Beratende Ingenieure", Kostenbeamte, Organisatoren, Steuerberater, statistische Zentralen, Geschäftsführungsunternehmungen, Reklamezentralen, Verkaufsberater, Ratgeber auf dem Gebiete der Beziehungen zwischen Arbeitgeber und Arbeitnehmer, industrielle Detektive — diese in den meisten Fällen weit über ihre Verdienste in den Himmel gehobenen Berufe spielen im heutigen Geschäftsleben eine überaus große Rolle.

In dem Hauptbuch eines mittelgroßen Textilunternehmens finden wir für das Jahr 1924 folgende mittelbare, also unproduktive Kosten verbucht[21]):

Nationale Handelsvereinigung	200.—	Dollar
Nationale Gewerbevereinigung	220.—	„
Staatliche Handelsvereinigung	100.—	„
Städtische Gewerbevereinigung	50.—	„
Handelskammer	125.—	„
Bezirks-Gewerbevereinigung	1 132.—	„
Kreditvereinigung	25.—	„
Nationale Fabrikantenvereinigung	50.—	„
Tariforganisation	100.—	„
Vereinigung für Modeentwürfe	50.—	„
Fachliche Gewerbevereinigung	100.—	„
Gesamte „Vereinigungen"	2 152.—	Dollar
Produktions-, Leistungs- und Betriebsingenieure	9 000.—	Dollar
Taxatoren	3 000.—	„
Rechtsbeistand	18 000.—	„
Buchführungs-Sachverständige	2 000.—	„
Börsen-Sachverständige	2 000.—	„
Gesamte „Dienstleistungen"	36 152.—	Dollar

Ohne Zweifel wird ein Teil dieser Berater hinsichtlich eines wirtschaftlicheren Betriebs und einer planmäßigeren Erfassung einzelner Aufgaben des Unternehmens viel Gutes leisten. Der größere Teil von ihnen sind, fürchten wir, nicht viel mehr als Schmarotzer, die an der industriellen Struktur hängen und deren einziger Wert in einer gründlichen psychologischen Erkenntnis dessen liegt, wie sie sich selbst am teuersten verkaufen können.*)

Regierung.

Wenn wir den Regierungsapparat zu den mittelbaren Dienstleistungen rechnen, müssen wir das politische Bestechungswesen und das Scharwenzeln vor den Türen der Höchsten mit berücksichtigen. Nach dem „Literary Digest" sollen für politische Bestechungszwecke in Amerika jährlich 200000000 Dollar ausgegeben werden. Die britische Eisenbahn soll nach angestellten Berechnungen bis zum Jahre 1910 für ein Bekämpfen bzw. Unterstützen von Regierungsvorlagen 90000000 Pfd. Sterl. ausgegeben haben[22]). Die völlig verschwendete Menschenkraft, die zur Durchführung politischer Machenschaften, polizeilicher Begünstigung und für Sonderinteressen beansprucht wird, von der amtlichen Vertretung der Hauptindustrien in Washington und anderen Hauptstädten des Landes ganz zu schweigen, muß in die Zehntausende von Arbeitskräften gehen. Auch die fast irrsinnigen Verfahren, die für die Durchführung politischer Feldzüge im allgemeinen angewendet werden, dürfen hier nicht übersehen werden, ebensowenig wie die Tatsache, daß der Kronanwalt Ekerm von Wisconsin als Ergebnis einer besonderen Untersuchung zu der Überzeugung gelangte, daß ein Wählen durch die Post, wobei das Porto nach beiden Richtungen hin bezahlt und jede Vorsicht in bezug auf die Unterschriften geübt würde, die Kosten aller Wahlen glatt um die Hälfte verringern könnte.

Versicherungswesen.

Das Versicherungswesen als ein Verfahren zum Ausgleich der industriellen Belastung leistet in einer Erwerbswirtschaft unbe-

---

*) Im Gegensatz zu den durchwegs recht geachteten Betriebs- oder beratenden Ingenieuren (production oder consulting engineers) stehen die sogenannten „efficiency engineers", die mitunter durch ihre Radikalkuren der Bewegung mehr schadeten als nützten. Gegen sie richtet sich vor allem der Groll des Verfassers und auch weiter Kreise der Fachwelt. D. Bearb.

dingt einen tatsächlichen öffentlichen Dienst. Die hier zur Erörterung stehende Frage indessen ist, ob die zur Aufrechterhaltung dieser Einrichtung erforderlichen Schreib- und Verkaufskräfte nicht übermäßige sind und inwieweit eine funktionelle Gesellschaftsform in genügendem Maße ihre eigene Versicherungsgesellschaft sein und diesen Arbeitsaufwand völlig sparen könnte. Die Regierung der Vereinigten Staaten geht niemals eine Feuerversicherung ein; denn ihr Besitz ist so groß, daß es sich als wirtschaftlicher erwiesen hat, Brandschäden selbst zu ersetzen, als Prämien zu zahlen. Eine Versicherung schafft nichts, sondern beschäftigt lediglich einige Hunderttausende von Beamten, Versicherungsmathematikern, Verkäufern, Rechtsanwälten und Druckern, die Eintragungen in Bücher vornehmen, die Briefschaften und Dokumente von Hand zu Hand wandern lassen ... von unserem Flugzeug aus betrachtet, ein merkwürdiges, unlogisches Bild.

Für jeden Dollar, der von der Lebensversicherung ausgezahlt wird, sind 2 Dollar in Prämien eingezahlt worden. Wenn die Verwaltungskosten auch nicht 100% ausmachen, und zwar aus dem Grunde nicht, weil sich mit einer stets größer werdenden Zahl von Versicherten die Notwendigkeit stets größerer Rücklagen ergibt, so sind sie trotzdem zu hoch für eine Dienstleistung, die nur aus dem Grunde erfolgt, weil die gegenwärtige Gesellschaft so schlecht organisiert ist. Die Gesamtzahlen für das Jahr 1920 waren folgende[23]:

	Gesamtes Einkommen der Gesellschaften	Gesamte Auszahlungen a. d. Versicherten	Verhältnis
Lebensversicherung	1847000000 Dollar	745000000 Dollar	40%
Feuerversicherung.	1074000000 „	492000000 „	46%

Eine ausschließliche staatliche Handhabung des Versicherungswesens würde lediglich die Hälfte der bisherigen Schreibkräfte brauchen, die mit nicht mehr als 7,5% der eingehenden Beiträge entlohnt werden könnten. Die miteinander in Wettbewerb stehenden privaten Versicherungsgesellschaften brauchen zu diesem Zweck aber 37,5%. Als der Staat in Queensland die Arbeiterentschädigungs-Versicherung übernahm, konnte er für die gleichen Einzahlungen doppelte Leistungen gewähren[24]).

Finanz.

In gleicher Weise wie die Versicherung entsprechen in der heutigen wirtschaftlichen Gesellschaft der Bankier und der Geldmann einem tatsächlichen Bedürfnis. Sogar eine funktionelle Gesellschaft würde einen bestimmten Geldapparat mit den entsprechenden Hilfskräften brauchen, um ihn zu bedienen. Eine von führenden Volkswirten, insbesondere von Veblen beim gegenwärtigen Verfahren erkannte Schwierigkeit liegt indessen darin, daß die Banken in immer steigendem Maße dazu neigen, Industrien zu übernehmen, von deren technischen Problemen sie nichts verstehen. Es gab Eisenbahn-, Stahl-, Blech-, Kupfer- und Automobilkönige, die ein Schraubengewinde von einer Widerstandsspirale nicht zu unterscheiden vermochten. Ihre Stärke lag auf dem Gebiete der Börsenpapiere; einen Hühnerstall zu entwerfen, war ihnen unmöglich. Die Neigung der sich mit ihren Geldmitteln an der Industrie beteiligenden Bankdirektoren geht offensichtlich dahin, unsere industriellen Angelegenheiten in stärkerem Maße als der eigentliche Techniker zu beeinflussen. Ford hat in seinem Leben schon manches Schwere durchmachen müssen, weil er sich weigerte, dieser Richtung zu folgen. Veblen vertritt den Standpunkt, daß eine solche Kontrolle für die Industrie, besonders für die billige Massenproduktion, nicht gut ist, da sie stets darauf ausgeht die Ausbeute bei jenem Punkt zu lassen, der die größten Dividenden gewährt, auch wenn auf solche Weise dem Allgemeinwohl nicht entsprochen wird. In den folgenden Abschnitten soll auf die praktische Auswirkung derartiger Beschränkungen ausführlicher eingegangen werden. Hier genügt es, darauf hinzuweisen, daß menschliche Arbeitskraft, die auf dem Gebiete der Geldwirtschaft beschäftigt ist, die Erzeugung eher hemmt als fördert und daher als vergeudete Menschenkraft angesehen werden muß.

Kunst.

Die Verlagsgesellschaft „The Ten Story Book", 538 South Dearborn Street, Chicago, gibt bekannt: „In Zukunft werden wir nach Annahme von Sexualgeschichten — die Annahme erfolgt eine Woche nach Eingang der Handschrift — bezahlen oder sie dem Verfasser zurückschicken. Andere Arbeiten, für die eine weit geringere Nachfrage besteht, werden, wie es bisher üblich war, erst nach Erscheinen honoriert." Es gab zwar schon immer

Hintertreppenschreiber, niemals aber vielleicht eine so große Zahl kaltblütiger Prostituierter der Feder, deren Erzeugnisse ihren Weg in das Volk finden, wie heute. Zu gleicher Zeit schafft das Einkommen den Schöpfern neuer Kragenformen, sowie den Umschlagstechnikern der Magazine, Landhäuser und Privatjachten, während der wirkliche Künstler, besonders wenn er jung und unbekannt ist, meistens in einer Dachstube hausen muß. Ein junger Virtuose, der den Wunsch hat, eine Konzertreise durch Amerika zu unternehmen, muß, um erfolgreich zu sein, verschiedene der bestehenden Musikzeitschriften durch bezahlte Anzeigen bestechen, freundlich über ihn zu schreiben. Oder mit anderen Worten: die Kunst als freier Ausdruck eines schöpferischen Impulses ist fast bis zur Unerträglichkeit von geschäftlichen Rücksichten durchwebt mit dem Ergebnis, daß sie als eigentliches Mittel zur Befriedigung eines der edelsten und tiefsten Bedürfnisse des Menschen zermürbt und aufgerieben wird. Von der Literatur abgesehen, können wir behaupten, daß es eine Kunst nach Auffassung der Griechen oder vielleicht auch der Renaissance heute nicht mehr gibt.

Die folgende Zusammenfassung gibt uns vielleicht eine annähernde Vorstellung von dem Umfang der in dieser ersten Hauptquelle der Verschwendung vorkommenden Verluste:

Verlustquellen im Verbrauch.

	Geschätzte Arbeitskraft	
	Gesamt	Verschwendet
1. Militärische Einrichtungen	1 500 000	1 000 000
2. Opium- und Kokainhandel	Gesamtzahl unbekannt	
3. Handel mit Patentmedizinen	400 000	100 000
4. Branntweine	Gesamtzahl unbekannt	100 000
5. Prostitution	250 000	150 000
6. Verbrechen:		
a) Verbrecher	320 000	200 000
b) Wächter der Verbrecher	400 000	200 000
7. Verfälschungen	Gesamtzahl unbekannt	
8. Spekulation und Wetten	Gesamtzahl unbekannt	
9. Quacksalberei	Gesamtzahl unbekannt	
10. Überluxus und Modeartikel	—	6 000 000
11. Gewerbsmäßige Erholung	Gesamtzahl unbekannt	
12. Freie Berufe	Gesamtzahl unbekannt	
13. Reklame	600 000	250 000
Zusammen als Mindestmaß verschwendeter Menschenkraft		8 000 000

VII. Eine Untersuchung amerikanischer Reklame.

Eine auch nur grobe Schätzung des Umfanges der in den Vereinigten Staaten erscheinenden Zeitungen, Zeitschriften, Büchern, Broschüren und Drucksachen würde erschrecken. Vielleicht erhält man eine Ahnung von der Masse des jährlich Gedruckten, wenn man sich klar macht, daß, um diesen Lesestoff zu bewältigen, jeder Mann, jede Frau und jedes mehr als 7 Jahre alte Kind im Lande etwa 60000 Worte täglich — einen dickleibigen Band — lesen müßten. Und gut die Hälfte dieses Lesematerials besteht aus Anzeigen.

Reklame kann vielleicht als der große Bruder der meisten im vorigen Abschnitt geschilderten Krankheitsformen bezeichnet werden. Das Anzeigenwesen ist das tägliche Brot der Kurpfuscher. Es ist ein unschätzbares Hilfsmittel, um eine Nation für den Krieg vorzubereiten. Wenn auch die mittelbar oder unmittelbar im Propagandawesen beschäftigte Menschenkraft vielleicht nicht ganz so groß ist wie bei anderen Formen verlustreicher Konsumtion, so sind doch ihre Kraft, ihr Ruf und ihre Verästelungen derart, daß sich ein ausführlicheres Eingehen lohnt. Außerdem zeigt uns die Reklame eine etwas andere Form der sonst vorkommenden Verschwendung; denn Propaganda ist kein eigentliches Enderzeugnis. Niemand konsumiert Anzeigen unmittelbar. Sie sind vielmehr als ein Zwischendienst anzusehen, der den Weg zum Verbrauch weist und in den Vertriebskosten liegt, gleichgültig ob das Erzeugnis Seife, Wäsche, Automobile oder „Rote Pillen" darstellt.

Die Ausdehnung der Anzeigenindustrie.

Edward Bok hat in einem Aufsatz im „Atlantic Monthly" die gesamten jährlichen Kosten für Anzeigen wie folgt berechnet[1]:

Zeitungen	600000000 Dollar
Unmittelbare Anzeigen (Drucksachen, Handzettel usw.)	300000000 „
Zeitschriften	150000000 „
Fachzeitschriften	70000000 „
Landwirtschaftliche Zeitungen	27000000 „
Anschlagsäulen	30000000 „
Neuheiten	30000000 „
Vorführungen	24000000 „
Fensterauslagen	20000000 „
Plakate	12000000 „
Straßenbahnanzeigen	11000000 „
Filmvorführungen	5000000 „
Programme	5000000 „
Insgesamt	1284000000 Dollar

Mehr als 1¼ Milliarde Dollar stellen bei einem durchschnittlichen Lohn von jährlich 2000 Dollar die unmittelbare und mittelbare Arbeitskraft von mehr als 600000 Arbeitenden dar. Die Berechnung von Bok darf nicht als übertrieben angesehen werden, denn sie stimmt mit allen anderen vorgelegten Anzeigenschätzungen überein, die sich auf etwa 1000000000 Dollar oder noch mehr belaufen.

Ob diese Gesamtsumme unter der Überschrift „Unmittelbare Anzeigen" auch alle die anderen Arten von Anzeigen, die sich auf Markenartikeln, Päckchen oder Flaschen finden, berücksichtigt, wissen wir nicht; wir vermuten indessen, daß das nicht der Fall ist. Solche Drucksachen werden in den meisten Fällen wohl unmittelbar auf die Kosten des Erzeugnisses geschlagen.

Im Jahre 1919 erfuhr der Anzeigenumfang aller Zeitungen eine geradezu aufsehenerregende Erhöhung. In diesem Jahre verordnete nämlich die Regierung, daß Anzeigen nicht steuerpflichtig seien, sondern als durchaus rechtmäßige Geschäftskosten anzusehen wären. Fabrikanten, in deren Jahresabschlüssen sich die gewinnbringenden Kriegsjahre nur zu klar zeigten, ergriffen mit Freuden die Gelegenheit, jene Gelder in Anzeigen zu stecken, die sie sonst in Form von Steuern für Übergewinne an die Regierung hätten abgeben müssen.

Das sogenannte „Nationale Anzeigen", das die Vorteile eines einzigen Erzeugnisses dem ganzen Lande von California bis Maine zeigt, erreicht eine Summe von mehr als 600000000 Dollar jährlich — oder etwa die Hälfte der Gesamtkosten aller Anzeigen.

Ein Reklamefeldzug, der sich des Mittels bedient, rd. 17000 Plakate an geeigneten Stellen auf öffentlichen Verkehrsstraßen Amerikas anzubringen, verursacht heute monatlich etwa 140000 Dollar Kosten.

Mehr als die Hälfte aller in Amerika hergestellten Drucksachen besteht aus Anzeigen. Bei den Zeitungen nehmen die Anzeigen etwa 40 bis 75% des gesamten Umfanges ein. Die „New York Times" erreicht ständig diese letzte Ziffer. Von den in Amerika jährlich verbrauchten 2600000 t Papierstoff werden mehr als 1500000 t für Anzeigen verwendet[2]). Mehr als 2000 Morgen Waldgelände werden daher jährlich von einer einzigen New Yorker Zeitung verbraucht[3]). Es ist ausgerechnet worden, daß 80% aller einlaufenden Post aus Reklamesachen besteht[4]). Die Zahl dieser Drucksachen, die ungelesen in den Papierkorb wandern, muß ganz beträchtlich sein. Ein Unternehmen veranschlagte 12000000 Dollar für Propagandakosten im Jahre 1923. Im gleichen Jahre gab die Investment Bankers' Association für diesen Zweck 40000000 Dollar aus[5]). Dabei ist zu berücksichtigen, daß eine Anzeigenseite in der „Saturday Evening Post" 11000 Dollar kostet. Das elektrische Reklamezeichen für Wrigley-Kaugummi auf dem Times Square in New York verbraucht jährlich für 108000 Dollar elektrischen Strom. Am Dache der Cleveland Discount Company ist zu lesen: „Dieses Plakat braucht mehr Strom als die ganze Stadt Elyria." Elyria hat eine Bevölkerung von 30000 Köpfen.

Die Wirtschaftlichkeit der Reklame.

Die Propagandaindustrie, vom Fluzeug aus gesehen, würde aus etwa 600000 Arbeitenden bestehen, die Texte schreiben, Kunden werben, Anzeigenentwürfe anfertigen, Bilder malen, Wettbewerbe vorbereiten und die, um nur einige zu nennen, unterstützt würden von Druckern, Setzern, Papier- und chemischen Arbeitern, Eisenbahnbeamten, Zimmerleuten, Plakatmalern, Elektrikern, Lithographen, Plakatklebern, Holzarbeitern, Farbarbeitern, Postbeamten, Briefträgern, Telephonbeamten, Stenotypistinnen, Buchhaltern, Psychologen und Organisatoren. Die Reklame hält diese ganzen 600000 Menschen beschäftigt. Lebten sie in Dänemark, wo der Propaganda Beschränkungen auferlegt sind, so müßten sie sich nach anderen Beschäftigungen umsehen.

Oder mit anderen Worten: diese Reklameindustrie greift bis in die Reihe der Lohnempfänger, wählt sich eine gute halbe Million Arbeitskräfte aus den verschiedenen Lagern und sagt zu ihnen: „Jetzt schreit! Und liefert die für das Schreien notwendigen Papiere, Tinten und Farben!"

Dabei bleibt die Kaufkraft des Landes im großen ganzen stets die gleiche. Es gibt so und so viele Dollar, die auszugeben sind und nicht mehr. Reklame schafft keine neuen Dollar; ja, darüber hinaus vermindert sie durch die Entfernung von Arbeitskräften aus produktiven Beschäftigungen die Ausbeute und die Zahl der wirklichen Dollar. Was sie aber erreicht, ist das: sie überträgt die Kaufkraft von *A* auf *B*. Sie bringt es fertig, daß das Publikum aufhört, Mogg's Seife zu kaufen und dafür beginnt, Bogg's Seife zu verwenden. Jede Drogerie führt etwa 60 Arten Seife und 35 Arten von Zahnpasten. Die Propaganda erreicht, daß das Publikum aufhört, Rasierseife in Behältern zu kaufen und veranlaßt es, nur noch Rasierseife in Stangenform und Staniolpackung zu verwenden. Sie kann *A* reich und *B* arm werden lassen. Mit einer bestimmten und unbarmherzigen Anzahl von Dollar kann sie diese Dollar über die ganze Landkarte verteilen. Wie Veblen aber bemerkt, wird dieses Spiel in einem geschlossenen Markt gespielt. „Sie können sich nicht an Ihren eigenen Schuhbändern hochheben." Sodann „wird bei einem solchen geschlossenen Markt der Umfang der Kaufkraft durch die zusätzlichen Kosten des Verkaufswesens eingeengt"[2]). Veblen fügt schlauer- und bezeichnenderweise eine Äußerung hinzu, die während einer kürzlich (1923) abgehaltenen Versammlung von seiten eines der großen New Yorker Reklameunternehmen fiel: „Blank beherrscht den Markt; es ist unsere Aufgabe, ihn hiervon zu vertreiben."

Nutzfaktoren im Reklamewesen.

Auch in einer funktionellen Gesellschaftsform würde die Propaganda nicht verschwinden. Sie würde vielleicht nur auf 10% ihres jetzigen Umfangs zusammenschrumpfen und die verbleibenden 540000 Arbeitskräfte nutzbringenderen Tätigkeiten zurückgeben. Die Aufgabe der Propaganda, wie wir sie auffassen, liegt in einer Verbreitung von Nachrichten über kommende Ereignisse, Neuerfindungen, neue Erzeugnisse. Anzeigen von

Theatern und Konzerten, von neuen Büchern, ein Feldzug für allgemeine Hygiene, ein Sicherheitsfeldzug, ein sechsmonatliches Anzeigen eines neuen künstlichen Nahrungsmittels, einer Spiritusmaschine, die billiger wäre als eine Petroleummaschine — alle diese Anzeigen könnte man rechtfertigen und willkommen heißen. Eine Anzeige im ganzen Lande zur Erziehung des Verbrauchers würde, falls sie von einer unparteiischen und wissenschaftlichen Körperschaft ausginge, unzweifelhaft eine große Hilfe in der Ausmerzung von Verschwendungen im Verbrauch bedeuten. Neun Zehntel der heutigen Propaganda und vielleicht noch mehr sind zum größten Teil ein konkurrierendes Ringen um die verhältnismäßigen Vorteile von zwei nicht besonderen und oft völlig gleichen Erzeugnissen — Seifen, Zahnpasten, Automobile, Autoreifen, Anzüge, Frühstückspräparate, Patentmedizinen, Zigaretten usw.

Die Joint Commission of Agricultural Inquiry faßt ihre Schlußfolgerungen zu dieser Frage vorsichtiger zusammen: „Der Ausschuß stellt fest, daß das Anzeigenwesen viel zu einer Verschwendung in der Verteilung landwirtschaftlicher Erzeugnisse beiträgt. Eine Gemeinde kann nur eine bestimmte Menge von Waren brauchen und, wo der Handel durch das Anzeigen mehrerer Geschäfte abgelenkt wird, muß sich das Verhältnis der Vertriebskosten des einen Verteilers erhöhen, falls es sich bei einem anderen vermindert. Das Anzeigenwesen verkörpert indessen eine Form der Dienstleistung, indem die Verbraucher von dem Vorhandensein einer erwünschten Ware unterrichtet werden, indem sie an ihre Bedürfnisse erinnert und zu der Benutzung besserer Materialien erzogen werden“[6]).

Es ist allgemein behauptet worden, daß die Propaganda einen öffentlichen und wirtschaftlichen Dienst erweist, indem sie die Erzeugung erhöht und dadurch geringere Einheitskosten ermöglicht; indem sie durch Anzeigen den Verkauf erhöht, vergrößert sie Fabriken, führt Massenerzeugung ein, vermindert die Verwaltungskosten und zeitigt fabrikatorische Wirtschaftsmaßnahmen. Falls diese Behauptung zutrifft, so spricht sie sehr für das Anzeigenwesen. Die Schwierigkeit besteht jedoch darin, tatsächliche Beispiele solcher Kostenverminderungen zu finden. Der bereits erwähnte landwirtschaftliche Ausschuß sagt nach sehr ausgedehnten Untersuchungen glatt heraus: „Es ist bezeichnend, daß jene Gewerbe, die die hartnäckigsten Anzeigenden sind, höhere Vertriebskosten zu tragen haben als andere Zweige."

Die Technik der Reklame.

Von der Annahme ausgehend, daß die öffentliche Ankündigung etwas Nützliches darstellt und daß eine solche Propaganda auf Grund der Theorie der niedrigen Einheitskosten gewisse bisher aber noch nicht erwiesene Ersparnisse einbringt, wollen wir die Technik dieses Gewerbezweiges ein wenig näher betrachten.

Zunächst soll in diesem Zusammenhang ein Wort über jene Verlustquellen des Propagandawesens gesagt werden, die die Reklamefachleute selber schon zugegeben haben. Falls von einem öffentlichen Nutzstandpunkt aus die ganze Theorie der Propaganda gesund wäre, würde trotzdem ein ziemlich bedeutender Verlust durch falsch angewendeten Kraftaufwand vorhanden sein. E. G. Boos sagt in den „Annals": „Selbstverständlich nimmt jede Zeitschrift an, daß sie das bevorzugte Sprachrohr für das Heim ist. Tatsache ist, daß in der auf diese Weise vorkommenden Verdoppelung eine Verlustquelle besteht, die jährlich Hunderte von Millionen Dollar ausmacht. Es gehört eine sehr genaue Untersuchung dazu, um festzustellen, welche dieser Wege fahr bar und gewinnbringend sind"[5]).

Künstliche Anregung.

In der Zeitschrift „Life" schreibt Don Herold:

„Seit jemand begann, anzuzeigen ‚Iß mehr Brot', esse ich drei- bis viermal soviel Brot als bisher. Brot und Rosinen. Jemand anders gibt mir den Rat, viel Rosinen zu essen. ‚Die Rosinen sollen den Zink- oder Kupfergehalt in Ihrem Blut erhöhen.' Nein, ich scheine den Rosinenfeldzug mit der Anzeige der Zinkvereinigung durcheinander zu bringen. Ich glaube, es ist Blei, das die Rosinen erzeugen.

„Ich bin aber zu dem Schluß gekommen, daß ich eine eigentümliche Diät und eine eigentümliche Existenz führen werde, wenn ich alle die Ratschläge befolge, die mir in den Anzeigen erteilt werden. ‚Fahre auf Eisenbahnen' sagt eine große Reihe von Anzeigen. Die Eisenbahnen scheinen dahinterzustecken. Trotzdem — wer kann es sagen? — es können auch die Plüschfabrikanten sein. Sie können vielleicht ausgerechnet haben, wenn mehr Menschen mit der Eisenbahn fahren, werden diese Menschen mehr Plüsch auf den Polstern der Eisenbahnabteile abnutzen und die Eisenbahn so zwingen, mehr Plüsch zu kaufen.

„Ich gerate aber in einen Konflikt, da eine andere große Anzeigenreihe mir sagt ‚Bleibe mehr zu Hause‘, und mir in den verführerischsten Bildern die Annehmlichkeiten des Heims vorführt. Ich hatte vor kurzem all' mein Gepäck bereits zusammen, um auf der Eisenbahn zu fahren (irgendwohin, solange es nur Eisenbahn war), als ich zufällig eine Serie ‚Bleibe-zu-Hause‘-Anzeigen las; unverzüglich packte ich meine Sachen aus und zog mir meine Hausschuhe an und — jetzt habe ich's! Es ist sicher die Vereinigung der Hausschuhfabrikanten, die diese ‚Bleibe-zu-Hause‘-Anzeigen erläßt.

„Wenn ich mehr Pasteten esse, wie die ‚National Guild der Pie Crafts Men‘ befürwortet, und mehr Makkaroni, wie die betreffende Vereinigung der Spagettifabrikanten empfiehlt, und mehr Bohnen, worauf die Bohnenpflanzer bestehen, und mehr Eiscream, wie die ‚Icecream Freezer Cog Wheel Founders' Association‘ vorschlägt, und mehr Bananen, die die kanadischen Bananenpflanzer empfehlen, und mehr Spargel, wie die internationalen Spargelpflanzer predigen — dann glaube ich, in der Lage zu sein, dem Rat der Anzeigen jenes Anzeigenkonzernes folgen zu können, deren Korrektur ich bereits las: ‚Braucht mehr Särge.‘

„Die Quelle einiger dieser mittelbaren und abstrakten Ermahnungen ist so geheimnisvoll und so weit hergeholt, daß sie fast beängstigend wirkt. Ich glaubte, daß es die Bonbonfabrikanten seien, die mir zuriefen: ‚Iß mehr Karamellen!‘ und entdeckte in der Ecke der Anzeige eine winzige Unterschrift, die mir verriet, daß eine zahnärztliche Vereinigung der Verfasser dieser Reklame war. Das aber, was mich so benahm, daß ich kaum wieder zu mir kommen konnte, waren zwei Anzeigen, die ich am selben Tage las, und zwar eine von einem Beinkleiderfabrikanten, der mich ermahnte ‚Sitze mehr!‘ und die andere von einer Schuhsohlenfabrik in Neu England, die mich davon überzeugen wollte, daß es gut sei, ‚mehr zu stehen‘!“

Christine Frederick hat sich die Mühe gemacht, einige der bereits erwähnten allgemeinen Anzeigenfeldzüge, die vor kurzem unternommen wurden, zusammenzustellen[5]).

Getreidemühlen — „Iß mehr Brot!“ Ziel: ein Verbrauch von 220 engl. Pfund je Kopf jährlich.

Milchhändler — „Trink' mehr Milch!“ Ziel: ein Liter täglich.

Butterfabrikanten — „Iß mehr Butter!“ Ziel: der australische Verbrauch, der heute noch etwa 10 Pfund je Person mehr als der amerikanische beträgt.

Käsefabrikanten — „Iß mehr Käse!“ Ziel: die schweizerische Konsumtion, die heute etwa 22 Pfund je Person mehr beträgt als die amerikanische.

Fabrikanten billiger Seiden — Verdrängung der Baumwollwaren.

Aluminiumfabrikanten — Verdrängung der Emaillewaren. (Diesem Feldzug steht eine sehr kostspielige Gegenmaßnahme von seiten der Emaillefabrikanten gegenüber.)

Gürtelfabrikanten — Verdrängung der Hosenträger.

Teppichfabrikanten — Verdrängung von Teppichstoffen.

Seifenflockenfabrikanten — Verdrängung der Stückseife.

Fleischpacker — „Iß mehr Fleisch!“ Ziel: ein Verbrauch von 179 engl. Pfund je Person jährlich (dieser Stand wurde 1900 erreicht).

Dieses Einhämmern ist der Ausfluß neuzeitiger Propaganda: „Wo das Handelsmotiv allein die Initiative übernimmt, besteht keine ausreichende Sicherheit, daß die Waren, die schließlich eine Verbrauchsnorm werden, zum Wohlstand und nicht zum Verlust führen. Wo eine Ware angepriesen wird, um einem wirklich lange gefühlten Bedürfnis zu entsprechen, mag die Beständigkeit und Allgemeinheit dieses Bedürfnisses eine gewisse Gewähr ihrer Nützlichkeit sein. Das trifft aber nicht zu, wenn der Vorrat der Nachfrage vorausgeht und diese erst erregt, was bei dem heute entwickelten Geschäftsverfahren häufig der Fall ist“[7]).

Jakob Billikopf, Leiter der jüdischen Wohlfahrtsvereinigungen in Philadelphia, verweilt in einem vor kurzem erschienenen Bericht (April 1925) über Haushaltpläne und Lebensmittelkosten bei dem unbarmherzigen Druck, den die Anzeigen auf die arbeitenden Klassen ausüben, zu kaufen und immer wieder zu kaufen: „Gerade diejenigen, die Sparsamkeit predigen, geben Tausende von Dollar aus in dem Bemühen, arme Menschen unglücklich zu machen, indem sie sie zum Kauf von Sachen anregen, die sie sich nicht leisten können ... Ich überlege mir manchmal, ob nicht die Gefahr eines gewaltsamen Umsturzes weit eher dadurch hervorgerufen wird, daß man in den Menschen Bedürfnisse erweckt, die sie nicht befriedigen können, als indem man zu ihnen von der Theorie der Verteilung spricht."

Allgemein gesprochen, bauen viele der Anzeigenden ihre Überredungsverfahren auf einer Ausnutzung menschlicher Schwächen auf. Eine Untersuchung von 45 Anzeigen in einer New Yorker Hochbahn im Oktober 1923, ferner der 116 Anzeigen, die in der Novembernummer 1923 der Zeitschrift „Hearst International Magazine" enthalten waren, sowie der 82 Anzeigen im „Smart Set Magazine" im gleichen Monat führte zu folgendem Ergebnis[8]):

Art der angezeigten Ware	Insgesamt Anzeigen	Art des Appells	Insgesamt Anzeigen
Fernunterrichtskurse, Bücher	44	Appell an die Eitelkeit	39
Schönheitsmittel	43	Appell an das Schamgefühl	22
Schmucksachen	28	Appell an d. Geschlechtsneugierde	17
Automobile — Neuheiten	21	Appell an das Liebesgefühl	17
Patentmedizinen	19	Appell an die Furcht	8
Musik, Filme usw.	16	Offenbare Irreführung	44
Nahrungsmittel	12	Schädliche Erzeugnisse (Tabak nicht eingeschlossen)	28
Kleidung	12		
„Verdiene mehr Geld"	11		
Investierungen	7		
Abführmittel	6		
Zufluchtsstätten	2		
Tabak	6		
Kaugummi	2		
Verschiedenes	15		
Gesamte Anzeigen	244		

Von diesen 244 Anzeigen befaßten sich 233 mit konkurrierenden Erzeugnissen, während 5 völlig neue Produkte ankündigten und 6 wirklich wertvolle Neuigkeiten enthielten. Es darf indessen nicht behauptet werden, daß diese Untersuchung irgendwelche allgemeine Schlußfolgerungen auf das gesamte Anzeigenwesen zuläßt. Sie stellt lediglich das Ergebnis einer Teiluntersuchung dar. Und trotzdem gibt sie uns einen Querschnitt dessen, was man fast täglich in den uns begegnenden Anzeigen findet.

Sidney und Beatrice Webb fassen eine weitere Erscheinungsform dieser künstlichen Anregung wie folgt zusammen:

„Wenn ein Bürger endlich Besitzer eines Gerätes, wie z. B. einer Näh- oder Schreibmaschine, oder gar eines Automobils geworden ist, das ihm etwa 10 Jahre lang gute Dienste leisten kann, so werden mit Hilfe der Anzeigen jetzt die größten Anstrengungen gemacht, um ihn zu bewegen, jährlich ein neues Modell zu kaufen. Veränderungen werden an dem Gerät vorgenommen — zum Besseren, zum Schlechteren —, um ihn davon zu überzeugen daß es ‚verbessert‘ wurde“ [9]).

Was hat dieses Verfahren der amerikanischen Bevölkerung allein in bezug auf Automobile schon für Kosten verursacht! Man überlege sich einmal, was dieser Überfluß an Waren mit der künstlich beschleunigten Steigerung des Umsatzes, dieses Niederbrechen des Verkaufs-„Widerstandes“ — wie es im Jargon des Gewerbes so schön heißt — mit sich bringt. Wir werden mit Sachen überschwemmt, die wir nicht tragen, die wir verlieren, die aus der Mode kommen, die auf irgendeine Weise verschwinden — Füllfederhalter, Schmuckstücke, Patentbleistifte, Strohhüte, Mundwasser, Schlüsselringe, Haarwasser, Zahnpasten usw. usw.

Vor kurzem wurde ein neues französisches Parfüm eingeführt. Es war billig und sollte zu einem Durchschnittspreis verkauft werden. Die Vertriebsagenten gingen zu einem Handelssachverständigen und der ihnen erteilte Rat war technisch durchaus gesund: „Wendet Euch unmittelbar an das Protzentum. Kümmert Euch nicht um die Gestehungskosten und erhebt es zum teuersten Parfüm auf dem Markt. Milady muß es haben — es kostet zwar sehr viel, ist es aber wert.“ Der Rat wurde befolgt und das Parfüm wurde zu einem ausgesprochenen Geldverdiener [10]).

Verpackung der Ware.

Die Kosten der Behälter belaufen sich in vielen Fällen auf die Hälfte der gesamten Herstellungskosten. Bei Schönheits- und Heilmitteln sind sie noch höher. Vor allem durch die Propaganda hat sich der Brauch entwickelt, namentlich die Packung und weniger den Inhalt der Packung zu verkaufen. Das Glitzern der Umhüllung einer Rasierstange, die bizarre Form einer Parfümflasche, die goldene Banderole der Zigarre, die mit Monogramm versehenen Zigarettenbehälter, Puderdosen — alle lenken das Auge von dem eigentlichen Erzeugnis ab, und zwar durch den Glanz und die Vornehmheit des Behälters.

Die Kunst in der Reklame.

Es wird zuversichtlich behauptet, daß die Propaganda das künstlerische Gewissen in Amerika entwickelt hat. Unbedingt ist es wahr, daß die Güte der Anzeigenentwürfe sich seit dem Zeitalter der Holzschnitte in den sechziger Jahren gebessert hat. Das Auge wird gefesselt und sehr oft erfreut. William McFee, der hervorragende englische Novellist, behandelt diese Frage indessen von einem weiteren Gesichtsfeld aus, indem er sagt: „Das veranlaßt mich, auf einen mächtigen und sehr geschickten Einfluß hinzuweisen, der Tag um Tag bereit ist, uns durch Minderwerte zu blenden. Ich spreche vom Anzeigenwesen und Sie dürfen mich nicht mißverstehen. Ich will nicht die geldliche Kraft der Anzeigenden schmähen oder die durchaus berechtigten Ankündigungen besonderer Waren. Nicht einmal will ich gegen die Grausamkeit jener Kreise angehen, die die Landschaft durch Plakate, die weder geschickt noch unterhaltend sind, vom Reisenden fernhalten. Weit mehr interessiert mich die Wirkung der Propaganda auf Sprache, Manieren und Charakter. Ich möchte Sie darauf aufmerksam machen, daß die augenblickliche Neigung, nur ‚erstklassige' Waren anzuzeigen, es außerordentlich erschwert, sich ein Urteil über irgendetwas zu bilden, und allmählich werden Sie sich in einer Welt befinden, die hinter Anzeigen verborgen liegt . . ."[11]).

Einschmeichelnde Werte, hübsche Farben verdecken falsche Werte. Im allgemeinen weiß der Textschreiber wenig von der technischen Zusammensetzung des Erzeugnisses, über das er schreibt. Der Zeichner weiß ebenso wenig. Ihre Aufgabe besteht darin, die anzuzeigende Ware darzustellen, unabhängig von der Nützlichkeit oder Beschaffenheit des Artikels. Aber Kunst ist unmittelbar, ehrlich und nicht verschleiert. Schließlich kommt man auf den Gedanken, ob die Propaganda nicht viel mehr dazu getan hat, den Schönmädchenkopf-Umschlag der Zeitschriften zu normalisieren, als den öffentlichen Geschmack und die Urteilsfähigkeit zu bessern.

Ausdrücklich sei aber gesagt, daß das Plakat- und Anschlagsäulenwesen eine Beleidigung und Erniedrigung darstellt. Der Umfang amerikanischer Landschaften, welche auf diese Weise schändlich verunziert wurden, spottet jeder Beschreibung. Auf der östlichen Seite der Pennsylvaniageleise, zwischen Washington und New York, gibt es allein 5000 Plakate[8]). Einzelne Strecken, die landschaftlich einzigartig sind, wurden dadurch völlig verschandelt.

Wahrheit in der Reklame.

Es würde im Interesse einer großen Industrie nicht gerecht sein, wenn wir hier nicht die „Wahrheit in der Reklame"-Bewegung erwähnen würden, die in den letzten Jahren eine bedeutende Entwicklung durchmacht. Diese Bewegung hat große Fortschritte in der Ausmerzung faustdicker Lügen erzielt. Sie hat nicht wenig dazu beigetragen, die Herstellung von anerkannt schädlichen Erzeugnissen einzuschränken und die Qualität zu erhöhen. Wir vermögen aber nicht zu erkennen, in welcher Weise sie die in Frage kommenden grundsätzlichen Wirtschaftsfaktoren irgendwie beeinflussen kann. Die Beseitigung besonderer Formen des Betrugs ist vom Standpunkt der Allgemeinheit gutzuheißen. Die Bewegung kann das Anpreisen von Patentmedizinen vielleicht einschränken, jedoch nur, um auf der anderen Seite Automobile, Hautcreams usw. noch stärker in den Vordergrund zu rücken. Vor kurzem konnte man eine Anzeige lesen, daß „hartes Wasser mehr Hände verderbe als harte Arbeit" — eine Anzeige, die von dem Fabrikanten eines Mittels zur Erzielung von weichem Wasser veröffentlicht wurde. Diese Anzeige wurde von der „Wahrheits"-Zensur unbeanstandet genehmigt. Ein Wissenschaftler fragte bei der Zensurstelle nach dem Namen des Chemikers, der diese Angabe bestätigt hätte. Er war selbst Chemiker und wußte, daß sie nicht der Wahrheit entsprach. Denn es gibt kein härteres Wasser als Seewasser und kein Wasser ist besser für die Haut als gerade Seewasser. Die Beamten der „Wahrheits"-Bewegung antworteten, daß sie keine technischen Unterlagen für die Behauptung hätten und luden den Mann der Wissenschaft ein, die nötigen Gewährsmänner zu stellen[12]).

Zusammenfassung.

Auf je einen Dollar, der in Amerika ausgegeben wird, um den Verbraucher für das, was er kaufen oder nicht kaufen soll, zu erziehen, kommen 70 Cent für die gesamte Erziehung, und zwar für die Elementar-, die Hochschul- und Universitätserziehung[13]).

Trotz alledem, wenn alles gesagt und getan ist, sorgt das Propagandawesen doch für eine bestimmte Traumvorstellung, für eine Flucht aus dem Maschinenzeitalter. Es schafft eine Traumwelt: lächelnde Gesichter, blitzende Zähne, hühneraugenlose Füße, tadellos sitzende Anzüge, einwandfreie Kragen, faltenlose Beinkleider, geruchloses Atmen, normal funktionierende Nieren, ein glückliches Heim in New Jersey (15 Minuten von Hoboken entfernt), schnellfahrende Automobile, unverletzte Reifen, vollkommene Büsten, selbstwaschende Geschirre, Rücken, hinter denen der Mond gerade aufgehen sollte....

*

VIII. Brachliegende menschliche Arbeitskraft.

Wir kommen jetzt zu der zweiten großen Ursache vorkommender Verluste.

Das Wort „Nichtstun" oder „Brachliegen" vermittelt im ersten Augenblick den Eindruck von Faulheit, Lethargie, von einem Nichtarbeitenwollen. Tatsache ist jedoch, daß der größte Teil der auf einen Stillstand menschlicher Arbeitskraft zurückzuführenden Verluste unfreiwillig herbeigeführt wird. Die Menschen sind arbeitslos, nicht weil sie nicht arbeiten wollen, sondern weil sie keine Möglichkeit zur Arbeit finden bzw. weil sie entweder krank oder durch vermeidbare Ursachen arbeitsunfähig sind. Wir werden noch sehen, daß die freiwillig Unbeschäftigten nur einen kleinen Teil des Gesamtheeres der Arbeitslosen darstellen und aus den reichen Müssiggängern, den Wandergesellen und einem bestimmten Teil der absichtlich der Arbeitsstätte Fernbleibenden bestehen.

Arbeitslosigkeit.

Der Haupt- und vielleicht eindringlichste Grund eines Brachliegens menschlicher Arbeitskraft ist selbstverständlich Arbeitslosigkeit. Der Verband amerikanischer Ingenieurvereine, die „Federated American Engineering Societies" teilt die Arbeitslosigkeit in die folgenden vier Hauptgruppen ein:

1. Zeitweilige Arbeitslosigkeit — zeitweilige Arbeiterentlassungen.
2. Saisonarbeitslosigkeit — Werkstätten oder Berufe, die im Winter Hochbetrieb und im Sommer nichts zu tun haben oder umgekehrt.
3. Arbeitslosigkeit durch industrielle Krisen — wenig Arbeit in Zeiten solcher Krisen, viel Arbeit in Hochkonjunkturzeiten.

4. Örtliche Arbeitslosigkeit — also jene ständige Arbeitsreserve, die immer unbeschäftigt sein wird.

Dieser Einteilung können wir noch eine Gruppe hinzufügen:

5. Arbeitslosigkeit, die auf großen Stellenwechsel zurückzuführen ist, d. h. die durch den Wechsel von einer Stelle zur andern verlorene Arbeitszeit.

Wie das bei allen derartigen Einteilungen der Fall sein wird, werden diese fünf Gruppen sich überschneiden und ineinander laufen. Wir werden versuchen, sie nach Möglichkeit getrennt zu behandeln, wissen aber genau, daß uns das nicht ganz glücken wird und daß die Grenzen mitunter etwas verwischt sein werden.

Zeitweilige Arbeitslosigkeit.

Zahlen zu dieser Gruppe stehen kaum zur Verfügung. Der Verband amerikanischer Ingenieurvereine gibt indessen auf Grund der vor allen Dingen in der bituminösen Kohlenindustrie häufig vorkommenden Betriebsschließungen für halbe oder ganze Tage unter gleichzeitiger Berücksichtigung anderer Industrien folgende Zusammenstellung[1]):

Industrie	Zahl der erfaßten Arbeiter	Prozentsatz der vollen Arbeitszeit
Kartonnage	4311	90%
Damenkleidung	6772	91%
Schokoladen	12152	87%
Arbeitskleidung	6546	87%
Ziegelei	—	85%
Chemische	—	84%
Glas	—	87%

Die Hauptursache für ein zeitweiliges Schließen der Betriebe scheint in einem Mangel an Eisenbahnwagen, in der verzögerten Lieferung von Heiz- und Rohstoffen und schließlich in einer willkürlichen Zurückhaltung der Ausbeute zu liegen, um eine bestimmte Preishöhe zu halten. Sind diese Zahlen zutreffend, so zeigen sie uns bei zehn Arbeitstagen einen Verlust von mindestens einem Tag, der lediglich auf eine Unterbrechung des Arbeitsverhältnisses zurückzuführen ist.

Saisonarbeitslosigkeit.

Gerade auf diesem Gebiete sind schon viele Untersuchungen angestellt worden. Der bituminöse Kohlenbergbau hat einen ausgesprochenen Saisoncharakter, auf den ein großer Teil der Beschäftigungslosigkeit der Bergarbeiter zurückzuführen ist. In den vergangenen 30 Jahren waren die Bergarbeiter bei rund 300 Arbeitstagen im Jahre 93 Tage oder fast ein Drittel ihrer gesamten Arbeitszeit stellungslos. Bei einer Gesamtbelegschaft von 750000 Mann bedeutet das eine ständige Arbeitslosigkeit von 250000 Arbeitern[2]). Diese Zahlen umschließen sowohl ein zeitweiliges Aussetzen als auch eine Saisonarbeitslosigkeit, wobei letztere natürlich vor allem ins Gewicht fällt.

Der Verband amerikanischer Ingenieurvereine hat eine Sonderuntersuchung im Baugewerbe angestellt, da diese Industrie als ein klassisches Beispiel für Saisonarbeit anzusehen ist[3]). Es zeigte sich, daß im allgemeinen die Baugewerbe nur 3 bis 5 Monate im Jahre voll arbeiten. Der größte Prozentsatz an Arbeitslosigkeit zeigt sich in den Wintermonaten — Dezember-März —, obgleich auch die anderen Monate keineswegs von Arbeitslosigkeit frei sind. Bei den untersuchten 27 Baugewerben wurde im Durchschnitt ein Verlust von 31% — etwa 100 Tage im Jahr — an möglicher Arbeitskraft festgestellt, also ein noch schlechteres Ergebnis als im bituminösen Kohlenbergbau. Die Gesamtzahl der im Baugewerbe beschäftigten Arbeiter betrug im Jahre 1920 rd. 2468000. Trifft die erwähnte 30 proz. Grundlage zu, so sind mehr als 600000 in diesem Erwerbszweig beschäftigte Arbeiter fast immer aus Saisonursachen beschäftigungslos. Diese Unregelmäßigkeiten wirken sich aber nicht nur auf Maurer, Zimmerer, Klempner und andere tatsächlich am Arbeitsplatz beschäftigte Kräfte aus, sondern auch auf die Lieferindustrien — Ziegelsteinfabrikation, Holzindustrie, Stahlwerke usw. —, wodurch sich auch hier Saisonschwankungen deutlich fühlbar machen. Wenn man eine volle Jahreserzeugung der Baumaterialien mit 100% annimmt, so schwankt die monatliche Erzeugung von etwa 4% im Februar bis zu 10 bis 11% im Juni. Oder mit anderen Worten: im Juni werden etwa dreimal soviel Baumaterialien erzeugt als im Februar, wodurch etwa dreimal soviel Arbeitskräfte beschäftigt werden können.

Der Verband amerikanischer Ingenieurvereine verurteilt diese Beschäftigungslosigkeit in sehr vielen Fällen als nicht unbedingt nötig. „Gewohnheit und nicht Klima ist die hauptsächlichste Ursache der Beschäftigungslosigkeit in diesen Industrien." Die Technik des Bauens ist bereits bis zu einem solchen Punkt entwickelt, daß die Wirkungen schlechter Witterung stark gemildert werden können. Mit Stahl und Beton kann bei einigen Vorsichtsmaßnahmen auch bei geringen Temperaturen gearbeitet werden. Fortschrittlich gesinnte Bauunternehmungen haben die Frage einer gleichmäßigen Beschäftigung während des ganzen Jahres bereits gelöst.

Selbstverständlich ist auch die Landarbeit ein ausgesprochener Saisonbetrieb, der zu den Hauptarbeitszeiten für das Pflanzen, Beackern und Ernten besonders viel Arbeitskräfte braucht. Dieser Zustand ist indessen zum größten Teil unvermeidbar und kann nur durch eine national ausgeglichene Zusammenarbeit gelöst werden. Die Pharaonen lösten die Frage, indem sie bei niedrigem Stand des Nils die Landarbeiter zur Erbauung der Pyramiden heranzogen und derart das Gleichgewicht zwischen den einzelnen Jahreszeiten herstellten. Es muß aber zugegeben werden, daß sie damit den Volkswohlstand in keiner Weise mehrten.

Eine Untersuchung der verfügbaren Löhnungszahlen der erzeugenden Industrien in den Vereinigten Staaten zeigt, daß durch die Schwankungen in der Gesamtzahl der jährlich beschäftigten Arbeitenden ständig 1500000 bis 1750000 Kräfte arbeitslos sind[2]). Das heißt von normaler Weise 11000000 in der Industrie beschäftigten Arbeitern und Angestellten müssen aus den geschilderten Ursachen heraus durchschnittlich etwa 1750000 immer ohne Arbeit sein. Ethelbert Stewart ist bei einer Beurteilung dieser Untersuchung vorsichtig genug, darauf hinzuweisen, daß sie keineswegs ein Fernbleiben von der Arbeitsstätte infolge Krankheit, Unfall oder Arbeitswechsel in sich schließt, ebensowenig eine Betriebseinstellung von weniger als 3 Tagen, wodurch diese Zahlen mit jenen für eine zeitweilige Arbeitslosigkeit nicht zusammenfallen. Arbeiter in der Bekleidungsindustrie sind 31% des Jahres arbeitslos, Arbeiter in der Schuhindustrie 35% im Jahre — obgleich wir das ganze Jahr hindurch Kleider und Schuhe tragen[4]).

Bestimmte Schwankungen im Grad der Beschäftigung sind unvermeidbar. Jede auf diese Ursache zurückzuführende Arbeitslosigkeit als Verschwendung anzusehen, ist lächerlich. Selbstverständlich wird man aber einen großen Teil dieser Arbeitslosigkeit mehr auf Gewohnheit als auf eine industrielle Notwendigkeit zurückführen und dementsprechend mit gutem Willen und einer zweckentsprechenden Erfassung der Lage beseitigen können.

Arbeitslosigkeit durch industrielle Krisen.

Unter der Leitung von Wesley C. Mitchell hat das National Bureau of Economic Research vielleicht die gründlichsten Studien des wirtschaftlichen Kreislaufs durchgeführt, die je unternommen wurden. Das Bureau stellte fest, daß die Depression des Jahres 1921 in Amerika etwa ein Sechstel der Gesamtzahl der Beschäftigten erfaßte und die Arbeitslosen zu einem Heer von 4 bis 5000000 anwachsen ließ[5]). Am meisten wurden die Bergleute, Eisenbahnarbeiter und jene betroffen, die in Fabrikationsbetrieben beschäftigt waren. Das Bureau schließt aus diesen Untersuchungen weiter, daß die Produktion in einem Jahre wirtschaftlicher Depression etwa 15 bis 20% hinter jener in besten Jahren zurückbleibt oder um etwa 8 bis 12% hinter der von verhältnismäßig guten Jahren. Bezeichnend ist der Verlauf der Depression im Jahre 1921, der sich in der Zahl der in den Lohnlisten geführten Arbeitskräfte deutlich widerspiegelt:

		Arbeitskräfte
1920	1. Vierteljahr	11149000
1920	2. „	11334000
1920	3. „	11370000
1920	4. „	10507000
1921	1. „	9189000
1921	2. „	8648000
1921	3. „	8460000
1921	4. „	8532000
1922	1. „	8621000

Vom 3. Vierteljahr 1920 ab, wo noch 11370000 Arbeitskräfte beschäftigt waren, fielen die Zahlen bis auf 8460000 im 3. Vierteljahr 1921. Der Verlust von fast 3000000 Arbeitskräften war vor allem auf die wirtschaftliche Krise zurückzuführen, da der Saisonfaktor sich in dem entsprechenden Quartal (Juli-September) in beiden Fällen in gleich starkem Maße auswirken konnte. Durch die wirtschaftliche Depression verloren also etwa ein Viertel oder fast 3000000 aller Fabrikarbeiter ihre Beschäftigung. Wenn diese Zahl jener hinzugefügt wird, die sich aus einer

Zusammenfassung der Zahl der abgebauten Arbeiter des Bergbaus, des Transports und anderer Industrien ergibt, so erhalten wir eine Ziffer von etwa 5000000 Arbeitslosen.

Eine vom „United States Employment Service" für Januar 1921 angestellte Übersicht verzeichnete 6071000 in bestimmten Industrien beschäftigte Arbeitskräfte im Gegensatz zu 9402000 im Januar 1920, also einen Verlust von 3331000 Arbeitskräften aus Gründen wirtschaftlicher Depression.

Während in den normalen Jahren — falls man in der heutigen Wirtschaft überhaupt von einem „normalen" Jahr sprechen kann — die herrschende Arbeitslosigkeit nicht wirtschaftlichen Krisen zuzuschreiben ist, warfen die Krisenjahre 1893, 1907, 1914 und 1921 Millionen von Arbeitern auf die Straße, ließen ihre Arbeitskraft unbenutzt und sie Mangel an jenen Waren, die sie nicht erzeugen durften, leiden.

Örtliche Arbeitslosigkeit.

Sogar in den wirtschaftlich reichsten Jahren wird es in Amerika während der Hauptbeschäftigungszeiten stets bis zu 1000000 Arbeitslose geben; viele von ihnen werden vielleicht zu den „nicht einstellbaren" gezählt werden müssen, da der industrielle Produktionsprozeß sie arbeitsunfähig machte. Aber immer wird es diese Reserve der Arbeitslosen geben. Der Verband amerikanischer Ingenieurvereine berechnete sie mit „wenigstens 1000000"[1]). L. W. Wallace übernimmt diese Zahl, andere Berechnungen geben sogar 1800000 an[6]). Unzweifelhaft erreichte diese Reservearmee ihren geringsten Stand während der letzten Monate des Weltkrieges.

Arbeitslosigkeit durch Stellenwechsel.

James D. Hackett berechnet in seinem Bericht für die American Management Association, daß die Höhe des jährlichen Stellenwechsels in den Fabrikationsbetrieben dazu führt, für jeden neuen Arbeiter durchschnittlich 100 Dollar für Einstell- und Anlernkosten ausgeben zu müssen, was einem Verlust des Volkseinkommens von etwa 1000000000 Dollar gleichkommt. Uns interessieren hier weniger die geldlichen Kosten, die durch die Anlernung neuer Arbeiter entstehen, als vor allem jener Verlust an Leistungsfähigkeit, an Arbeitszeit und an Rohstoffen, der eintreten muß, sobald ein Stillstand oder Leerlauf zu verzeichnen ist, gleichgültig ob durch Stellenwechsel, Arbeitslosigkeit, durch Streiks, Aussperrungen oder Krankheit. Wenn das Gleichgewicht des bestehenden Arbeitsprogramms gestört wird, sei es auch nur teilweise, so wird außer der durch die Arbeitslosigkeit verlorengegangenen Arbeitskraft durch das Aufhören, Wiederbeginnen und Anlernen des neuen Arbeiters Zeit verloren.

Hackett gelangt in seinem Bericht, der die 9000000 in den Fabrikationsindustrien beschäftigten Arbeiter berücksichtigt, zu einem Arbeitswechselverhältnis von ca. 80%, das nach anderen vorliegenden Zahlen eher zu niedrig als zu hoch gegriffen zu sein scheint. Allgemein gesprochen scheinen die bisherigen Untersuchungen über den Umfang des Arbeiterwechsels darauf hinzudeuten, daß für je 10 zu Beginn des Jahres auf der Lohnliste stehenden Arbeiter während des Jahres 10 neue Arbeiter eingestellt und 10 alte entlassen werden oder aus eigenem Antrieb ihre Stelle verlassen, um am Schluß des Jahres dasselbe Verhältnis von 10 Arbeitenden zu erhalten, was einem Arbeitswechsel von 100% entspricht.

Forence zeigt in seinen „Economics of Fatigue and Unrest", daß das Verhältnis des Stellenwechsels in amerikanischen Fabriken von 1910 bis 1919 zwischen 63 und 201% jährlich schwankte und folgert, daß bei entsprechender Betriebsführung der Stellenwechsel 25% im Jahr nicht zu überschreiten brauchte. Die am „Verschwendungsbericht"*) beteiligten Hoover-Ingenieure ermittelten in den Metallindustrien einen jährlichen Arbeitswechsel von 160%. Ein Betrieb brachte es sogar auf 360%. Die Passagier- und Frachtdampfer auf den Großen Seen erreichten im Jahre 1917 einen wohl schwerlich zu überbietenden Stellenwechsel von 818%. Der Stellenwechsel im Instandhaltungsdienst der Eisenbahn beträgt etwa 200%, jener der Eisenbahnschaffner aber nur etwa 5%, woraus die Neigung eines zunehmenden Stellenwechsels bei Verwendung ungelernter Arbeiter klar ersichtlich ist. Das durchschnittliche jährliche Verhältnis des Arbeiterwechsels in England ist mit 111% berechnet worden. Saisonschwankungen, Krankheit, Unfälle und örtliche Arbeits-

*) Ein deutscher Auszug dieses „Waste Report" erschien im gleichen Verlag unter dem Titel „Verlustquellen in der Industrie".

D. Bearb.

losigkeit sind Ursachen eines großen Teils des durch Stellenwechsel entstehenden Verlustes. Über diesen Punkt, auf den an anderer Stelle noch einzugehen sein wird, hinausgehend, gibt es einen Faktor des Nichtstuns, der auf Arbeitswechsel und vor allem auf jene verlorenen Tage zurückgeführt werden muß, die der Arbeiter, nachdem er auf Grund nicht genügender Leistungen oder infolge von Unzufriedenheit seine Stelle verließ, jetzt darauf verwendet, eine neue Stelle zu erlangen, indem er von Fabrik zu Fabrik wandert. Es besteht noch keine Möglichkeit, den Umfang dieses Verlustes in Arbeitstagen genau festzulegen. Wer von uns, die wir nach dieser Richtung hin praktische Erfahrungen besitzen, wird bestreiten, daß diese Verluste bedeutend sind? Es ist ausgerechnet worden, daß die zwischen der Aufgabe einer Stelle und der Annahme einer neuen liegende verlorene Zeit durchschnittlich etwa zwei Wochen beträgt[7]).

Die auf eine der soeben geschilderten fünf Ursachen zurückzuführenden Verluste an Arbeitskraft können niemals mit einem hohen Grad von Genauigkeit ermittelt werden. Nach den bisher angestellten Untersuchungen scheint aber:

1. der durch zeitweilige Arbeitseinstellung entstandene Verlust etwa 5% der gesamten Arbeitszeit von etwa 20000000 Arbeitenden in den Fabrikations-, Maschinen-, Bergwerks- und Transportindustrien zu betragen. Könnten durch verbesserte industrielle Arbeitsverteilung und Arbeitsvorbereitung 2% dieses Verlustes vermieden werden, so stünden der amerikanischen Volkswirtschaft jährlich 400000 Arbeitskräfte mehr zur Verfügung.
2. Der Verlust an Arbeitskraft durch Saisonschwankungen konnte festgelegt werden mit

   1500000 Arbeitenden in Fabrikationsbetrieben,
   600000 Arbeitenden im Baugewerbe,
   250000 Arbeitenden im Weichkohlenbergbau,

   2350000 Arbeitende.

   Den Schlußfolgerungen der Ingenieure entsprechend, die gerade diese Industrien besonders erforschten, soll der größte Teil dieses Verlustes vermeidbar sein. Die Zahl von 2000000 dürfte als Mindestmaß einer stets vorhandenen Arbeitslosigkeit, die auf Saisonschwankungen zurückzuführen ist, wohl anzunehmen sein, wodurch weitere 350000 Arbeitskräfte dem Lande erhalten bleiben könnten.
3. Der durch Krisen entstandene Verlust an Arbeitskräften ist in Krisenjahren wohl groß, verläuft sich aber, wenn er gleichmäßig über die einzelnen Jahre verteilt wird. Eine vorsichtige Berechnung, die sich auf eine Untersuchung des wirtschaftlichen Kreislaufs

der vergangenen Generation stützt, zeigt einen dauernden durchschnittlichen Produktionsverlust von etwa 300000 Arbeitenden.

4. Der durch Arbeitswechsel entstehende Verlust kann bei Annahme eines 100 proz. Arbeitswechsels und bei 30000000 industriellen Arbeitenden (ausschließlich der Landarbeiter) sowie bei einer zweiwöchigen Dauer zumindest in großen Umrissen ermittelt werden. 3000000 Arbeiter, die zwei Wochen im Jahre arbeitslos sind, kommen 1200000 ständig arbeitslosen Kräften gleich.
5. Örtliche Arbeitslosigkeit kann in ihrem Gesamtumfang nicht ohne eine Gefahr der Doppelberechnung zu den obigen Schätzungen hinzugenommen werden und soll daher auch von uns unberechnet bleiben.

Streiks und Aussperrungen.

Das United States Bureau of Labor Statistics zeigt für die Jahre 1916 bis 1921 insgesamt 10742738 Arbeiter, die von Streiks und Aussperrungen betroffen wurden, oder einen Durchschnitt von 1790000 im Jahr. Die je Arbeiter durchschnittlich verlorene Zeit betrug im Jahre 30,3 Tage oder insgesamt 53700000 Tage. Wenn man diese Zahl durch 300 Arbeitstage im Jahre teilt, erhalten wir als Ergebnis 180000 Arbeitende, die infolge von Streiks und Aussperrungen ständig unbeschäftigt sind. Das Verhältnis während dieser Jahre ist 1,25% der gesamten Arbeitenden, die in den untersuchten amerikanischen Betrieben beschäftigt waren. Das Verhältnis in England ist etwa 1,33%, es besteht also eine ziemlich genaue Übereinstimmung[7]). Die durchschnittliche Zahl der in den 15 Jahren von 1891 bis 1905 infolge von Streiks und Aussperrungen jährlich auf die Straße geworfenen Arbeitskräfte betrug etwa 400000[1]). Die aus dieser Quelle entstehenden Verluste werden im Laufe der Jahre immer größer — wie wir bereits sahen, betrug der Durchschnitt für 1916 bis 1921 fast 1800000 Arbeitende.

Bei einer Betrachtung der Streiks müssen wir auch die hiermit in Verbindung stehenden mittelbaren Kosten und Löhne berücksichtigen — die Detektive, die berufsmäßigen Streikbrecher, die Privatwächter, die Spitzel unter den Arbeitern usw. Jean E. Spielman berechnete, daß die drei Hauptunternehmen für Stellung derartiger Hilfskräfte — Pinkerton, Burns und Thiel — zusammen etwa 135000 Menschen beschäftigen, 100 Bureaubetriebe und 10000 Zweiganstalten besitzen und 75% ihrer Angestellten unter falschen Vorspiegelungen in Arbeitervereinigungen arbeiten lassen[8]). Eine funktionelle Gesellschaft würde keine Ursache zu Streiks geben, aber auch nicht die parasitische Arbeitsform gewerbsmäßiger Streikbrecher gestatten.

Alles zusammengenommen scheint es aber, daß der unmittelbare Verlust an Arbeitskräften durch Streiks nur gering ist im Vergleich zu den Verlusten, die auf dem Gebiet der Arbeitslosigkeit oder des Nichtstuns zu verzeichnen sind. Wir sind der Meinung, daß der Frage der Streiks viel zu viel Bedeutung beigemessen, ja, daß sie künstlich aufgebauscht wird.

Fernbleiben von der Arbeit.

Diese Erscheinung wird wohl nie ganz verschwinden; eine vielleicht etwas menschlichere industrielle Gesellschaft würde sie aber ohne Zweifel stark eindämmen können; sie besteht lediglich in einem Fernbleiben von der Arbeit. Ein vor einiger Zeit an 4800 industrielle Arbeiter in Deutschland gesandter Fragebogen zeigte folgendes Ergebnis[9]):

Industrie	Anzahl der Arbeiter	Prozent der nicht an der Arbeit Interessierten	Prozent der Gleichgültigen
Bergbau	2000	60	17
Textilindustrie	1000	75	14
Metallindustrie	1800	57	17

Fast 80% dieser Arbeitenden zeigten für die von ihnen auszuführende Arbeit entweder keinerlei Interesse oder standen ihr gleichgültig gegenüber. Ob Amerika wohl ein besseres Verhältnis zeigen würde? Das ist zu bezweifeln. Die Auflehnung der menschlichen Natur neuzeitigen Arbeitsverfahren gegenüber ist in der ganzen Welt höchstwahrscheinlich ziemlich gleich.

Diese ausgesprochene Uninteressiertheit oder Gleichgültigkeit erklärt einen großen Teil des absichtlichen Nichtstuns, obgleich ein Fernbleiben von der Arbeit stets einen Lohnverlust nach sich zieht. Es ist schwer, Zahlen für diese Gruppe zu ermitteln. Florence berechnet den Gesamtumfang des Fernbleibens von der Arbeit mit etwa 5% der Belegschaft, wobei allerdings auch Streiks, Aussperrungen und Krankheit einbegriffen sind. Nimmt man an, daß von je 100 Arbeitern durchschnittlich einer aus Abneigung gegen seine Arbeit fehlt, so würde das in den Vereinigten Staaten täglich etwa 250000 fehlende Arbeitskräfte bedeuten. Es sei wiederholt, daß es sich hier nur um eine grobe

Schätzung handeln kann, da keinerlei nähere Angaben zur Verfügung stehen. Wir wissen aber, daß eine falsche Unterbringung der Arbeitskräfte viel zu den großen Verlusten an menschlicher Arbeitskraft beiträgt.

Vermeidbare Unfälle.

In der amerikanischen Industrie ereignen sich jährlich mehr als 25000 tödliche Unfälle, 700000 Unfälle, die eine mehr als vierwöchige Arbeitsunfähigkeit, und wenigstens 2000000 Unfälle, die eine Arbeitsunfähigkeit von mehr als einen Tag bedingen. Gerald Billhouse, oberster Fabrik- und Werkstätteninspektor in England, behauptet, daß 75% aller industriellen Unfälle durch entsprechende Vorsorge vermieden werden könnten. Cheney und Hanna behaupten auf Grund ihrer Untersuchungen in den amerikanischen Industrien, daß diese Unfälle „zum großen Teil vermieden" werden könnten. In jedem Betrieb, der Unfallverhütungsmaßnahmen einführte, konnte die Unfallsquote um mindestens die Hälfte vermindert werden. Werkzeugmaschinenabteilungen mit Sicherheitsvorrichtungen zeigen eine Unfallhäufigkeit von 42,1 auf je 1000 Angestellte, ohne diese Vorkehrungen indessen eine solche von 123,4 auf je 1000. Eine Herabsetzung des Arbeitstages von 12 auf 10 oder auf 8 Stunden hat die Unfälle stets vermindert[7]). Während der letzten 10 Jahre konnten durch Einführung von Sicherheitsmaßnahmen in der du Pont Company die Unfälle um 75% vermindert werden[10]).

Der Verband amerikanischer Ingenieurvereine stellte fest, daß die durch industrielle Unfälle verlorengegangene Zeit mit 296000000 Arbeitstagen oder einem Äquivalent von fast 1000000 stets unbeschäftigter Arbeiter (von 300 Arbeitstagen im Jahr ausgegangen) zu berechnen sei. Ferner wird im Zusammenhang hiermit ermittelt, daß 75% dieses Verlustes durch entsprechende Verhütungsmaßnahmen vermieden werden könnten (alle Fachleute scheinen sich für diese 75% auszusprechen). Als Ergebnis müssen wir dann feststellen, daß die durch vermeidbare Unfälle verlorene menschliche Arbeitskraft mehr als 700000 Arbeitende beträgt.

Indessen dürfen wir nicht übersehen, daß auch zur Einrichtung und Instandhaltung der Sicherheitsvorrichtungen Arbeitskräfte erforderlich sind. Andererseits wirken sich diese Kosten bereits durch ein jetzt mögliches ununterbrochenes Arbeiten, in der Fabrik aus, durch Ersparnisse in der medizinischen Abteilung und schließlich durch verminderte Verwaltungskosten für Bearbeitung der Unfallakten, der Unfallentschädigungen usw. Vielleicht wiegen diese Ersparnisse die Kosten der Erhaltung des Sicherheitssystems sogar auf. Wenn auch nicht ganz, so werden sie doch zum größten Teil durch sie gedeckt. Unter allen Umständen kann aber behauptet werden, daß auch unter Berücksichtigung der zur Erhaltung und Einführung des Sicherheitssystems erforderlichen Arbeitskräfte jährlich mehr als 500000 Arbeitende durch vermeidbare industrielle Unfälle der Arbeit entzogen werden.

Dieser Verlust wird in großen Umrissen von Carl Hookstadt bestätigt, der die Gesamtzahl der jährlich durch industrielle Unfälle verlorengegangenen Arbeitstage mit 227 000 000 oder mit mehr als 700000 Arbeiterjahren berechnet[11]). Diese Zahlen umfassen nicht die auf Automobilunfälle zurückzuführenden noch größeren Verluste — eine furchtbare soziale Verschwendung, die aber keine ausgesprochen industrielle ist —, wenngleich ohne Zweifel viele in der Industrie tätige Menschen durch Automobile getötet oder verletzt werden.

Sowohl bei Unfällen wie auch bei den im nächsten Abschnitt behandelten Krankheitsfällen müssen wir nicht nur den wirtschaftlichen Verlust an verlorengegangener Arbeitszeit in unsere Rechnung aufnehmen sondern auch die Bitterkeit über den Verlust von Menschen, über nutzlose Schmerzen, Elend und den schließlichen Tod.

Vermeidbare Krankheiten.

Die United States Commission on Industrial Relations berechnete im Jahre 1915, daß die 30000000 in der Industrie Arbeitenden jährlich durchschnittlich etwa 9 Tage — oder etwa 3% ihrer gesamten Arbeitszeit — krank sind. Florence kommt nach eingehenden Studien aller in Amerika und Europa über industrielle Krankheiten verfügbaren Zahlen zu dem Schluß, daß Männer im Durchschnitt 6,75 Tage im Jahr und Frauen 8 Tage im Jahre krank sind. Bei einer arbeitenden Gesamtbevölkerung von 42000000 Menschen werden also mindestens 300000000 Arbeitstage durch Krankheit verloren, was etwa

1000000 unbeschäftigten Arbeitern gleichkommt. Welcher Teil dieser Summe ist vermeidbar? Die hier zur Verfügung stehenden Zahlen sind dürftiger als die für die Unfälle ermittelten und geben einen geringeren Spielraum für mögliche Verhütung. Der Verband amerikanischer Ingenieurvereine berechnet einen Reinverlust von jährlich 1000000000 Dollar, die abzüglich der Kosten für medizinische Verhütung an Zeit gespart werden könnten. 1000000000 Dollar ergibt grob geschätzt etwa die Arbeitskraft von mehr als 500000 Arbeitenden. Professor Irving Fisher berechnet, daß durch regelmäßige ärztliche Untersuchung und verbesserte Verhütungsmaßnahmen bei Berufskrankheiten (Tuberkulose, Bleivergiftung usw.) 40% aller Krankheiten ohne weiteres zu vermeiden wären.

Eine mehr als deutliche Sprache reden die folgenden, nach Berufen geordneten Sterbeziffern aus England vom Jahre 1900, die Todesfälle durch Unfall nicht einbezogen[7]):

Landwirte und Geistliche .	56,0
Metallarbeiter	98,4
Textilarbeiter	102,5
Transportarbeiter	107,3
Allgemeine Arbeiter	211,6

Die Sterbemöglichkeit der Metall-, Textil- und Transportarbeiter ist fast zweimal so groß als jene der Landarbeiter und der Geistlichen; die der allgemeinen Arbeiter sogar fast viermal so groß!

Der müßige Reiche — Der Landstreicher.

Studenten der Volkswirtschaft haben sich von Zeit zu Zeit damit vergnügt, einen Vergleich zwischen der Psychologie der Müssiggängerklasse der obersten und der untersten Stufe der sozialen Leiter zu ziehen. J. A. Hobson hat dieses Thema in seiner Arbeit „Work and Wealth" so treffend wie jeder andere behandelt: „Unterhalb der Bourgeoisie und der arbeitenden Klasse finden wir eine tieferstehende Müßiggängerklasse, deren Bewertung des Lebens und deren Lebensform eine recht anschauliche Parodie auf die reiche Müßiggängerklasse darstellt. Solche Typen finden wir sowohl auf dem Lande als auch in der Stadt. Sie umfassen Zigeuner, Landstreicher und andere Vagabunden, die niemals in den Reihen der Industriearbeiter standen. Sowohl auf dem Lande als auch in der Stadt haben diese Menschen, soweit die Umstände es gestatten, die gleichen Gewohnheiten und besitzen den gleichen Charakter wie die an der Spitze stehende Müßiggängerklasse. Die Kampf-, Sport- und Wanderlust, die gleiche Großzügigkeit und Waghalsigkeit sind auf beiden Seiten zu finden, die gleiche tatsächliche Verachtung der Arbeit, die gleiche Kameradschaft unter sich, oft sogar verbunden mit einem besonderen Ehrengesetz, die gleichen Freiheiten in ihren Sitten und die gleiche Zwanglosigkeit des Auftretens. Sogar ihre Intelligenz und ihr Humor, ihre Sprechgewohnheiten . . . gleichen sich. Alles zusammengenommen stellen sie eine starke Belastung der sozialen Verschwendung dar.“

Es sind keine bedeutenden zahlenmäßigen Belege vorhanden, die die ziemlich verbreitete Meinung unterstützen, daß Amerika eine große Plutokratie erhält. Eine solche Plutokratie besteht zwar; ihre Zahl ist indessen nicht so groß, wie gemeinhin angenommen wird. Die Einkommenzahlen des National Bureau of Economic Research für das Jahr 1918 geben folgendes Bild[12]):

Einkommengrenze.	Anzahl der Einkommenempfänger
10000 bis 25000 Dollar	192000
25000 bis 50000 „	41000
mehr als 50000 „	21000
insgesamt mehr als 10000 Dollar	254000

Wir finden daher bei mehr als 20000000 Familien im Lande nur 254000 Personen, die ein Einkommen von mehr als 10000 Dollar im Jahre 1918 angaben. Die Zahlen können heute etwas größer sein, indessen dürfte der Unterschied nicht viel ausmachen, da 1918 ein ausgesprochenes Kriegsgewinnjahr war. Eine strengere Untersuchung der tatsächlichen Einkommen im Vergleich zu den gemeldeten mag dieser Liste vielleicht noch einige weitere Tausend hinzufügen. Zweifelhaft ist es aber unter allen Umständen, ob es mehr als 300000 Familien mit 10000 Dollar jährlich oder noch mehr Einkommen gibt.

Welche Bedeutung haben diese Zahlen im Zusammenhang mit unserem Thema? Sie zeigen uns eine große Zahl von Frauen, die nichts anderes zu tun haben, als Geld auszugeben und sich in Wohltätigkeit zu üben und eine verhältnismäßig kleine Anzahl von Männern, die keinen eigentlichen Beruf ausüben. In Amerika wird es nicht als anständig angesehen, wenn ein Mann — sogar ein reicher Mann — nichts tut. Wenigstens hat sich diese Überlieferung aus schwereren Zeiten zu uns hinübergerettet. Wenn auch die gewinnbringende Betätigung einiger reicher Amerikaner vom Standpunkt des sozialen Wertes recht zweifelhaft sein mag, so fällt diese Frage dennoch unter die Überschrift „nutzlose Beschäftigung", und nicht unter jene des Müßigganges. Wir nehmen an, daß es gerecht ist, auf jede Familie einen arbeitsfähigen Müßiggänger zu rechnen, und daß die aus dieser Ursache verlorene Arbeitskraft nicht mehr als 300000 Personen beträgt, von denen der größere Teil aus Frauen besteht.

Nils Anderson, Vorsteher des Jugendgerichts in Chicago, berechnet die Gesamtzahl der ständig wandernden Gelegenheitsarbeiter mit 2000000[13]). Er glaubt, daß von diesen etwa 30% oder 600000 zu den Arbeitsscheuen, denen jede Arbeit ein Greuel ist, gehören. Diese 600000 von den erwähnten 2000000 abgezogen, ergibt 1400000 Gelegenheitsarbeiter, was ziemlich genau mit der von uns vorher erwähnten Zahl von „mehr als 1000000" der örtlichen Arbeitslosen übereinstimmt. Die 600000 setzen sich vor allen Dingen aus Arbeitenden zusammen, die zum Teil nicht mehr zu den „vollwertigen" Arbeitskräften zu zählen sind. Können wir uns also auf die Zahlen von Anderson verlassen, so dürfen wir vielleicht die Behauptung aufstellen, daß durch den Wandertrieb mehr als etwa 300000 und weniger als 500000 Arbeitskräfte verlorengehen.

Alles zusammengenommen kann der Verlust aus der Müssiggängerklasse von der ersten bis zur letzten Sprosse der sozialen Stufenleiter kaum mehr als 600000 betragen. Nicht nur in ihrer Lebensphilosophie sondern auch ihrer Zahl nach gleichen sich diese beiden Gruppen ziemlich genau.

Kinderarbeit.

Im ersten Augenblick mag es vielleicht scheinen, als ob die Millionen oder noch mehr Kinder unter 15 Jahren, die in der Landwirtschaft und Industrie beschäftigt sind, gewissermaßen einen Ausgleich für die oben erwähnte Zahl arbeitsfähiger, aber nicht arbeitender Kräfte bilden könnten. Denn man folgert, daß eine funktionelle Gesellschaft Kinderarbeit verbieten würde, wie es viele Staaten bereits tun, und daß das schließliche Ergebnis ein beträchtlicher Produktionsverlust wäre. Sollten wir aber hieraus tatsächlich einen Verlust haben? Hoover spricht sich in einer Zusammenfassung der Verlustquellen menschlicher Bemühungen folgendermaßen aus: „Die Verwendung von Kinderarbeit hemmt die Entwicklung und Erziehung von etwa 300000 Kindern. Es ergibt sich eine große wirtschaftliche Verschwendung in einer Bevölkerung, die schwächliche, ungebildete und ungelernte Männer und Frauen in sich schließt, von den moralischen und sozialen Mängeln ganz zu schweigen“[14]). Die Zählung von 1920 gibt uns folgende Zahlen über die Arbeit von Kindern zwischen 10 und 15 Jahren:

In der Landwirtschaft	610000
in Fabrikationsbetrieben	180000
in kaufmännischen Betrieben	80000
in der Hauswirtschaft und für persönliche Dienste	54000
in Bergwerken	7000
in verschiedenen Berufen	160000
Zusammen	1091000

Die von Hoover erwähnte Zahl von 300000 stützt sich wahrscheinlich auf die Kinderarbeit in den Fabrikationsbetrieben, in kaufmännischen Unternehmungen, in den Haushaltungen und den Bergwerken. Über die Arbeit von Kindern zwischen 10 und 15 Jahren in der Landwirtschaft kann man geteilter Meinung sein. Die Zählung berichtet auch über einen großen Teil von Kindern unter 10 Jahren, die im Straßenhandel, im Haushalt und mit industrieller Heimarbeit — künstliche Blumen, Schwitzsystem usw. — beschäftigt sind. Eine solche Arbeit kann man nur als verwerflich bezeichnen.

Eine funktionelle Gesellschaft würde unbedingt mehr gewinnen als verlieren, wenn sie jede bezahlte Arbeit von Kindern unter 15 — vielleicht sogar unter 18 Jahren — verbieten würde.

Zusammenfassung.

Nachstehend soll versucht werden, das bisher Gesagte zahlenmäßig zusammenzufassen:

	Durchschnittliche Zahl stets Unbeschäftigter
Zeitweilige Arbeitslosigkeit:	Gesamtzahl unbekannt. Vielleicht 5 bis 10% der Lohnlisten. Vermeidbar zirka 400000 Arbeiterjahre (geschätzt).
Saison-Arbeitslosigkeit:	Gesamtzahl unbekannt. Mindestens 30% in der Weichkohlen-, Bau- und Bekleidungsindustrie. Mehr als 2000000 Arbeiterjahre kann man allein in diesen Gewerben ausrechnen.
Arbeitslosigkeit durch Krisen:	Schwankt von 0 in Hochkonjunkturzeiten bis auf etwa 5000000 in Krisenjahren. Ständiger Durchschnitt etwa 300000.
Örtliche Arbeitslosigkeit:	Mehr als 1000000; da anderweitig verrechnet, braucht diese Zahl in der Gesamtsumme nicht noch einmal zu erscheinen.
Arbeiterwechsel, verlorene Zeit:	Gesamtzahl unbekannt. Von der Grundlage eines 100 proz. Arbeiterwechsels bei 30000000 Arbeitenden und einem zweiwöchigen Zeitverlust ausgegangen, wird die Gesamtzahl 1200000 stets beschäftigungsloser Kräfte erreichen.
Streiks und Aussperrungen:	180000 bis 200000, die im Durchschnitt stets beschäftigungslos sind.
Fernbleiben von der Arbeit:	Gesamtzahl unbekannt. Wahrscheinlich mindestens 1% der gesamten Lohnempfänger, also etwa 200000 an einem Arbeitstag.
Vermeidbare Unfälle:	Wenigstens 500000.
Vermeidbare Krankheiten:	Wahrscheinlich 500000.
Reiche Müßiggänger und Landstreicher:	Wahrscheinlich 600000.
Kinderarbeit (wird ausgeglichen):	Null.

Sind wir falsch eingestellt, wenn wir annehmen, daß mindestens 6000000 Arbeitende durch Ursachen arbeitslos sind, die eine funktionelle Gesellschaft sich bemühen würde, abzuschaffen?

Wir wiederholen, daß dieses Nichtstun zum großen Teil nicht freiwillig ist. Auch wenn wir den reichen Müßiggänger und den Landstreicher sowie ein Fernbleiben von der Arbeit als absichtlich bezeichnen, so können wir von den erwähnten 6000000 nicht mehr als 800000 absetzen. Die übrigbleibenden mindestens

85% sind aber nicht freiwillig, sondern gezwungenermaßen arbeitslos. Eine Gesellschaft, die Arbeit für das ganze Jahr schaffen könnte, die der Arbeit vielleicht auch noch gewisses Interesse hinzufügen würde — müßte unserer Meinung nach eine begeisterte Unterstützung von seiten fast all jener Männer und Frauen finden, die heute unter dem Druck der Arbeitslosigkeit, des Stellenwechsels, der Streiks und der nicht notwendigen Folgen industrieller Unfälle und Krankheiten leiden.

★

IX. Verschwendung in der Erzeugung.

Verluste an Arbeitskräften, die auf mangelhafte Erzeugungs- oder Vertriebsverfahren zurückzuführen sind, stellen unsere dritte Hauptquelle vorkommender Verschwendung und Verluste dar. Angenommen, daß die Erzeuger schädlicher Waren ihre Tätigkeit aufgäben und zu nutzbringenderer Arbeit zurückkehrten; angenommen, daß die Müßiggänger eine Tätigkeit aufnähmen — so besteht noch immer die Frage, welche Verluste an menschlicher Arbeitskraft außerdem vorkommen würden? Offensichtlich in solchen Fällen, in denen zwei Schritte genommen werden, wo einer genügen würde; wo drei Männer für die Verrichtung einer Arbeit angestellt sind, die zwei leisten könnten, und wo die angewendeten Verfahren dem Fortschritt und gegenwärtigen Stand der Technik nicht entsprechen.

Wir befinden uns hier auf einem Gebiet, das zu behandeln schwer und gefährlich ist und wo ein Dogma absolut nicht am Platze wäre. Die Technik schreitet so schnell vorwärts, daß ein unsinnig großes Kapital erforderlich wäre, wollte man den Versuch unternehmen, die gesamte industrielle Struktur stets dem allerneuesten Stand dieser Wissenschaft anzupassen. Die ersten erfolgreichen Automobile stellten mit Gasolin geheizte Dampfwagen dar. Angenommen, diese Autos wären als die erstrebenswerteste Norm festgelegt worden und die Automobilindustrie hätte ihre Kapitalanlagen nur auf die Herstellung solcher Wagen beschränkt. Was wäre dann geschehen? Sobald sich die Überlegenheit der direkten Verbrennungsmaschinen erwiesen hätte, hätten alle Anlagen zur Herstellung der Dampfwagen auf den neuesten Typ umgestellt werden müssen. Die kleineren Verluste durch die Umstellung einzelner Betriebe in einer dem freien Wettbewerb zugänglichen Industrie sind vom volkswirtschaftlichen Standpunkt aus eher zu ertragen als die durch den Versuch bedingten Verluste, die gesamten Betriebe eines Landes sofort jeder neuen Erfindung anzupassen. Andererseits muß gesagt werden, daß sich eine außerordentlich große Verlustquelle ergibt, wenn eine durch lange Jahre erprobte und bewährte Technik — wie z. B. im Bergbau, in der Holzindustrie, im Textilgewerbe — von einem verhältnismäßig großen Teil der Industrie nicht angewendet wird und wenn man auf den alten, ausgetretenen Geleisen ruhig weiterwurstelt; denn dann werden mehr Menschen für eine Arbeit gebraucht, als nötig ist. Oder mit anderen Worten: eine zweckmäßigere Verwendung der gleichen Zahl von Arbeitskräften könnte die Ausbeute wesentlich erhöhen.

Das ist ein Standpunkt zu der Frage. Vielleicht kann er als der Standpunkt wissenschaftlicher Betriebsführung bezeichnet werden. Er bezweckt vor allem, die Ausbeute je Mann und je Tag in den kleineren Betrieben auf die gleiche Höhe wie in den größeren Betrieben zu bringen.

Es gibt aber noch einen anderen Standpunkt, der unserer Meinung nach vielleicht noch wichtiger ist. Verschwendung ergibt sich nicht nur dadurch, daß einzelne Betriebe schlecht geleitet sind, sondern auch, weil zwischen den Bedürfnissen der Bevölkerung, die von der Ausbeute dieser Betriebe befriedigt werden sollen, und den Erzeugungsprogrammen wenig Übereinstimmung herrscht. Kein Unternehmer weiß im voraus genau, ob sein Betrieb im nächsten Jahre voll oder überhaupt beschäftigt sein wird. Auch da, wo die voraussichtliche Lage, und wenn auch nur in groben Zügen, von statistischen Ämtern berechnet wird, unternimmt man keinen Versuch, den ermittelten Bedarf auf einzelne Einheiten zu verteilen, um so jeden Betrieb in die Lage zu versetzen, auf einer möglichst ausgeglichenen Grundlage zu arbeiten, die wiederum eine entsprechende Ersparnis an Verwaltungskosten und eine wirtschaftlichere Erzeugung nach sich ziehen würde.

Wir stimmen Dr. Mitchell bei, der darauf hinweist, daß der einzelne Betrieb an sich vielleicht einen besonders hohen Wirkungsgrad haben mag, daß aber der Aufbau der gesamten Industrie unausgeglichen, willkürlich und verschwenderisch ist, daß die gesamte industrielle Arbeit planlos dahintreibt. Ihr Steuermann ist einzig und allein der blinde Glaube. In einigen der größeren Monopolindustrien, vor allem in der Stahlindustrie, in der Ölraffinerie und in der Fleischverpackung wird zwar bereits der Versuch unternommen, die Erzeugung mit im voraus bestimmten Erfordernissen in Einklang zu bringen. Es gibt indessen hierbei noch zweierlei Schwierigkeiten. Zunächst kann ein solcher Plan, da er nicht in engster Verbindung mit der Gesamtindustrie festgelegt wurde, von heute auf morgen durch eine wirtschaftliche Krise zunichte gemacht werden, die Stahlschienen in gleicher Weise wie Seide und Sammet mitreißt. Sodann richtet sich ein solcher Plan in den meisten Fällen nicht nach dem Umfang der Erzeugung, der den Bedürfnissen der hinter ihr stehenden Bevölkerung am nächsten kommt, sondern nach jenem Umfang, der auf der Grundlage der Preise den höchsten Gewinn bringen soll. Die höchsten Monopolgewinne werden oft dadurch erzielt, daß man die Ausbeute mit allen Mitteln unter den herrschenden Bedürfnissen hält.

Es stehen uns also in der Erzeugung zwei Verschwendungsprobleme gegenüber: die Verluste, die durch eine kritische Betrachtung, besonders durch Anwendung einer wissenschaftlichen Betriebsführung innerhalb der Grenzen des einzelnen Betriebes ermittelt und beseitigt werden können, und jene weiteren Verluste, die sich durch Vergleich mit einer funktionellen Zusammenfassung, wie sie der Krieg uns andeutete, ergeben. Der erste Standpunkt ist der „praktischere", der zweite der spekulativere, schließlich aber vielleicht doch wichtigere.

Wissenschaftliche Betriebsführung.

Seit der Zeit, da Frederick W. Taylor vor etwa einer Generation in der Midvale Steel Company seine Studien über Schneidwerkzeuge begann, sind die bestehenden Arbeitsverfahren unserer Industrie einer ständigen Kritik ausgesetzt. Was Taylor mit seinen Bestrebungen vor allem erreichte, war die Anwendung einer wissenschaftlichen Methodologie (im Gegensatz zu dem bisher vor allem geübten Blinddrauflosraten) auf jede Arbeit, die aus einer bestimmten Menge Rohstoff schließlich ein fertiges Produkt zu erzeugen hatte. Um dieses Ziel zu erreichen, war es notwendig, jedes Rädchen im Gesamtbetriebe zu untersuchen, die letzten Erkenntnisse der Technik und Wissenschaft zu erforschen und schließlich gewisse Leistungsnormen festzulegen. Bestand die betreffende Arbeit aus der Herstellung von Radreifen für Lokomotiven, so mußten der rohe Stahl, die Schnittwerkzeuge, die Anordnung der Schneidvorrichtungen, die Transmission, die Kraftversorgung, die Schmier- und Kühlvorrichtung, die Verwaltung der Lagervorräte und schließlich auch die Bewegungen jener Arbeiter, die die Werkzeuge bedienten, durch Hunderte von Laboratoriumsversuchen analysiert und synthetisiert werden, bis der beste Weg gefunden war. Nicht ein besserer Weg, sondern der beste! Bei diesen Schnelldrehstahl-Versuchen führte Taylor nicht weniger als 40000 Experimente durch. Die Hauptgrundsätze seines Verfahrens sind:

1. Die Entwicklung einer Wissenschaft oder Methodologie für jedes Element einer Arbeit, um die bisherigen Faustregeln durch fest umrissene zu ersetzen.
2. Die Auswahl und Anlernung der Arbeiter, um die festgelegte Wissenschaft befolgen zu können.
3. Jenen Arbeitern, die in ihren Leistungen den festgelegten Normen entsprechen, einen besonders hohen Lohn zu zahlen.
4. Zwischen Arbeitern und Leitung auf der Grundlage wissenschaftlich ermittelter Funktionen die Verantwortung zu teilen.

Taylors Arbeit wirkte wie eine Bombe auf die industrielle Arbeit. Der „praktische" Geschäftsmann tobte und wetterte und nannte ihn einen Theoretiker, einen Träumer und Pedanten. Die Ingenieure indessen, die für diese Geschäftsmänner die Betriebe leiteten, horchten auf. Im Jahre 1911 begann auch die breite Öffentlichkeit aufzuhorchen. Und als Brandeis 1912 die Eisenbahnen anklagte, täglich 1000000 Dollar zu verschwenden und seine Anklage auf eine Taylor-Untersuchung stützte, da horchte das ganze Land auf. Wissenschaftliche Betriebsführung wurde ein nationales Schlagwort. Rechts und links eröffneten „industrielle Ingenieure" ihre Bureaus. Wie im Falle jeder neuen Entdeckung, strömten die Quacksalber und Scharlatans in Massen und Horden herbei, um auf diese Weise den Wert der Bewegung stark herabzusetzen. In vielen Fällen entpuppten sich die für die Erreichung von Leistungsnormen ausgesetzten „besonders hohen Gehälter" als ein billiges Lockmittel. Der durch verminderte Verschwendung erreichte Vorteil wurde in vielen Fällen von den Unternehmern eingesteckt und den Arbeitern als ihr Anteil nichts weiter als eine stark erhöhte industrielle und arbeitliche Ermüdung geboten. Es gab auch viele Fälle von ganz ungebührlicher Arbeitsbeschleunigung.

Aber trotz dieser Fehler, trotz aller Mißgriffe und einer großen Armee falscher Jünger konnte die wissenschaftliche Betriebsführung wenigstens das eine erreichen, daß sie der Welt im allgemeinen und den industriellen Führern im besonderen die Augen über die Gefahren vorkommender Verschwendung öffnete, die in dem gemächlichen, in alten Überlieferungen Dahinschlendern vieler Betriebe ruhten. Hunderte von Untersuchungen sind in Dutzenden von Industrien durchgeführt worden, um Quellen vermeidbarer Verluste zu ermitteln. Eine ganz neue Ingenieurrichtung erwuchs, deren Hauptaufgabe die Ausmerzung von Verschwendung darstellte. Hoover und der Verband amerikanischer Ingenieurvereine haben in ihrem „Waste in Industry"*) uns das erste maßgebliche Buch über industrielle Verluste als ein großes soziales Phänomen gegeben. Seitdem beschäftigen sich die „Simplified Practice Division" des amerikanischen Handelsministeriums sowie der Amerikanische Normenausschuß in Verbindung mit den in Frage kommenden Industrien und technischen Vereinigungen mit der Frage einer Einschränkung der Typen, Arten, Größen, Qualitäten, Teile, Stoffe und der fertigen Erzeugnisse. Der Mann, der in der Midvale Steel Plant den Grundsatz erfaßte, daß „der beste Maßstab des Wertes eines Werkzeuges in der Schneidgeschwindigkeit, mit der es nach einigen Minuten völlig zerstört ist" liege, hat eine neue Bewegung ins Leben gerufen, die wächst, blüht und gedeiht. Und aus den inzwischen nach dieser Richtung hin unternommenen Forschungen und den erzielten Ergebnissen stammen viele der in diesen Abschnitten gegebenen Einzelheiten und Zahlen.

Es braucht wohl nicht besonders erwähnt zu werden, daß der größte Teil der in diesem Zusammenhang unternommenen Arbeit vor allem mit dem Gedanken durchgeführt und finanziert wurde, daß sich durch eine Verminderung der Erzeugungskosten die Gewinne erhöhen würden. Die durch herabgesetzte Preise erhöhte Erzeugungsmöglichkeit oder die durch eine erhöhte Lebensnorm möglichen Vorteile für den Verbraucher sind mitunter flüchtig

*) Deutsch „Verlustquellen in der Industrie" a. a. O.

erwähnt worden, dann aber immer nur auf stark theoretischem Boden. Eine Verschwendung im Verbrauch spielt außerdem für eine wissenschaftliche Betriebsführung keinerlei Rolle, da sie in gleicher Weise auf die Herstellung von Patentmedizinen als auch auf die Herstellung von Stahlschienen anwendbar ist. „Das Ziel eines Geschäftserfolges ist nicht die Herstellung guter Ware; es ist auch nicht ein Heer von Angestellten. Es ist der verbleibende Überschuß. Das Hauptwort in der Geschäftssprache ist nicht Brutto, sondern Netto. Die Reingewinne zu erhöhen, ist Ziel der Leistungssteigerung. Die Verminderung dieser Reingewinne ist für eine Gesellschaft das gleiche, wie Schmerzen für den menschlichen Körper. Sie ist das Anzeichen einer Verletzung oder einer Krankheit“[1]). Der Verband amerikanischer Ingenieurvereine nennt als Ergebnis seiner Untersuchung von sechs Industrien folgende Hauptquellen technischer Verschwendung[2]):

1. Mangelhafte Materialüberwachung — die Arbeiter sitzen herum und warten auf Material.
2. Mangelhafte Entwurfsüberwachung. — Mangel an Normung der Einrichtung und Erzeugung.
3. Mangelhafte Produktionskontrolle — schlecht vorbereiteter Durchlauf der Arbeit.
4. Mangel an ausreichender Kostenüberwachung. — Fehlen von Selbstkostenermittlungen.
5. Mangel an Forschungstätigkeit — der gegenwärtige Mangel an technischen Forschungsabteilungen in den Fabriken; Mangel an statistischen Angaben über die Marktlage und die herrschende Nachfrage.
6. Mangelhafte Arbeitsnachweiskontrolle. — Mangel an Personalabteilungen und ein entsprechend hoher Arbeiterwechsel; übermäßige Einstellung und Entlassung.
7. Wenig wirkungsvolles Arbeiten. — Mangel an Berufsberatung und Anlernung mit einem sich ergebenden hohen Verschleißfaktor.
8. Arbeitslosigkeit — durch Krisen, durch Saisonarbeit einschließlich Streiks und Aussperrungen.
9. Brachliegendes Material. — Abnutzung und Veralten übermäßig großer Lagervorräte.
10. Stillstehende Betriebe — ein Mangel, den Betrieb und die Maschinenausrüstung voll auszunutzen, und zwar auf Grund eines ausgeglichenen Erzeugungsplanes.
11. Beschränkung der Ausbeute durch die Leitung.
12. Beschränkung der Ausbeute durch die Arbeiter.
13. Vermeidbare Krankheiten.
14. Vermeidbare Unfälle.

Einige dieser Punkte haben wir bereits im vorigen Abschnitt untersucht; die meisten von ihnen sind indessen neu. Bei Durchführung der erwähnten Untersuchung stellten die Ingenieure innerhalb der sechs untersuchten Industrien gewisse Leistungsnormen auf, und auf Grund dieser Normen wurde jeder Betrieb prozentual bewertet. Man konnte so die Abweichung zwischen bestgeleiteten und am schlechtesten geleiteten Betrieben jedes Industriezweiges, und das Verhältnis zwischen besten und durchschnittlichen Betrieben feststellen:

	Leistung des besten Betriebes	Leistung des Durchschnittsbetriebes
Baugewerbe	1,5	1
Textilindustrie	1,5	1
Herrenkonfektion	2,0	1
Druckereien	2,0	1
Schuhfabrikation	3,0	1
Metallindustrie	4,5	1

Diese Zahlen geben uns zumindest eine Vorstellung, in welchem Umfange die durchschnittlichen industriellen Leistungen von den besten abweichen. Könnten alle metallverarbeitenden Betriebe so wirkungsvoll geleitet werden wie der untersuchte, am höchsten stehende Betrieb dieser Industrie, so würde die gesamte Industrie ihren Wirkungsgrad von 1 auf 4,5 oder um etwa 350% erhöhen können. Und in gleicher Weise könnte die Textilindustrie ihren Wirkungsgrad von 1 auf 1,50 oder um 50% erhöhen, die Schuhindustrie den ihrigen um etwa 200%.

Eine in Chicago hergestellte Ziegelmaschine kann je Stunde 49000 Ziegel herstellen. Wenn alle Betriebe so leistungsfähig wären wie dieser Betrieb in Chicago, so müßte nach Ethelbert Stuart die Industrie etwa 80% ihrer Arbeiter anderen nutzbringenden Beschäftigungen überweisen bzw. sie müßte, falls sie alle behielte, fünfmal soviel Steine als bisher herstellen[3]). Wäre der Stand der Landwirtschaft innerhalb der Vereinigten Staaten überall so mustergültig wie im Staate Illinois — als Einheit gedacht — so müßten nach Stuart 4619000 Arbeitende sich anderen Beschäftigungen zuwenden, und wir würden trotzdem noch die gleichen Erzeugnisse in gleichem Umfange wie heute erhalten. Es gibt Schuhfabriken, in denen die Ausbeute pro Tag und Arbeiter 2 Paar, andere, in denen sie 12 Paar beträgt. Es gibt Hochöfen, bei denen 1 Mann zur Erzeugung von 1 t Eisen 1 Stunde 12 Minuten und andere, wo 1 Mann zur Herstellung der gleichen Menge 11 Stunden oder etwa zehnmal soviel Zeit braucht. Es gibt Sägewerke, wo die Ausbeute je Arbeiterstunde 15 Brettfuß beträgt, andere, die es auf 323 Brettfuß bringen. Wären alle Sägewerke so leistungsfähig wie der durchschnittliche (nicht der beste) Betrieb, so könnte die Hälfte der heute in ihnen beschäftigten Arbeiter die gegenwärtige Ausbeute erreichen. Würden dagegen alle Sägewerke mit einer Leistung von 323 Brettfuß je Stunde arbeiten, so könnten 45000 Mann die Arbeit von 292000 leisten.

Selbstverständlich wird man derartige Zahlen nicht wörtlich nehmen dürfen. Die Bedingungen sind zu verschieden, plötzlich auftretende Schwierigkeiten zu mannigfaltig, um von einer Industrie zu erwarten, daß sie die Leistungen ihrer besten Einheiten allgemein und ständig erreichen kann. Solche Zahlen können uns aber einen Fingerzeig dafür geben, wo Mängel in den Arbeitsverfahren vorzuliegen scheinen.

Wissenschaftliche Betriebsführung beschäftigt sich nicht nur mit der Leistung des einzelnen Betriebes. Sie kann eine Gesamtindustrie erfassen, wie z. B. die Eisenbahn oder die Metallindustrie. Sie kann in das Heim eindringen und Zeitstudien über die Arbeit des Geschirrabwaschens vornehmen. Und wie im Falle des von Präsident Taft eingesetzten „Wirtschafts- und Leistungsausschusses" kann sie von dem Wunsche geleitet sein, vorkommende Verschwendung in behördlichen Betrieben zu ermitteln und im Zusammenhang damit auch gegen ein Einreißen allzu bureaukratischer Arbeitsverfahren vorgehen. Wissenschaftliche Betriebsführung kann dazu verwendet werden, um Warenvertriebs- und Verteilungsverfahren zu untersuchen, indem sie z. B. in einer gegebenen Straßeneinheit die Anzahl halbvoller Milchwagen zählt. Sie stellt ein allgemeines Anwendungsgebiet dar, das von jedem, der den erforderlichen Verstand und die nötige Hartnäckigkeit besitzt, um es auf sein eigenes Fach zu übertragen, beschritten werden kann. Ihr größter Erfolg lag aber bisher auf einem Gebiet, das man vielleicht „Produktionskontrolle" nennen kann und das logischerweise zur Normalisierung und Vereinfachung führte. Die Bewegung als solche erhielt ihre richtige Bedeutung erst nach dem Tode Taylors, und heute sind wissenschaftliche Betriebsführung und Normungsbestrebungen Teile der gleichen industriellen Arbeitstechnik.

Produktionskontrolle.

Zeitstudien, Bewegungsstudien, die Aufstellung von Produktionsnormen, Lagerkontrolle, der Lauf des Rohstoffs durch den Betrieb, geeignete Riemenbehandlung, die wirkungsvollste Maschinenart, Kostenabrechnungskontrolle, Untersuchung sowohl der Erzeugungsverfahren als auch der Absatzverhältnisse — alle diese Fragen fallen unter die allgemeine Überschrift der Produktionskontrolle. Stillstehende Betriebe, Arbeitslosigkeit, Verluste durch Stellenwechsel sind selbstverständlich auch Teile der vom Betriebsingenieur zu lösenden Aufgaben; auf sie ist aber an anderer Stelle bereits eingegangen worden.

Fred J. Miller ist der Meinung, daß Verluste im Betriebe infolge übermäßiger Materialvorräte entstehen: durch einen zu langsamen Weiterlauf des Materials, bedingt durch die einander folgenden Arbeitsverrichtungen; durch eine unzweckmäßige Handhabung der Rohstoffe; durch einen Mangel an Maßnahmen, um die Verantwortung für vorkommende Verzögerungen festzulegen; durch einen Mangel, die Verantwortlichkeit der Arbeiter, der Meister, der Betriebsleiter und der Besitzer scharf zu ermitteln und zu trennen[4]).

Bezüglich dieser Verantwortung für vorkommende Verschwendung ist der bereits des öfteren erwähnte Verband amerikanischer Ingenieurvereine auf Grund der von ihm vorgenommenen Untersuchungen der Meinung, daß der Hauptteil dieser Verantwortung auf die Betriebsleitung fällt[2]):

Verantwortlichkeit.

Untersuchte Industrien	der Betriebsleitung in %	der Arbeiterschaft in %	äuß. Faktoren (Öffentlichkeit, Geschäftsverbindungen u. a.) in %	Gesamte Verantwortlichkeit
1. Baugewerbe . . .	65	21	14	100
2. Schuhfabrikation	73	11	16	100
3 Metallindustrie .	81	9	10	100
4. Druckereien . . .	63	28	9	100
5. Herrenkonfektion	75	16	9	100
6. Textilindustrie .	50	10	40	100

Wenn diese Prozentsätze, die mit einem ungeheuren zahlenmäßigen Aufwand ermittelt wurden, uns auch ein gewisses

Staunen darüber entlocken, daß es möglich ist, bei einer halb psychologischen Frage derartig genaue Zahlen zu erlangen, so zeigen sie doch, daß die amerikanischen Betriebsleiter noch mancherlei für die zweckmäßigste Leitung ihrer eigenen Betriebe zu lernen haben. In folgendem sollen die Schlußfolgerungen angedeutet werden, die sich auf Grund der erwähnten Untersuchungen ergaben.

Baugewerbe.

Man stellte im Baugewerbe fest, daß durch Normung der Wände bei der Errichtung eines Durchschnittshauses 600 Dollar gespart werden können. Die untersuchenden Ingenieure ermittelten, daß die Kosten, die durch Bearbeitung von Entwürfen und Aufstellung von Kostenanschlägen verursacht werden, jährlich in die Millionen Dollar gingen; daß die durch Verkleidungen vorkommende Verschwendung in Holz ungeheuerlich ist; daß im Laufe von 5½ Jahren ein Arbeiter für 76 verschiedene Unternehmer arbeitete und 108mal angeworben wurde; daß in Cleveland 4000 kleine Bauunternehmer bestehen, obgleich nicht einmal 400 für die vorliegenden Bauarbeiten nötig wären; daß die Verträge auf der Grundlage von „Kosten plus . . .“ einer unglaublichen Verschwendung Tor und Tür öffnen; daß „schlechte Arbeitsvorbereitung, Arbeitskontrolle und ein Mangel an Normen die Kosten der Löhne oft verdoppeln“; daß, um es kurz zusammenzufassen, im Baugewerbe eine schlechte Betriebsführung die Regel ist.

Schuhfabrikation.

In der Schuhfabrikation konnten die Ingenieure ausgezeichnete Maschinen zur Herstellung der Schuhe in Verbindung mit schlechten Arbeitsverfahren und einer mangelhaften Betriebsleitung feststellen. Etwa 25 bis 35% der in den untersuchten Betrieben vorkommenden Arbeitszeit wird durch Anstauungen in einzelnen Abteilungen sowie durch einen schlechten Durchlauf der Rohstoffe verloren. Hier fand man nicht eine Arbeitslosigkeit auf der Straße, sondern eine Arbeitslosigkeit an der Arbeit — Arbeiter, die ein Drittel ihrer Arbeitszeit herumsaßen und auf das Eintreffen von Material warteten! 250000 Arbeiter werden in dieser Industrie beschäftigt. Der vorkommende Verlust an Arbeitskraft beträgt also etwa 75000 Arbeitende. Selbstverständlich ist der zu häufige Wechsel der Mode in Damenschuhen zum Teil für diese innere Zerrissenheit in der Betriebsgestaltung verantwortlich. Moden stehen jeglicher Arbeitsvorbereitung hindernd im Wege. Aber auch in solchen Betrieben, wo eine Vorbereitung möglich ist, wie z. B. in der Herstellung von Weltschuhen für Männer, konnten die Ingenieure feststellen, daß 8 Tage nötig waren, um 1 Paar solcher Schuhe durch Fabrik A und 23 Tage, um sie durch die Fabrik B zu leiten, wodurch gezeigt wird, daß die Leitung von B fast dreimal so mangelhaft wie jene in Fabrik A ist. Man stellte auch fest, daß das Spekulieren in Leder für die Industrie ein großes Übel bedeutet. Man ermittelte, daß ein schlechter Lederzuschneider im Vergleich zu einem guten wöchentlich Leder im Werte von 100 Dollar verschwendet. Es wird aber kein guter Lederzuschneider geboren; sie müssen erst von einer umsichtigen Leitung dazu erzogen werden. Man stellte ferner fest, daß 25% aller Schuhe während der Herstellung irgendwie beschädigt wurden. Ein gesundes Prüfsystem würde einen großen Teil dieser Verschwendung verhindern können. Man berechnete den gesamten jährlichen Verlust, der allein auf schlechte Arbeitsvorbereitung in den Schuhfabriken zurückzuführen ist, mit etwa 65000000 Dollar. Indem man die drei Verlustquellen: Saisonschwankungen, Materialanstauung und übermäßiger Lederverbrauch ausmerzt, kann nach den Berechnungen der Untersucher eine Ersparnis von 21% im Verkaufspreis erzielt werden, oder mit anderen Worten: Schuhe, die heute 10 Dollar kosten, könnten mit 7,90 Dollar verkauft werden.

Metallverarbeitende Betriebe.

In den metallverarbeitenden Betrieben einschließlich der Herstellung von Stahlplatten, Formen, Gußstücken, Röhren, Werkzeugmaschinen, Motoren, Schleppern, Traktoren, Dampfmaschinen, Lokomotiven, Waggons, elektrischen Ausrüstungen, Geschützen usw. wird der durchschnittliche jährliche Verlust mit etwa 500000000 Dollar berechnet, was etwa die Arbeitskraft von 250000 Menschen darstellt. In den untersuchten Betrieben zeigten die besten Anlagen etwa 6% vermeidbarer Verluste, der schlechteste Betrieb 56%, während der Verlust beim Durchschnitt aller Betriebe 28% betrug. Betont sei das Wort „vermeidbar“.

Die Arbeitsvorbereitungsverfahren, besonders in bezug auf die Menschenverteilung, sind schlecht. Ein Betrieb, der neuzeitige Arbeitsvorbereitungspläne einführte, konnte die Ausbeute, nach Gewicht berechnet, jährlich um 121% je Arbeiter erhöhen. In den untersuchten Betrieben betrug der Arbeiterwechsel durchschnittlich 160%; ein Betrieb brachte es sogar, wie schon erwähnt wurde, auf 366%. Die untersuchten Betriebe zeigten auch nur in sehr geringem Maße neuzeitige Abrechnungsverfahren. Im allgemeinen stellte man die Neigung fest, die Ware erst zu verkaufen und sie dann herzustellen. Hier, genau wie im Falle der Schuhfabrikation, wird auf diese Weise jede innere Organisation unmöglich und die Ausbeute äußerst ungleichmäßig. Im Vergleich zu den bestgeleiteten Unternehmen hinkt der durchschnittliche metallverarbeitende Betrieb in der Ausbeute seiner Arbeiter um etwa 30% nach. Für eine Normung der Einrichtung besteht überall ein großes Bedürfnis.

Druckereibetriebe.

Die Hoover-Ingenieure fanden nur zwei Betriebe, die für den Durchlauf ihrer Arbeit bestimmte Produktionsnormen besaßen. In der Stadt New York hatten 56 Druckereien Kostensysteme, 187 Betriebe besaßen kein Kostensystem, hatten aber eine allgemeine Kenntnis der Gesamtkosten, während 554 Betriebe weder ein Kostensystem noch eine allgemeine Kenntnis ihrer Gesamtkosten hatten. Es gibt 600 verschiedene Arten von Falzmaschinen, obgleich 6 Typen allen Ansprüchen voll genügen würden. Für Sonderzwecke werden Sondermaschinen angeschafft und dann zum Alteisen geworfen. So kaufte ein Betrieb eine besondere Presse zum Drucken einer Schutzmarke und zahlte 17000 Dollar dafür. Nachdem keine weiteren Aufträge für sie einliefen, wurde die Maschine als Altmaterial zum Preise von 2000 Dollar wieder verkauft. Der betreffende Auftrag wurde im Laufe der Zeit nacheinander drei verschiedenen Unternehmen erteilt und überall wiederholte sich das gleiche: jedes Unternehmen kaufte sich eine Sondermaschine, die es nach kurzer Zeit entweder verkaufen oder mit geringem Wirkungsgrad für eine andere Arbeit verwenden mußte. Es gibt 6000 verschiedene Papierarten; nach 50% von ihnen besteht keinerlei Nachfrage, sie werden lediglich auf Lager gehalten. Die von der Federal Reserve

Bank benutzten Schecks lassen sich von irgendeiner der normalen Papiergrößen ohne Verlust nicht schneiden. Auf je 10 gelernte Drucker entfällt nur 1 Lehrling, ein Zustand, den die Ingenieure bezeichnenderweise „industriellen Selbstmord" nannten.

Herrenbekleidungsindustrie.

Bei einer Untersuchung dieses Gewerbezweiges gelangten die Ingenieure zu folgender Berechnung:

9 Stunden jeder Woche werden durch Saisonschwankungen verloren.

10 Stunden gehen durch mangelhafte Arbeitsverfahren verloren.

3 Stunden werden durch unnötige Arbeit verloren.

Auf diese Weise wird etwa die Hälfte jeder Arbeitswoche verschwendet. Der Gesamtverlust dieser Industrie wird mit täglich 750000 Dollar angegeben, also mit etwa 225000000 Dollar jährlich oder mit etwa 100000 Arbeitenden.

Auch hier ist, ähnlich wie in der Metallindustrie, der Grundsatz, nur nach erfolgter Bestellung herzustellen, vorherrschend und für die Leistungsfähigkeit des Betriebes verhängnisvoll. Es zwingt den Fabrikanten, in kleinen Mengen zu arbeiten. Ein Betrieb, der jährlich 400000 Anzüge herstellte, konnte nur 12 Anzüge je Auftrag zählen. Derartig kleine Aufträge bedeuten eine ständige Unterbrechung der Arbeit und dadurch besonders hohe Kosten. Sie lassen Produktionsnormen und eine vorausschauende Arbeitsvorbereitung so teuer erscheinen, daß man es vorzieht, auf sie zu verzichten. Das Ergebnis ist auch hier, daß die Arbeiter untätig herumsitzen, bis die Arbeit zu ihnen gelangt. Viele der einzelnen Arbeitsverrichtungen kosten für 500 Anzüge nicht mehr als für drei. Und trotz aller dieser Vorbereitungen für kleine Mengen und trotz der sich hieraus ergebenden hohen Kosten beschränken sich 70 bis 80% aller verkauften Anzüge auf „reguläre" Formen in fünf verschiedenen Größen. Wäre die Industrie weitsichtig genug, um die Nachweise ihrer tatsächlichen Verkäufe zu untersuchen, so könnte sie sich ohne weiteres auf diese verhältnismäßig wenigen Größen und Arten beschränken und eine wohlausgeglichene Massenproduktion im voraus festlegen. Einige Betriebe dieses Industriezweiges, beginnen sich diese Grundsätze zu eigen zu machen.

Die Ingenieure stellten ferner einen Mangel an genormten Maschinen sowie an entsprechender Instandhaltung der Maschinen, einen Mangel an einheitlichen Maschinenverfahren sowohl beim Zuschneiden wie beim Nähen und Bügeln fest. 20% aller vorkommenden Arbeitsverrichtungen werden als unnötig bezeichnet. Durch wilde Tuchspekulationen sind die Verhältnisse in den Textilfabriken im allgemeinen schlecht. Die Fabrikanten verkaufen zuviel an die Kleinhändler, wodurch diese ihre Aufträge streichen und Ware zurücksenden, was eine an sich schlechte Sache noch schlimmer macht. Die Streichungen belaufen sich auf 33% und die Warenrückgabe auf 18% des Gesamtumsatzes.

In der Textilindustrie fanden die Hoover-Ingenieure ein Verhältnis vorkommender Verschwendung, das für den untersuchten Betrieb durchschnittlich 51% betrug.

Hoover und in Verbindung mit ihm der Verband amerikanischer Ingenieurvereine haben zum ersten Male in ihrem Bericht über „Verlustquellen in der Industrie“ die vorkommenden großen Verluste in den sechs untersuchten Industriezweigen festgelegt. Dabei ist zu beachten, daß, wie uns von zuständiger Seite mitgeteilt wurde, diese sechs Industrien nicht ausgewählt wurden weil sie die schlechtest geleiteten in Amerika darstellen, sondern weil eher das Gegenteil zutrifft. In der Kohlen-, Holz- bzw. Ölindustrie sind, wie wir noch sehen werden, die Verluste weit größer und schwerwiegender. Soweit uns Schlußziffern zur Verfügung stehen, seien sie in Nachfolgendem angeführt:

Industriezweig	Verhältnis der Verschwendung	Verlust in Geld	Berechneter Verlust in menschlicher Arbeitskraft
Baugewerbe . .	nicht angegeben	nicht angegeben	—
Schuhfabrikation	21% [1])	nicht angegeben	75000 [3])
Metallindustrie .	28%	500000000 Doll.	250000 [4])
Druckereien . .	nicht angegeben	nicht angegeben	—
Herrenkonfektion	40%	225000000 Doll.	112500 [4])
Textilindustrie .	51% [2])	nicht angegeben	500000 [5])

[1]) Bezieht sich nur auf 3 Punkte.

[2]) Bezieht sich auf die untersuchten Betriebe.

[3]) Bezieht sich auf die brachliegende Zeit in den Fabriken.

[4]) Die geldlich ausgedrückten Verluste wurden durch 2000 Dollar geteilt.

[5]) Auf 1000000 Textilarbeiter ist ein Verlustsatz von 50% angewendet.

Mensch oder Maschine?

Ethelbert Stuart vom Department of Labor bezeichnet als eine der Hauptverlustquellen in der Erzeugung das Unterlassen der amerikanischen Industrie im allgemeinen, Arbeitskraft durch Maschinen zu ersetzen[3]). Da ausländische Arbeitskraft immer billig war und keinerlei Opfer in Form von Zinsen, Versicherung, Steuern und Abnutzung bedingte (Entlassungen konnten nach Belieben auf der Stelle erfolgen; wurden die Arbeiter in der Werkstatt beschädigt, so mußten sie die Heilkosten selber tragen), sahen die Unternehmer ruhig zu, wie die armen ausländischen Teufel ihr Leben bei einer Arbeit verbrauchten, die eine Maschine schneller und besser und, vom sozialen Standpunkt aus betrachtet, auch billiger ausführen konnte.

„Die erfolgreichsten Versuche, Verschwendung an Menschenkraft zu vermeiden, wurden durch einfache Umstellung der Maschinen oder durch selbsttätige Conveyor-Vorrichtungen bzw. durch Einrichtung wirkungsvollerer Werkstatt-Transportverfahren durchgeführt. Auf Grund derartiger Umstellungen hat der Rohstoff in einer Automobilfabrik, der früher 5,65 km durchwanderte, ehe er als Fertigerzeugnis die Fabrik verließ, jetzt nur noch 50 Fuß zu durchlaufen. Durch Einrichtung einer besonderen Werkstatt-Transportvorrichtung können in einem Betriebe in Louisiana heute 4 Männer in einigen Stunden täglich die gleiche Menge Arbeit leisten, die früher von 100 Arbeitern in 12 Stunden verrichtet wurde.“

Abrechnungsverfahren und Forschungstätigkeit.

Die Federated Trade Commission berichtet, daß von den bestehenden 250000 Fabrikanten in den Vereinigten Staaten nur 12000 — oder etwa 5% — irgendwelche Kostenabrechnungsverfahren besitzen. Kostenverfahren sind das Mittel, um genau zu erkennen, wieviel ein bestimmtes Erzeugnis, gleichgültig ob Buch, Stahlschiene, Automobil oder Bleistift, in der Herstellung tatsächlich kostet. Sie sind für die Bestimmung gerechter Verkaufspreise unentbehrlich. Ihr Hauptvorteil, von unserem Standpunkt der Arbeitskraft aus betrachtet, liegt indessen in den Angaben, die eine Arbeitsverteilung ermöglichen, um höchste Ausbeute bei geringstem Aufwand zu erreichen. Ein solches Kostensystem zeigt die Zahl der für jeden Betrieb erforderlichen

Arbeiter- oder Maschinenstunden; es zeigt Verschwendung und falsche Handhabung des Materials und entdeckt jene Stellen, wo Verluste zu verzeichnen sind. Ein gutes Kostensystem ist Zeichen einer guten Betriebsführung; das Fehlen eines solchen Systems indessen läßt auf eine blind darauflosratende Leitung schließen.

Auch in bezug auf den Stand ihrer Forschungstätigkeit sind die amerikanischen Fabrikanten arg im Rückstand. Sie besitzen keine besonderen Abteilungen, die sich einer Untersuchung ihres Erzeugnisses widmen und für Neuerfindungen und technische Fortschritte sorgen. In bezug auf die Markt- und Absatzverhältnisse unternehmen sie ebenfalls nur geringe Forschungsarbeiten. Eine eigene gute Forschungsabteilung ist aber unter Umständen besser als „sämtliche Betriebsingenieure und Organisatoren der ganzen Welt". Denn die Forschungsabteilung ist täglich und stündlich an der Arbeit und kennt den Betrieb sowie seine Forderungen weit besser als irgendein Außenstehender es jemals könnte. Sie kann vorkommenden Ausschuß auf ein Mindestmaß herabmindern und die Güte der Ware stark heben. Sie kann selbsttätige Meßverfahren für viele vorkommende Prozesse ersinnen, sie auf diese Weise von den bisherig üblichen Faustregeln befreien und zu erfaßbaren, meßbaren Einheiten gestalten.

Die General Electric Company gibt ein Beispiel, in welcher Weise ihre Forschungsabteilung zu einer Verbesserung des Erzeugnisses und zu einer Verminderung der Kosten beigetragen hat[5]). Die Wolframdraht-Mazda-Lampe ist in ihrer Forschungsabteilung entstanden. Wäre die bisher benutzte Kohlefadenlampe in den ganzen Vereinigten Staaten weiter verwendet worden, so wären die Stromkosten bei gleicher Lichtmenge (auf Grundlage der benutzten Bruttokerzen) um 1000000000 Dollar im Jahre 1920 höher gewesen. Im Gegensatz zu der General Electric Company ist die Konservenindustrie zu nennen, die zwar mit neuzeitiger Ausrüstung und besten Verkaufsverfahren ausgestattet ist, aber die tatsächliche Herstellung der Nahrungsmittel Männern überläßt, die keinerlei wissenschaftliche Ausbildung genossen haben. Laboratoriumschemiker und Bakteriologen würden die Betriebsleitung verbessern und die Beschaffenheit der eingemachten Nahrungsmittel, die wir alle verzehren müssen, bedeutend heben können. Nach C. E. Coates würde eine stärkere Verwendung von Bakteriologen in der Zuckerindustrie die heute noch durch übermäßige Gärung entstehenden großen Verluste vermeiden und außerdem noch Mittel und Wege zur Ausnutzung der Nebenprodukte weisen können.

Arbeitszeit — Leistungsfähigkeit.

Schließlich müssen wir noch auf die Frage der täglichen Arbeitszeit eingehen. Je mehr Stunden, je mehr Leistung. Wirklich? Eine wissenschaftliche Tatsache ist es, daß nach Überschreitung einer bestimmten Höchstgrenze — je mehr Stunden, je geringere Ausbeute zu verzeichnen ist. „Soweit Beweise vorliegen, können die Wirkungen einer Verkürzung der Arbeitszeit etwa wie folgt zusammengefaßt werden: eine Verkürzung des Zwölfstundentages auf 10 Stunden führt zu einer erhöhten Tagesleistung; eine weitere Herabsetzung auf 8 Stunden führt mindestens zur Erhaltung dieser erhöhten täglichen Ausbeute. Eine weitere Verminderung der Arbeitszeit unter 8 Stunden, obzwar sie die stündliche Leistung erhöht, scheint die gesamte tägliche Ausbeute zu vermindern[6].“

So wird dem Gewicht nach eine größere Leistung von den Arbeitern erzielt, die 8 Stunden täglich arbeiten als von jenen, die 12 Stunden tätig sind. Daraus ergibt sich, daß der Zwölfstundentag eine stark verlustreiche Arbeitszeit darstellt. Zunächst einmal, vom Menschen hierbei noch ganz abgesehen, bedeutet eine solche Arbeitszeit verschwendete Arbeitskraft, da zur Ausführung einer bestimmten Arbeit mehr Menschen gebraucht werden als erforderlich ist. Außerdem ruft sie Übermüdung, Unfälle, Krankheiten und verkürztes Leben hervor (die meisten industriellen Unfälle ereignen sich am Schluß des Arbeitstages, wenn die Arbeitenden müde und gleichgültig sind). Im allgemeinen sind die Betriebe nach dieser Richtung hin schon etwas mehr auf der Höhe, trotzdem es auch heute noch in Amerika Hunderttausende von Arbeitern gibt, die täglich mehr als 10 Stunden arbeiten.

Industrielle Physiologie und Psychologie.

In Barcelona stellten Betriebsingenieure anläßlich eines Kongresses auf Grund einer Untersuchung fest, daß von 500 Lehrlingen nur 47% ihren Beruf aus Interesse oder Befähigung wählten, während die übrigbleibenden 53% entweder durch Nachahmungstrieb, persönliche Beziehungen, in der Hoffnung auf einen späteren großen Verdienst usw. zu ihrem Beruf kamen. Die 47 %ige Gruppe zeigte sich auch in der praktischen Arbeit als die leistungsfähigere[7]). Vielleicht sind es derartige Untersuchungen, die schließlich den größten Beitrag wissenschaftlicher Betriebsführung zur Frage einer Ausmerzung vorkommender Verschwendung liefern werden. Man bedenke die einfach unberechenbare Ersparnis für die Allgemeinheit, die darin liegt, daß die große Zahl beruflich an falscher Stelle Stehender vermindert wird und auf diese Weise nicht nur die Unsummen eines unnötig großen Stellenwechsels, sondern auch die Überanstrengung und das Unbefriedigtsein der an falscher Stelle Arbeitenden vermieden werden. Schon Taylor lenkte die Aufmerksamkeit darauf, daß wir die vorkommenden großen Verschwendungen unserer natürlichen Hilfsquellen ziemlich klar erkennen, jedoch immer noch den noch größeren Verlusten blind gegenüber stehen, die sich aus falsch geleiteter oder falsch untergebrachter menschlicher Energie ergeben.

Dabei ist es merkwürdig, daß Taylor in der schließlichen praktischen Auswirkung seines Verfahrens gerade diesen Punkt einer ausgeglichenen Verteilung menschlicher Energie mißachtete, den Kern der Frage aber von Anfang an klar erkannte. Seine Nachfolger sind auf diesem Gebiete schon bedeutend weiter. Ihre Zeitstudien berücksichtigen nicht nur die Wirtschaftlichkeit physiologischer Bewegung, sondern auch die einer psychologischen Befriedigung in der Arbeit. Trotz allem steckt diese Frage einer Anpassung des menschlichen Organismus an den industriellen Arbeitsprozeß noch immer in den Kinderschuhen. Die Annahme unserer heutigen Zeit zugegeben, daß die menschlichen Bedürfnisse nur durch maschinelle Verfahren befriedigt werden können, ist doch die Behauptung eine logische Folge, daß, je größere innere Befriedigung der Arbeiter an seiner Arbeit hat, desto besser seine schließliche Leistung ausfallen wird. Zwei Verlustquellen können erfaßt werden: jene, die sich aus einer unnötig geringen Ausbeute je Krafteinheit, und jene, die sich aus Krankheit, industrieller Neurose und psychologischen Hemmungen ergeben.

Dem früheren Unternehmer waren alle derartigen Erwägungen unbekannt. Der Gedanke, daß seine Arbeiter eine Befriedigung in ihrer Arbeit finden sollten, grenzte für ihn schon fast ans Unmoralische. Selbstverständlich mußte der Arbeiter angetrieben werden, um die zu leistenden Aufgaben zu erfüllen. Dieser Fluch des Antreibens hat ein Jahrhundert hindurch schwerste menschliche Bedrängnis und größte Bitterkeit hervorgerufen. Die letzten Forschungen von Betriebsingenieuren, wie bereits durch das Arbeitszeitbeispiel angedeutet, lassen es klar erscheinen, daß für das eben geschilderte Vorgehen nicht nur der Arbeiter einen furchtbaren Preis zahlen mußte, sondern daß in gleicher Weise auch der Arbeitgeber Einbuße an Ausbeute, an Werkstattmoral, an Umsätzen und Gewinn erlitt.

Einige Beispiele dieser neuen Auffassung, einer Arbeit von H. D. Harrison entnommen, mögen vielleicht am Platze sein[7]).

1. Durch eine Reihe von Versuchen, die ein Überprüfen der Sehschärfe, des Gehörs, der Klarheit der Aussprache, des Gedächtnisses für Zahlen und für gegebene Aufträge umschlossen und zwei Stunden währten, war es möglich, die Fähigkeiten von zukünftigen Telephonisten ebenso genau und mit weit geringeren Kosten vorher zu bestimmen, wie es bisher nach sechsmonatlicher Ausbildung der Fall war. Auf diese Weise wurde auch dem Bewerber eine unnötige Ausbildungszeit erspart, sowie die entmutigende Aussicht einer eventuellen Entlassung nach sechs Monaten Dienst.

2. Es bestehen psychotechnische Versuche für Straßenbahnschaffner, die es gestatten, in kürzester Zeit die geeigneten von den ungeeigneten Bewerbern zu scheiden. Auf diese Weise wurden nicht nur dem Angestellten und der Gesellschaft Zeit und Kraft erspart, sondern auch der Öffentlichkeit wurde durch verminderte Unfallgefahr ein Dienst erwiesen.

3. Mädchen, die mit einer sehr langweiligen Arbeit in einer Bleicherei beschäftigt waren, erhielten unter dem herrschenden System zwei Ruhepausen von 45 Minuten und eine ebensolche Mittagspause. Auf Grund eines Ratschlages von H. L. Gantt wurde diese Pausenverteilung so abgeändert, daß man nach je 80 Minuten Arbeitsdauer eine Pause von 20 Minuten einschaltete. Das Ergebnis war eine 60 proz. Erhöhung der Leistung, da die häufigeren Ruhepausen einen größeren Ausgleich brachten.

4. „Während ich schreibe, ist ein Maurervorarbeiter an einem kleinen Häuschen, das ich von meinem Fenster aus sehen kann, beschäftigt. Er verlegt Ziegelsteine auf einer Wand, die jetzt etwa 6 Fuß hoch ist. Die Steine liegen in einem losen Haufen zu seinen Füßen; das Mörtelbrett befindet sich auf dem Boden daneben. Jedesmal, wenn der Mann einen Stein oder Mörtel braucht, biegt er seinen Körper herunter, hebt ihn dann, mit dem Material beschwert, einige Fuß hoch und hebt schließlich den 9 Pfund schweren Stein etwa 6 Fuß hoch bis ans Ende der Wand.“ Durch Einführung eines verstellbaren Gerüstes, eines Tisches zur Aufnahme des Mörtelbrettes und durch Anordnung der Steine derart,

daß sie stets gleich in der erforderlichen Lage ergriffen werden können, sowie durch eine Verminderung der Bewegungen konnte F. B. Gilbreth die Anzahl der Ziegelsteine, die ein Mann anscheinend ohne erhöhte Ermüdung stündlich zu verlegen imstande war, von 120 auf 350 erhöhen.

5. Eine Wiederholungsarbeit in einer Schokoladenfabrik, die durchschnittlich 2 Sekunden dauerte, umfaßte — während dieser 2 Sekunden — drei Unterbrechungen und drei Richtungsveränderungen von seiten des Arbeitenden. Durch Einführung einer fortlaufenden kreisförmigen Bewegung an Stelle der bisherigen unterbrochenen rechtwinkligen konnte die erforderliche Zeit vermindert und die Ausbeute um 27% erhöht werden — trotzdem der jetzt von der Hand tatsächlich zurückgelegte Weg etwas länger war. Beim menschlichen Körper ist ein gerader Strich eben nicht immer die kürzeste Entfernung zwischen zwei Punkten. Rhythmus kann mitunter mehr bedeuten als Kürze der Bewegung. Ein Mangel, Arbeit den natürlichen rhythmischen Bedingungen des Körpers anzupassen, schafft eine Reihe schwerwiegender psychologischer Hemmungen mit entsprechend verheerendem Einfluß auf den Arbeitenden und seine Leistung. „Die Erreichung einer größeren Geschwindigkeit durch das Ausmerzen aller scheinbar unwichtigen Bewegungen ohne Berücksichtigung ihrer physiologischen Bedeutung kann zwar eine einzelne Handlung beschleunigen, dabei aber gleichzeitig eine schnellere Entwicklung von Ermüdung herbeiführen."

6. Der in New York eingesetzte Ventilationsausschuß konnte bei Untersuchung von Schreibmaschinenarbeiten feststellen, daß bei einer Temperatur von 16° R 63% mehr Arbeit geleistet werden konnte als bei einer solchen von 19°. Wo es sich um schwere körperliche Arbeit handelt, konnte bei einer Temperatur von 16° 15% mehr geleistet werden als bei 19° und 37% mehr als bei 24° R. Die in den untersuchten Räumen herrschende Temperatur betrug durchschnittlich 18° R, während 29% der untersuchten Räume sogar mehr als 21° R aufwiesen. Der sich hieraus ergebende Leistungsverlust muß ungeheuerlich gewesen sein.

7. Eine 25 proz. Leistungserhöhung ergab sich aus der Unterbringung bestimmter Arbeitergruppen in stilleren Teilen der Fabrik. Starke rhythmische Geräusche, wie z. B. bei schweren Gesenkschmieden, erzeugen mehr Ermüdungsgifte als andauernde Geräusche. „Wo der Rhythmus anders als jener der ausgeführten Arbeit ist, entsteht ein Kampf, der eine größere Ausgabe natürlicher Energie verursacht als die Arbeit an sich verlangen würde." Es ergibt sich die Frage, wieviel Verluste durch eine Mißachtung dieser einen Forderung die Industrie seit der industriellen Revolution schon erlitten haben mag? Und was mag sie uns heute kosten?

Bisher konnten wir eine Vorstellung davon erhalten, inwieweit wissenschaftliche Betriebsführung zur Aufdeckung der gewöhnlich in der Industrie vorkommenden physiologischen und psychologischen Verlustquellen beiträgt. Und doch — und doch — es bleibt noch immer die Frage bestehen: wird es die Aufgabe einer funktionellen Gesellschaft sein, die Maschine, wie sie heute ist, als gegeben anzusehen und den Menschen ihr anzupassen, oder den Menschen zuerst zu berücksichtigen und die Maschine seiner Natur und seinen Bedürfnissen anzupassen?

Normung und Vereinfachung[8]).

Zu Beginn der 90er Jahre des vorigen Jahrhunderts wurden elektrische Glühlampenfassungen in mehr als 180 verschiedenen Größen und Arten hergestellt. Das bedeutete also, daß neue Lampen nicht in die alten Fassungen paßten und daß elektrische Plätteisen, Kocher, Öfen, Brennscheren, Heizkissen usw. in den meisten Fällen zunächst der Dienstleistung eines gelernten Elektrikers bedurften, um sie anschließen zu können. Heute haben wir dank der Normungsbestrebungen eine einheitliche Lampenfassung und einheitliche Steckdosen, an die alle elektrischen Apparate angeschlossen werden können, obzwar es noch immer einer großen Arbeit zwecks Normung der Hilfsmittel am anderen Ende der Leitungsschnur bedarf.

Man erzählt sich, daß in Paris die Herstellung einer Telephonverbindung einem Eindringen in ein Land des Schweigens oder der Verwünschungen gleichkommt. Die Regierung ist zwar Herrscherin der Leitungen; es ist aber 25 Privatunternehmungen gestattet, die Telephonbesitzer mit 150 verschiedenen Arten von Apparaten zu beliefern. Einige dieser Apparate sind gut, andere neutral und manche sind schlecht. Einige Arten werden nicht mehr hergestellt und es sind für sie auch keine Ersatzteile mehr zu haben. Wenn mit dem Telephon einmal irgend etwas nicht stimmt, so gibt der Regierungsinspektor dem Apparat die Schuld, die Apparatehersteller dagegen der Regierung. Höflichkeiten und ein ausgedehnter Briefwechsel werden auf dieser Grundlage stets und ständig gewechselt. Und schließlich kann durch eine gute Fügung des Schicksals der Schaden doch ausgebessert werden.

Wenigstens sind in den Vereinigten Staaten die Lampen- und Telephonausrüstungen genormt. Schon dadurch haben wir uns unerhörte Verschwendungen erspart. Leider ist das diesen Bestrebungen zugrunde liegende Prinzip bisher nicht in großem Umfange auf andere Gewerbezweige angewendet worden, wo das geschilderte Pariser Verfahren noch immer die Regel ist. Der

Fortschritt schreitet unaufhaltsam weiter. Trotzdem bleibt noch ein ungeheurer Umfang verlorener menschlicher Arbeitskraft bestehen. Es gibt in Männerschuhen 102 verschiedene Größen. Man rechnete aus, daß die durch ausgefallene Größen in der Schuhfabrikation entstehenden Mehrkosten jährlich 100000000 Dollar betragen. 91% aller Kleinhändler in Schuhwaren brechen nach kurzer Zeit zusammen — mehr als die Hälfte von ihnen wegen ihrer ausgefallenen Größen. Die Schuhgrößen sind auch nicht normiert. Die Nummer 10 eines Fabrikanten kann die Nummer 9 eines anderen sein. Im Jahre 1920 fertigte die Regal Shoe Company 2500 Arten von Schuhen an, die durchschnittlich zu 10,46 Dollar das Paar verkauft wurden. Im Jahre 1923 beschnitt die Gesellschaft ihre Arten auf 100 und legte einen Einheitspreis von 6,60 Dollar fest. Das Ergebnis war ein doppelt so hoher Umsatz an verkauften Schuhen, ein um 25% verminderter Lagerbestand und eine entsprechend geringere Zahl von Lagerbeamten.

Vor einiger Zeit hat das Handelsministerium folgende Verminderung von Typen (bis März 1924) vorgeschlagen. Die hiervon betroffenen Industrien sind aber noch weit davon entfernt, alle diese Vereinheitlichungen in die Praxis umzusetzen.

Anzahl der Arten	Bisher	Vorgeschlagene Vereinfachung
Plattenbelag für Fußböden	66	5
Dachlatten aus Metall	125	24
Drahtgeflecht für Zäune	552	69
Drahtgeflecht für Zäune in Packungen	2072	138
Asphaltsorten	88	9
Dachziegel	60	30
Hohle Ziegel	36	19
Rohe Ziegelsteine	39	1
Glatte Ziegelsteine	36	1
Feilen und Raspeln	1351	496
Kessel für Dampfheizung	130	13
Betten, Sprungfedern und Matratzen	78	4
Bettdecken — Größen	78	12
Geschmiedete Werkzeuge	665	351
Wandtafeln	90%	Ausmerzung vorgeschlagen
Schrauben u. Muttern	40%	Ausmerzung vorgeschlagen

Äxte werden in 34 Modellen, 4 Qualitäten, 11 Ausführungen und 5 bis 19 Größen hergestellt. Eine Firma brachte es tatsächlich fertig, von gewöhnlichen Äxten 6000 verschiedene Sorten in ihrem Katalog anzuzeigen. Es gibt etwa 35 verschiedene Marken von Äxten. Alles zusammengenommen steht dem Käufer eine Auswahl unter 994840 verschiedenen Sorten zur Verfügung (wenn die Arten mal Beschaffenheit mal Größe multipliziert werden).

Die Fabrikanten von Herrenhüten bieten 36845 Arten und Farben an — dabei beruht 90% des Umsatzes auf 7 Arten in 10 Farben. „Die durch diese völlig zwecklose Mannigfaltigkeit entstehenden ungeheuren Erzeugungskosten sind für die hohen Verluste verantwortlich." Eine Firma bietet Herrenanzüge in 29 Lagermodellen und 14 Sondermodellen an. Jedes Modell kann auf drei verschiedene Arten gefüttert werden. Es gab auch drei verschiedene Arten von Futterstoffen und 1110 verschiedene Stoffarten. Auf diese Weise hatte jeder Käufer eine Wahl zwischen 278000 möglichen Verbindungen. Und auch hier wieder muß festgestellt werden, daß 70 bis 80% aller Käufe in Herrenanzügen sich auf „reguläre Formen in 5 Größen" beschränken[2]).

Die Handelskammer der Vereinigten Staaten hat vor kurzem einen sehr eindringlichen Feldzug im Interesse der Vereinfachungen geführt[3]). Die hierbei angestellten Untersuchungen zeigen, daß volle 25% des gesamten Arbeitsaufwandes in amerikanischen Fabriken durch unnötige Mannigfaltigkeit in Größen, Arten und Modellen bedingt sind. „Der Weg von den fast 45000 Schriftzeichen der chinesischen Sprache bis zu den 26 Buchstaben des englischen Alphabets ist ein Beispiel für Vereinfachung, wie es vielleicht vollkommener und zufriedenstellender in der ganzen Geschichte nicht gefunden werden kann, auch wenn das schließliche Ergebnis eine Vollkommenheit nicht ganz erreicht. Aus irgendeiner mehr oder minder verborgenen, geheimen Ursache heraus scheint der menschliche Fortschritt von den einfachsten Formen auszugehen, sich durch eine Vielfältigkeit an Kombinationen zu entwickeln und sich schließlich für eine einfachere und dauerhafte Art zu entschließen, die als fast endgültig betrachtet werden kann. Das war das Ergebnis beim Alphabet, im Handel — noch nicht! Verschiedenheiten, Größen und Saisonänderungen zusammengenommen, bauen im Geschäftsleben einen himmelstürmenden Turm zu Babel ... Es ist schwer, aus der Vielfältigkeit der sich uns zur Veranschaulichung bietenden Beispiele zu wählen. Es fällt uns aber nicht schwer, die Behauptung aufzustellen, daß die Grundlage dieses Baues jenes Fundament darstellt, das zu den Kosten der Verteilung ungeheure Zuschläge hinzufügt."

Erkennt die Handelskammer der Vereinigten Staaten in vollem Ausmaße jene Verwicklungen an, die eine solche Behauptung in sich schließt? Wenn ja, so hätte sie sicherlich dem Redefluß ihres Berichterstatters energisch Halt geboten. Was waren denn die Hauptantriebsfedern jener „Vielfältigkeit an Kombinationen", die die Handelskammer so stark bedrücken? Wettbewerb und Reklame — beide sind als der Lebensnerv des Geschäfts und, falls wir so sagen dürfen, als die Grundlage des amerikanischen Handels anzusehen. Vereinfachung würde eine der Grundbedingungen einer funktionellen Gesellschaft sein — genau so, wie sie im Jahre 1918 Regel und Gesetz des Kriegsindustrieamtes war. Den Versuch zu unternehmen, sie in eine vor allem auf Erwerb eingestellte Gesellschaft einzuführen, wird unserer Meinung nach immer eine zwar beachtenswerte, aber doch in nur beschränktem Maße durchführbare Geste sein. Wo werden die Argumente der Verkäufer bleiben; bei welchen Punkten werden sich die Reklamefachleute stolz auf die Brust schlagen können; wie sollen die Seifen von Schulze jene von Müller übertreffen, wenn einheitliche industrielle Normen in bezug auf Güte, Art und Austauschbarkeit festgelegt werden?

F. J. Schlinck, stellvertretender Sekretär des amerikanischen Normenausschusses, hat das Arbeitsgebiet der Normung in folgender Weise umrissen:

Art der Norm.

1. Einheiten an Längen, Maßen, Zeit, Temperatur usw.
   Beispiel: 1 Gallone, 1 Pfund, 1 Fuß.

2. Normen für Größen und Farben.
   Beispiel: Einheitliche Schraubengewinde, Schrauben, Muttern, elektrische Fassungen, ein Wagenrad, eine Rechnung.

3. Einheitliche Meßverfahren.
   Beispiel: Eine PS-Messung für elektrische Motore, eine Geschwindigkeitsmessung für Lokomotiven.

4. Beschaffenheitsnormen.

Beispiel: Lieferbedingungen für Eisenerze, Farbstoffe, kalt gewalzte Stahlstäbe, Fettgehalt der Milch.

5. Normen der Praxis.

Beispiel: Konstruktionsbedingungen für die Errichtung einer Stahlbrücke, Sicherheitsordnung für Schleifarbeiten.

6. Normalnomenklatur.

Beispiel: Für Radioausdrücke.

Die Philosophie der Normung.

Das Wort „Normung" ist vielleicht ein unglückliches, da es in der Vorstellung des Laien gar zu leicht ein Gefühl der allumfassenden Vereinheitlichung und Uniformierung, also eines industriellen Gänsemarsches hervorruft. Selbstverständlich kann Normung das auch werden. Man kann Hüte und Anzüge und Häuser und Möbel bis zu einem niederdrückenden und erschreckenden Grade vereinheitlichen. Auf diese Weise könnte man vielleicht ungeheure wirtschaftliche Ersparnisse erzielen. Der Preis hierfür wäre aber unbedingt zu hoch angesetzt. Eine Beseitigung an Verschwendung dieser Art würde zu einem hohlen Kopf führen, dessen Schrecklichkeit nicht auszumalen wäre, und wir jedenfalls haben nicht die geringste Absicht, etwas Derartiges in unsere Betrachtungen einzubeziehen.

Es gibt aber noch eine andere Erscheinung der Normung, die wir hier wohl einbeziehen wollen, und zwar jene, die treffender bereits mit „Vereinheitlichung oder Vereinfachung" bezeichnet wurde. Die meisten der bereits gegebenen Beispiele fallen unter diese Gruppe. Auch der größte Teil der Schlinckschen Erläuterung der Normung gehört hierher.

Sobald die Entwicklung der Technik eine bestimmte Stufe erreicht, ist die Zeit gekommen, auf Grund der bisherigen Erfahrungen eine Norm festzusetzen, nach der die Arbeit so mechanisch als möglich gestaltet wird, um auf diese Weise die Energie und die Möglichkeiten für weitere Forschungen zu sichern. Eine Hausfrau zieht in ein neues Haus ein. Einen Monat hindurch herrscht Trubel und ein wüstes Durcheinander — Möbel werden an verschiedenen Stellen ausprobiert, Bilder werden auf- und wieder umgehängt; die Reihenfolge der morgens zu badenden Kinder muß festgelegt werden; geeignete Aufbewahrungsorte für Töpfe und Kessel sind zu ermitteln; Teppiche müssen gelegt und Vorhänge müssen angebracht werden; mit den Mucken der Heizung muß man sich vertraut machen; für die Hüte und Mäntel muß die geeignete Stelle gefunden werden usw. usw. Wer will behaupten, daß durch eine Normung dieser Aufgaben menschliche Werte verloren gingen? Daß eine Uniformierung einträte? Man frage irgendeine Mutter! Und genau so ist es mit der Industrie. Indem die Zahl der Arten tatsächlich auf die der Nachfrage vermindert wird, indem die Arbeitsverfahren beschränkt werden, kommt Ordnung und Klarheit in die Werkstatt, und die Ausbeute kann bei geringeren Einheitskosten erhöht werden. Die Betriebsleitung hat mehr Ruhe und Muße, in ihren Forschungen fortzufahren und Verbesserungen anzustreben.

In allen Stufen des industriellen Prozesses gibt es Möglichkeiten für große Ersparnisse durch ein derartig vereinfachtes Vorgehen. So z. B. bei Ventilen, Schrauben, Gewindegrößen, Papiergrößen, Papierformaten, Sicherheitsvorrichtungen, Feuerlöschapparaten, Bergwerks- und Transportausrüstungen, Eisenbahneinrichtungen, Kraft-, Wärme- und Ventilationsmittel, Baumaterialien, Betonmischern, Wasserbehältern, Kesseln, Generatoren, Werkzeugstahl, Lehren, Stempeln, Bohrern — bei unendlich vielen Dingen. Alle diese Verfahren haben nicht das geringste mit dem schließlichen Verbraucher zu tun. Nur dann, wenn wir zu den sogenannten Enderzeugnissen, zu den Verbrauchsgütern — wie Mänteln oder Krawatten, kleinen Wohnhäusern usw. — gelangen, müssen wir diese Vereinfachungsbestrebungen unter Berücksichtigung menschlicher Verschiedenheiten etwas einschränken. Mrs. Carleton Parker trifft diese Unterscheidung ausgezeichnet: „Ich kann nicht finden, daß ein Volk als Ganzes irgendwie psychologisch gehemmt sein sollte, wenn jemand statt der bisher benutzten 22″-Röhren jetzt 21″-Röhren verwendet; ich möchte aber nicht, daß alle Damen gleiche Hüte tragen.“

Normalisierung ist selbstverständlich kein einzelnes Element im Programm der Verlustquellen, das getrennt von allen anderen gewertet werden kann. Untrennbar hängt es mit stillstehender Ausrüstung, mit Arbeitslosigkeit und Reklame, mit Verfälschungen usw. usw. zusammen. Die Verluste, die durch ein Versagen der amerikanischen Industrie, vereinfachte Verfahren allgemein einzuführen entstehen, können nicht genau berechnet werden.

Aber auch wenn das möglich wäre, würde ein Teil der schließlich erreichten Gesamtsumme offensichtlich auch anderen Ursachen zuzuschreiben sein. Der amerikanische Normenausschuß hat allein in der Automobilindustrie eine mögliche Ersparnis von 750000000 Dollar durch die Einführung einheitlicher Verfahren berechnet.

W. A. Durgin, der frühere Leiter der Division of Simplified Practice im amerikanischen Handelsministerium, berechnet, daß die Vereinigten Staaten jährlich 10000000000 Dollar durch industrielle Vereinfachung sparen könnten. „Die Verschwendung, gegen die wir vorgehen, entsteht lediglich durch die herrschende übergroße Mannigfaltigkeit.“ 10000000000 Dollar geteilt durch 2000 Dollar kommen der Arbeitskraft von etwa 5000000 Arbeitenden gleich. Wenn wir, um jede Doppelberechnung auszuschließen, diese Zahl um 50% vermindern, verbleibt noch immer ein auf mangelnde Vereinheitlichung zurückzuführender Verlust von 2500000 Arbeitskräften.

Das metrische System.

Wir können diesen kurzen Überblick der Normung nicht beschließen, ohne zumindest noch ein Wort über die großen Ersparnisse zu sagen, die durch Anwendung des metrischen Systems möglich wären. Die Amerikanische Metrische Vereinigung berechnete, daß jedem amerikanischen Kinde ein volles Schuljahr erspart werden könnte, wenn ein Dezimalsystem an Gewichten und Maßen, die Pints und Fuß und Morgen und Routen, die Lagen und Riese, die Scheffel und Pfund des gegenwärtigen Systems ersetzen würde. Wir geben zu, daß wir nur mit größtem Bedauern ein Kind in diese unzusammenhängende, unlogische, fast mystische Wüste von Mathematik eintreten sehen. Und auch im späteren Leben würden 50% aller schriftlichen Arbeiten, die sich heute noch mit Maßen und Gewichten befassen, durch die Einführung des metrischen Systems erspart werden können. Die Metrische Vereinigung berechnet den aus dieser Ursache entstehenden jährlichen Gesamtverlust auf 800000000 Dollar oder die Arbeitskraft von etwa 400000 Menschen.

X. Industrielle Zusammenarbeit.

Während einer Versammlung der Taylor Society im Jahre 1921 saß ein verwirrter und verblüffter Fabrikant im Zuhörerraum. Leistungsfähigkeit, Normung, technische Verbesserungen — alle diese und noch andere Schlagworte schwirrten durch den Saal. Einige der führenden Betriebsingenieure Amerikas saßen um ihn herum. Schließlich hielt er es nicht mehr aus, er erhob sich und sagte: „Wie geht es aber nur zu, daß, trotzdem wir eine verbesserte Maschine nach der anderen herausbringen, trotzdem wir die Leistungsfähigkeit unserer Arbeiter, unserer Betriebe, ja unseres Landes erhöht haben, die Kosten der Lebensmittel immer höher steigen? Wir verrichten unsere Aufgaben besser als sie je verrichtet wurden; und trotzdem scheint es mehr Geld zu kosten, sie so zu verrichten, wobei der Unterschied nicht einmal in einer Erhöhung der Löhne zum Ausdruck kommt. Ich glaube, daß das an einer Verzettelung der aufgewendeten Kraft durch den Wettbewerb liegt. Die ungeheure Vielfältigkeit der Arten und Moden spiegelt nicht so sehr die Wünsche der Verbraucher, als vor allem den Gedankengang irgendeines Verkäufers wider, der zurückgehende Umsätze neu zu beleben wünscht. Es muß zu einer größeren Zusammenarbeit zwischen der Verkaufs- und Erzeugungsabteilung kommen."

Wir können diesen Äußerungen von W. H. Leffingwell nur zustimmen. Was treiben unsere drei Milliarden mechanischer Sklaven, daß die Endwirkung nur so wenig Gutes für uns bringt? Sie sind im Produktionsprozeß außerordentlich stark beschäftigt; und unter der Fuchtel des Wettbewerbs strengen sie sich beim Verkauf noch mehr an. Zwischen diesen beiden Enden besteht aber keinerlei Verbindung. Durch das Versagen, die Erzeugung den Bedürfnissen der gesamten Bevölkerung anzupassen; durch die Errichtung überflüssiger Betriebsanlagen und die Notwendigkeit ihrer Erhaltung; durch Dumping und Zerstörung fertiger Erzeugnisse, die keinen hungrigen Dollar, wohl aber viele hungrige

Mäuler befriedigen könnten; durch ein Zurückhalten der Ausbeute von seiten der Betriebsleitung und der Arbeiter; durch Ansammlung der Industrie in Städten, die zur Überfüllung der Städte und Entvölkerung des Landes führt; durch eine Dezentralisierung der Industrie; durch unwirtschaftliche Lagerverfahren; durch handelstechnische Fehler, die auf einer Unkenntnis von Angebot und Nachfrage beruhen; schließlich durch ein Zusammenraffen technischer Kenntnisse zugunsten persönlicher Gewinne und nicht zum Wohle der gesamten Gemeinde feiert die Verschwendung wahre Orgien.

Diese Fragen beziehen sich vor allen Dingen auf die Technik der Erzeugung, also auf die Ausführung von zwei Schritten, wo einer genügen würde. Wir können es aber nicht aufhalten, daß alle diese Fragen auch auf andere Gebiete übergreifen. Ein Mangel an einheitlicher Kontrolle führt schließlich zu Hochkonjunkturen, zu Depressionen, und in vielen Fällen auch zu den regelmäßig wiederkehrenden Saisonarbeiten mit ihrer Überbeschäftigung und mit den darauffolgenden ruhigen Monaten mit Kurzarbeit. Auf diese Weise wirken sich auch solche Fragen zu einer Verschwendung durch brachliegende Arbeitskraft aus. Sie beeinflussen die Verkaufsverfahren und wirken sich durch Verlustquellen in der Verteilung aus. Sie werden beeinflußt durch Reklame, durch Spekulation und wirken sich schließlich auch durch Verschwendung und Verluste im Verbrauch aus. Sie werden durch die Betriebsführung und durch einen Mangel an Normung beeinflußt. Eine solche Klassifizierung kann indessen nie eindeutig klar sein. Die folgenden Ausführungen behandeln vor allem die Erzeugung; die Quellen der hier vorkommenden Verluste greifen notgedrungen aber auf fast jedes andere Betätigungsfeld über.

Zusammenarbeit bedeutet Vorbereiten auf ein gegebenes Ziel. Sie bedeutet den Verkehrspolizisten und nicht den freien Weg für alle. In unserem Falle bedeutet sie die Feststellung menschlicher Bedürfnisse nach Nahrung, Wohnung, Kleidung, und die Einführung eines produktiven Werkstatt- und Verteilungssystems, um diesen Bedürfnissen mit einem Mindestmaß an verlorenen Bewegungen zu entsprechen. Über die Arbeiten des Council of National Defense in ähnlicher Richtung während des Krieges sprachen wir bereits zu Beginn unserer Betrachtungen und konnten auch darauf hinweisen, wie bei Kriegsschluß die bedeutend erhöhte Leistungsfähigkeit mit einem Schlage in sich zusammenfiel.[1])

Und heute ist es so, daß Amerika unter den Segnungen des laissez-faire blindlings, ohne Ziel, ohne Zweck, darauf losarbeitet. Die amerikanische Wirtschaft als Ganzes hat keine Kenntnis der Aufnahmefähigkeit des amerikanischen Marktes, nicht einmal von der Preisgrundlage ausgegangen. Jeder Betrieb strebt vor allem danach, soviel als möglich zu verkaufen. Neugründungen brechen ständig in Industrien hinein, die bereits so überreich bestellt sind, daß die bestehende Nachfrage mehr als doppelt befriedigt wird. Zieht der Preis für Braunkohle an, so werden sich kurz darauf eine Reihe neuer Braunkohlenbergwerke auftun in der Hoffnung, dem Besitzer schnell Reichtum zu bringen. Dabei können die bereits bestehenden Bergwerke, wenn sie voll arbeiten, jährlich 50% mehr Kohle hervorbringen als das Land jemals braucht[2]). Ein Gummireifenkonzern besitzt Betriebseinrichtungen, die den gesamten Bedarf Amerikas an dieser Ware befriedigen könnten[3]). Und trotzdem entstehen immer neue Firmen. In dem Augenblick, wo das Land 1000000 Wohnungen dringend braucht, läßt die Bautätigkeit nach und nach ihrer Wiederbelebung (1920) beschränkt sie sich auf Geschäftsbauten, von denen bereits eine Überzahl besteht; Wohngelegenheiten für Menschen, die noch keine Behausung haben werden vernachlässigt.

Ein Mangel, die Erzeugung der Nachfrage anzupassen, wird durch folgende Zusammenstellung veranschaulicht:

Indexzahlen der physischen Erzeugung in den Vereinigten Staaten[4])
im Vergleich zur Bevölkerung — wobei 1920 als 100 angenommen wird.

	1920	1921	1922	1923	1924
Bevölkerung	100	101	104	106	107
Kohlen — tons	100	77	72	97	85
Petroleum — Gallonen	100	106	124	166	162
Roheisen — tons	100	45	73	109	104
Weizen — Scheffel	100	98	104	94	103
Mais — Scheffel	100	96	91	95	77
Baumwolle — Ballen	100	59	73	76	98
Zucker — Pfund (engl.)	100	150	115	124	141
Automobile	100	76	121	181	163
Schuhe und Stiefel	100†)	86	98	106	96

†) 1919 wurde als Grundlage benutzt, da das Department of Commerce für 1920 keine Zahlen veröffentlichte.

Letzten Endes bestimmt die Bevölkerung die Bedürfnisse und, allgemein gesprochen, sollte sich die Erzeugung der Bevölkerung anpassen. Unsere Zahlen zeigen indessen, wie wenig Beziehung zwischen Produktion und Bevölkerung herrscht. Während die Bevölkerung sich stetig von 100 im Jahre 1920 auf 107 im Jahre 1924 vermehrt, fällt die Kohlenförderung auf 72 und erholt sich auf 85; Petroleum schnellt auf 166; Roheisen fällt auf 45, Baumwolle auf 59; Zucker schnellt auf 150 hinauf; Automobile erreichen 181; Weizen — den der Mensch haben muß — stellt vielleicht die vernünftigste aller Kurven dar; Mais dagegen fällt im Jahre 1924 auf 77 usw. Vom Standpunkt einer statistischen Vollkommenheit kann man an dieser Tabelle viel aussetzen; aber auch die größte Kritik kann nicht jene Tatsache verdecken, auf die wir vor allem hinweisen wollen: der außerordentliche Mangel unseres industriellen Systems, Produktion und menschliche Bedürfnisse in Einklang zu bringen.

Der Verfasser stützt einige Berechnungen über das Verhältnis der Erzeugung verschiedener Waren zu den Erfordernissen des gesamten Landes auf Zahlen des Council of National Defense, mit dem er viele Jahre verbunden war[5]). Die Bedürfnisse wurden auf der Grundlage des Ogburn-Familienbudgets berechnet und ergaben für das Jahr 1921 folgende Minimalsätze:

Frische Milch . . .	91%	der	Nachfrage	wurden	erzeugt
Weizenmehl	95%	,,	,,	,,	,,
Kartoffeln	92%	,,	,,	,,	,,
Zucker	85%	,,	,,	,,	,,
Rindfleisch	95%	,,	,,	,,	,,
Herrenanzüge . . .	93%	,,	,,	,,	,,
Schuhe	85%	,,	,,	,,	,,
Kohle.	83%	,,	,,	,,	,,
Petroleum	90%	,,	,,	,,	,,
Wohnungen	60%	,,	,,	,,	,,
Geschäftsgebäude .	110%	,,	,,	,,	,,
Automobile	125%	,,	,,	,,	,,

Diese Zahlen sprechen eine eigene, recht eindringliche Sprache. Der Verfasser kann aber noch weitere Mängel durch das Fehlen einer derartigen industriellen Zusammenarbeit zeigen[6]):

Trotzdem für die eigenen Arbeiter in bezug auf Nahrung, Wohnung und Kleidung nur unzureichend gesorgt war und trotzdem die Bevölkerung um 400000 Köpfe jährlich anwuchs, ermutigte die Industrie vor dem Kriege die Einführung fremder Arbeitskräfte im Umfange von etwa 750000 jährlich, wodurch eine schlechte Sache noch schlimmer wurde.

Eine Stadt in Neu-England, der 5000 Wohnhäuser fehlten, begann neue Fabriken zu bauen, die an 10000 weiteren Arbeitern Bedarf hatten, für die keinerlei Wohnungsmöglichkeiten vorhanden waren.

Ein empfindlicher Mangel an Wohnungen bestand im Jahre 1919. Trotzdem fiel die Holzerzeugung in diesem Jahre auf 80% der Ausbeute des Jahres 1916.

Aus Mangel an einem vorausschauenden Aufbauprogramm ist es das Schicksal von 95% aller Sägewerkeinrichtungen, nach gewisser Zeit nutzlos zu werden. Sie können nicht an andere Stellen transportiert werden, da alle umgebenden Wälder vernichtet wurden.

Im Jahre 1919 war die Nachfrage nach allen Arten von Waren größer als das Angebot. Trotzdem erhöhte sich der Umfang der Anzeigen um 70%.

Diese ganz willkürlich ausgesuchten Beispiele, die sich überdies auf eine Zeitspanne unmittelbar nach dem Kriege stützen, sind nicht irgendwie tendenziös aufgemacht. Das Jahr 1919 war im großen ganzen ein ziemlich normales. Ende des Jahres 1921, als der Markt den Boden verlor und Millionen Arbeiter auf der Straße lagen, zeigten sich die Fehler dieser mangelnden Ausgleicharbeit in weitaus stärkerer und deutlicherer Weise.

C. E. Knoeppel überblickt die Lage vom Ingenieurstandpunkt aus. Durchaus logisch folgert er, daß die Übel des spekulativen Einkaufs und der unwissenschaftlichen Preisfestsetzung nur durch eine Änderung der grundlegenden Politik beseitigt werden können, niemals aber durch eine solche der Verwaltungsverfahren. Oder mit anderen Worten: diese riesige Verschwendung kann nur durch eine in engster Zusammenarbeit und unter dem Gesichtspunkt des Ausgleichs betriebenen Industrie vermindert werden, etwa in der Weise, wie die Stadt New York hinsichtlich ihrer Wasservorräte vorgeht: die Mengen werden in Zeiten der Flut aufgespeichert, um in Zeiten der Ebbe vorrätig zu sein.

Hoover unterstützt Knoeppels Ansicht, „unsere Untersuchungen der Industrie zeigen, daß wir unsere Einrichtungen in Zeiten größter Nachfrage ausbauen und in Krisenzeiten mit jeder Bautätigkeit aufhören[6].“ Auf diese Weise werden die schädlichen Wirkungen der geschäftlichen Depression verdoppelt.

Die Notwendigkeit einer Zusammenfassung in den Baugewerben wird hervorgehoben durch einen Bericht „Saisonarbeiten in der Bauindustrie" des Verbandes amerikanischer Ingenieurvereine. Schon in einem früheren Abschnitt konnten wir auseinandersetzen, daß auf Grund des ausgesprochenen Saisoncharakters dieser Industrie die Bauarbeiter durchschnittlich 100 Tage im Jahre feiern müssen. Und trotzdem ist diese Erscheinung vor allem eine Gewohnheitssache; denn eine bessere Arbeitsvorbereitung könnte die Bautätigkeit auch im Winter fortführen. Der Bericht schließt damit, daß die Technik in diesem Industriezweig bereits soweit vorgeschritten sei, um eine das ganze Jahr währende Beschäftigung zu ermöglichen. Anstelle solcher Saisonarbeiten, die eine gewisse Ausnahme bilden, gibt es zu allen Zeiten Bedarf an öffentlichen Arbeiten: Wassersysteme, Wegebau, Schulen, allgemeine öffentliche Verbesserungen. Der einzelne Unternehmer kann indessen hier nicht viel allein unternehmen, denn der Umfang der erforderlichen Geldmittel, sowie die dann nötige weitverzweigte Überwachung liegen außerhalb seines Machtbereiches.

Von vielen Seiten ist der Mangel genügender Zusammenarbeit im Verkehrssystem hervorgehoben worden, so u. a. von E. J. Clapp. „Wir besitzen kein amerikanisches Eisenbahnsystem. Der Mangel eines solchen Systems macht sich in unseren großen Städten durch die Planlosigkeit und Unbequemlichkeit der sich bekämpfenden Eisenbahnen bemerkbar und auch in den ungeheuren Ausgaben, die die auf diese Weise bedingten doppelten und dreifachen Bahnhofsbauten den Benutzern der Eisenbahn auferlegen. Die Lösung der Eisenbahnfrage liegt nicht in dem Hirngespinst höherer Fahrpreise und geringerer Löhne, sondern in der Beseitigung dieser ungeheuren Bahnhofsverschwendung"[7]).

Diese Bahnhöfe sind mit etwa einem halben Dutzend konkurrierender Fernsprechsysteme zu vergleichen. Zwei Drittel aller Eisenbahnausgaben verschlingen Bahnhöfe und Bahnhofsdienst. Eine Eisenbahn im unteren Manhattan erhält einen Pier. Sofort ist es das Streben jeder anderen Gesellschaft, in möglichst großer Nähe hiervon ebenfalls einen Pier zu erhalten. Auf diese Weise wird jeder Gemeindeplan einer einheitlichen sich ergänzenden Wasserfrontentwicklung zunichte gemacht. Eisenbahnwaggons, die ohne weiteres auf dem Festland entladen werden könnten, beherrschen auf diese Weise die schönsten Plätze der Piers.

Ähnlich vollzieht sich die Entwicklung im Lande. So wird z. B. in einer mittleren Stadt des Westens ein neuer Industriebezirk aufgebaut. Die Stadt besitzt fünf Eisenbahnlinien und jede einzelne beginnt sich sofort in der Richtung des neuen Gebietes auszudehnen. Das bedeutet: fünf Frachtgebäude, fünf Lagerhöfe, fünf ausgedehnte Gleisanlagen. Eine einzige Zweiglinie nach diesem neuen Stadtteil, gemeinsam betrieben, mit einem Frachthaus, einem Lagerhof und einem Stab von Angestellten könnte bessere Dienste leisten und die Betriebskosten, wenn nicht auf ein Fünftel, so doch auf ein Drittel der jetzigen sich bekämpfenden Einrichtungen herabdrücken. Aber auch vom Standpunkt des reinen Gelderwerbs ist das gegenwärtige System verschwenderisch. Präsident Walter Banham vom New York Board of Trade and Transportation weist darauf hin, daß „der durchschnittliche Frachtwagen etwa 10% der Zeit unterwegs ist und die übrigen 90% stillsteht. Im Durchschnitt bleiben New Yorker Frachten drei Tage am Bahnhof liegen . . . Fracht- und Bahnhofsanstauungen sind Ursache unberechenbarer Verluste“.

Übermäßige Betriebsausrüstung.

Bei fast jeder Untersuchung, die Ingenieure über das Vorhandensein industrieller Verschwendung anstellten, wurde eine größere Betriebsanlage als eine normale Nachfrage sie verlangt, vorgefunden. Das scheint auf zwei Ursachen zurückzuführen zu sein: der sich auf den Wettbewerb stützende Aufbau unseres gegenwärtigen industriellen Systems läßt an sich schon große Doppelarbeiten zu. Sodann erfordern sogar in jenen Industrien, die Monopole besitzen, Saisonschwankungen und wirtschaftliche Krisen eine für „Spitzenbelastung“ ausreichende Einrichtung. Wir haben im Verlaufe unserer bisherigen Ausführungen öfter den Ausdruck einer „gleichmäßigen oder ausgeglichenen Belastung“ gebraucht. Der Ingenieurleser braucht hierfür keine nähere Erklärung. Für den Laien seien indessen einige Beispiele zur Erläuterung gegeben.

Angenommen, ein Schuhfabrikant muß, um der Nachfrage des Marktes zu entsprechen, jährlich 9000 Paar Schuhe anfertigen. Der zweckmäßigste Weg wäre ohne Zweifel, sie in einer Werkstatt herzustellen, die gerade ausreicht und genügend Maschinen betreibt, um täglich 30 Paar Schuhe zu fabrizieren, was auf der Grundlage von 300 Arbeitstagen im Jahre die gewünschten 9000 Paar Schuhe ergeben würde. Nun ist aber der Fall zu setzen, daß 3000 Paar für Februar, also für das Frühjahrsgeschäft und 3000 Paar für August, also für das Herbstgeschäft verlangt werden, und zwar mit Rücksicht auf die Mode erst zu Beginn der betreffenden Monate. Um den Auftrag ausführen zu können, muß die Werkstatt so vergrößert werden, daß sie täglich 100 Paar Schuhe herstellen kann. Die Lage ist also dann so, daß in den Monaten Februar und August mit Hochdruck 100 Paar täglich hergestellt werden. Auf diese Weise werden die bestellten 6000 Paar erzeugt; während der anderen zehn Monate beträgt die durchschnittliche Erzeugung wenig mehr als 10 Paar täglich. Februar und August sind die Monate der Spitzenleistung und sie bestimmen die Ausdehnung und die Einrichtung der Werkstatt. Um auf der Grundlage der Spitzenleistung 9000 Paar Schuhe herzustellen, braucht der Fabrikant also eine dreimal so große Werkstatt und eine dreimal so große Maschineneinrichtung als wenn er auf der Grundlage einer ausgeglichenen Belastung täglich regelmäßig 30 Paar Schuhe herstellen könnte. Und dieser Grundsatz eines Ausbaues der Betriebsanlage für Spitzenbelastung ist fast in der gesamten Industrie vorherrschend und richtunggebend.

Ende des Jahres 1920 gab es in den Vereinigten Staaten je ein Automobil auf zwölf Bewohner. L. P. Ayres hat berechnet, daß bis Ende 1926 die Zunahme der Zahl der Automobile so gut wie aufhören wird, daß sozusagen also der Sättigungspunkt erreicht ist, die Neuheit ihren Reiz verloren hat und jeder, der sich einen Wagen leisten kann, bis dahin einen besitzen wird[8]). Die Produktion der Automobilindustrie wird also von da ab durch den Umfang der jährlichen Erneuerung abgenutzter Wagen bestimmt werden und aller Wahrscheinlichkeit nach nicht mehr als 1500000 Wagen jährlich ausmachen. Die augenblicklichen Einrichtungen sind demgegenüber imstande, jährlich 2700000 Wagen herzustellen und werden ständig noch erweitert und ausgebaut. Immer neues Kapital fließt in diese Industrie, und schon übersteigt das Angebot die Nachfrage um 1000000 Wagen jährlich. Nach Ayres und nach der Cleveland Trust Company sind diese Zustände auf einen Mangel planmäßiger Zusammenarbeit in der Automobilindustrie zurückzuführen.[8]) Fred Colvin, Schriftleiter des „American Machinist", berechnet die laufende mögliche Erzeugung sogar mit 5000000 Wagen[3]).

Der Wirkungsgrad der Hochöfen ist in folgender Weise berechnet worden[9]):

	Kapazität	Tatsächliches Ausbringen	Brachliegende Produktionsmöglichkeit
1914 . . .	44405000 tons	23332000	21073000
1918 . . .	49270000 tons	39055000	10215000

Walter N. Polakov, ein Fachmann auf diesem Gebiet, berechnete, daß die Instandhaltungskosten stillstehender Hochöfen während des letzten Jahrzehntes durchschnittlich 79000000 Dollar jährlich betrugen.

Die Erzeugungsmöglichkeit der Stahlanlagen erhöhte sich von 1913 bis 1921 um 46%. Im Jahre 1921 berechnete die „Iron Trade Review" die gesamte Ausbeute mit 54120000 tons, während die durchschnittliche Nachfrage 32000000 tons betrug. Man kann also behaupten, daß die Stahlindustrie einen Überschuß von etwa 70% ihrer Betriebseinrichtungen aufweist. Trotzdem fuhren die Stahlwerke fort, ihre Einrichtungen sogar in dem Krisenjahr 1921 auszudehnen[10]).

Der United Forest Service hat in bezug auf die Sägewerke folgende Übersicht zusammengestellt[11]):

Gesamte Sägewerkkapazität	117487 Millionen Brettfuß
Normaler jährlicher Schnitt . . .	37346 „ „
Verhältnis der Kapazität zum jährlichen Schnitt	3 · 15

Hier finden wir also eine dreimal so große Betriebseinrichtung als nötig wäre!

Die Schuhfabriken des Landes besitzen Einrichtungen, um täglich 1750000 Paar Schuhe herzustellen. Die normale Ausbeute beträgt 977000 Paar, was eine Übereinrichtung von fast 80% bedeutet. Die Vereinigten Typographen fanden eine Übereinrichtung von 50 bis 150% in den Druckereibetrieben — „Hunderte von Millionen Dollar an brachliegender Einrichtung". Eine Schwankung in der Zahl der Angestellten von 50% jährlich ist in großen Betrieben, in denen Kataloge für Versandhäuser oder Drucksachen für Eisenbahnen hergestellt werden, nichts ungewöhnliches. Es gibt etwa dreimal soviel Leinsampreßanlagen als erforderlich, um die Nachfrage im Lande zu befriedigen[12]). In den Speiseölanlagen ist das angelegte Geld während des größeren Teils des Jahres untätig. Im Höchstfalle wird sechs Monate im Jahre gearbeitet[13]). Der jährliche Zuckerverbrauch beträgt etwa 4000000 tons. Zuckerraffinerien sind aber darauf eingerichtet, jährlich 8000000 tons herzustellen[14]) usw. usw.

Spitzenbelastungen sind nicht immer nur auf die Wirtschafts- oder Marktlage zurückzuführen. Sie können auch wöchentlich oder täglich vorkommen. Die Federal Trade Commission zeigt in ihrem Bericht über die Fleischpackindustrie, daß Montag und Mittwoch Spitzen im Schlachten der Tiere zu verzeichnen sind. Die Schlachtanlagen müssen so eingerichtet sein, daß sie diesen Spitzen entsprechen können. An den anderen Tagen der Woche liegt ein großer Teil der Anlagen still.

Wir könnten auf diese Weise bis ins Endlose fortfahren. Jede Industrie, vielleicht mit Ausnahme des Postdienstes und der Bell Telephone Company, besitzt eine übermäßige Erzeugungseinrichtung; wissenschaftliche Betriebsführung hat in den vergangenen Jahren ungeheuer viel Angaben hierüber gesammelt. Unter Berücksichtigung all dieser Tatsachen ist man mitunter über den Ruf nach fehlenden neuen Geldmitteln erstaunt. Von Zeit zu Zeit werden wir mit Sparfeldzügen überflutet. Es wird uns erzählt, daß die Industrie „nach Kapital darbt" ... oder daß „das Kapital das Land verläßt". Angesichts der eben gegebenen Zahlen wäre es vielleicht nicht einmal das Schlechteste, wenn das Kapital das Land eine Zeitlang wirklich verließe und so den Ingenieuren die Möglichkeit zur Arbeit gäbe.

Sogar in unseren öffentlichen Schulen gibt es recht kostspielige übermäßige Einrichtungen, die auf einen Mangel an einheitlicher Ausnutzung der Einrichtung während des ganzen Tages zurückzuführen sind. Der „Arbeits-Lern-Spiel-Plan" versucht, diesen Verlust etwas einzudämmen. Alice Barrows vom Unterrichtsamt der Vereinigten Staaten berechnet eine Verschwendung von 33% in den Betriebskosten unserer Schulen.

David Friday versuchte im Jahre 1921 eine wenigstens rohe Schätzung der gerade auf diese übermäßige Betriebseinrichtung zurückzuführenden Verluste anzustellen. „Wenn uns der Krieg irgend etwas lehrte, das für die Friedensindustrie von Wert sein könnte, so ist es das, daß wir gewöhnlich einen großen Teil unserer

Erzeugungseinrichtung durch einfaches Brachliegen verlustreich werden lassen — ein Verlust, der jährlich vielleicht nicht weniger als 5000000000 Dollar beträgt[15])."

5000000000 Dollar sind der Arbeitskraft von 2500000 Arbeitenden gleichzusetzen. Wir haben diese Zahl auf folgende Weise — aber auch wieder nur in groben Umrissen — nachprüfen können. Der Gesamtwert aller industriellen Anlagen des Landes — Fabriken, Eisenbahnen, Bergwerke, Bureaubetriebe usw. — beträgt annähernd 100000000000 Dollar, die sich wiederum auf eine Analyse der Zahlen des gesamten Volksvermögens stützen[16]). Von der Grundlage einer übermäßigen Betriebseinrichtung von 30% ausgegangen, würde der Wert stillstehender Einrichtungen 30000000000 Dollar betragen. Angenommen, derInstandhaltungsfaktor betrüge 10%, so müßten die gesamten Kosten der Instandhaltung dieser brachliegenden Einrichtung (Versicherung, Bewachung, Ausbessern) 3000000000 Dollar betragen. Wenn wir mit unserem Maßstab von 2000 Dollar teilen, so erhalten wir ein Äquivalent für 1500000 sowohl Hand- als auch Kopfarbeiter. Außerdem muß hier noch jene verschwendete Arbeitskraft hinzugerechnet werden, die zur Herstellung dieser nie ausreichend benutzten Anlagen erforderlich war. Wir zweifeln deshalb daran, daß die Berechnung von Friday als übermäßig hoch anzusehen ist.

Zurückhaltung der Ausbeute.

Ein Mangel industrieller Zusammenarbeit, die Produktion mit der Nachfrage in Einklang zu bringen, führt unweigerlich zu einer Zurückhaltung der Ausbeute — sowohl von seiten der Betriebsleitung als auch der Arbeiter. Die Besitzer beschränken die Ausbeute, um die Preise zu halten oder um höhere durchsetzen zu können. Die Arbeiterschaft hält die Ausbeute zurück, um ihre Arbeit zu strecken und um das Gespenst der Arbeitslosigkeit zu bannen.

Ausbeute kann, ganz allgemein gesprochen, entweder zurückgehalten werden durch eine Weigerung, herzustellen, oder durch eine Zerstörung oder Vernichtung von bereits Hergestelltem. Einige Beispiele: die brasilianische Regierung hält die Kaffeepflanzungen innerhalb ganz bestimmter Grenzen, damit die Ernte einen guten Preis erzielen kann. Eine Obstgesellschaft, die den Markt für den Absatz ihrer Bananen in New York ungünstig findet, wird eine Ladung Bananen in die Gewässer des Hafens versenken. Bei einem wirtschaftlichen System, das sich auf Preisrücksichten und nicht auf eine unmittelbare Befriedigung der Bedürfnisse stützt, wird eine Einschränkung der Ausbeute zu einer der Hauptverlustquellen jeder Erzeugung werden. In einer funktionellen Gesellschaft, wo der wahrscheinliche Bedarf im voraus berechnet wird, würde sich die Leistungsfähigkeit diesem Bedarf anpassen und eine Beschränkung im Sinne einer zu geringen Erzeugung oder einer Vernichtung fertiger Waren nicht dulden.

Veblen hat sich mit dieser Frage sehr eingehend beschäftigt. Von ihm stammt die Bezeichnung „gewissenhaftes Zurückhalten von Leistungsfähigkeit . . .“[17]). „Den materiellen Interessen der in Frage kommenden Bevölkerung wird am besten durch höchste Leistungen bei geringsten Kosten entsprochen, während den geschäftlichen Interessen der Unternehmer mitunter durch eine mäßige Ausbeute bei erhöhten Preisen gedient ist . . . Es ist bei gediegenen Geschäftsgrundsätzen nicht möglich, die industriellen Kräfte des Landes so arbeiten und erzeugen zu lassen, wie das Land es vom Bedarfsstandpunkt aus braucht; denn ein freier Lauf der Erzeugung würde, glaubt man, für den Handel verhängnisvoll werden, da er die Preise und auf diese Weise den Geschäftsgewinn unter den Gefahrpunkt herabmindern würde, d. h. bis zu jenem Punkt, wo die fixen Kosten der ausstehenden Verpflichtungen durch die Reineinkünfte nicht mehr gedeckt werden könnten. Daraus entsteht das, was man bequemerweise kapitalistische oder geschäftsmäßige Sabotage der Industrie nennen kann.“

Trifft die Veblensche Behauptung zu — und wir glauben, daß sie zumindest eine recht machtvolle Richtung widerspiegelt —, so spielt die Beschränkung der Ausbeute von seiten der Betriebsleitung eine außerordentlich große Rolle in industriellen Fragen und trägt so auch zu dem nennenswerten Umfang vorkommender Verschwendung bei.

Man legt sich in diesem Zusammenhang die Frage vor, was wohl Betriebswissenschaftler tun können, wenn sie auf diesen Grundsatz stoßen. In einem solchen Falle kann ihre Arbeit wirklich nicht viel mehr bedeuten als einen Tropfen auf dem heißen Stein. Man legt sich ferner die Frage vor, wieweit die offensichtlichen Ersparnisse durch Monopole sowie die Ersparnisse an Verwaltungs- und anderen Kosten tatsächliche Ersparnisse darstellen, wenn diesem „gewissenhaften Zurückhalten von Leistungsfähigkeit“ Spielraum gewährt wird. Bei Beschränkung der Ausbeute bricht der alte Gegensatz zwischen Ingenieur und Geschäftsmann wieder in vollem Maße aus. Der wahre Ingenieur hat den Wunsch, die Werkstatt täglich mit möglichst voller Belastung arbeiten zu lassen — höchste Leistung bei geringstem Aufwand. Der Kaufmann indessen, der sein Auge vor allem auf den Verkaufsnachweis gerichtet hat, kann es sich nicht leisten, seine Gedanken in gleiche Bahnen zu lenken. Kann man durch Kurzarbeit mehr Geld verdienen, so muß eben halbschichtig gearbeitet werden, und der Geschäftsmann, nicht der Ingenieur ist es, der die letzte Entscheidung trifft.

Die Vereinigung der Gummipflanzer in den britisch-malayischen Staaten beschränkt die Ausbeute derart, daß der Preis stets höher ist als 50 Cent je Pfund[18]). Trotzdem würden bei einer Preisgestaltung von 30 Cent je Pfund 20% Dividende möglich sein. Es bestünde auch keine Gefahr, daß der Markt mit Gummiwaren überflutet würde; denn die Verwendung des Gummis ist bei erschwinglichen Preisen grenzenlos: Dachmaterialien, Baustoffe, Farbarbeiten, Wasserschutz für elektrische Vorrichtungen usw. Es gibt kaum irgendeinen Stoff, der so sehr unserer Behaglichkeit und unserer Bequemlichkeit dienen könnte.

Der englische Heringsfang wurde im Jahre 1920, als England sich einem schweren Winter mit großer Arbeitslosigkeit gegenübersah, künstlich beschränkt[19]). Die Boote von Yarmouth durften nur an bestimmten Tagen in See gehen und auch nur eine bestimmte Anzahl von Stunden fischen. Man glaubte sich zu diesen Vorsichtsmaßnahmen gezwungen, da wegen Nichtanerkennung der Sowjetregierung Rußland vom Markt ausgeschaltet war und die Verwendung des bisherigen gesamten Heringsfanges in England die Preise in verhängnisvoller Weise herabdrücken mußte. Und doch — der Himmel weiß es! — wären die vielen Arbeitslosen in England glücklich gewesen, diese Heringe zu haben. Im Jahre 1921 verbrannte man in Brasilien Kaffee für Heizzwecke und bereitete sich auf eine künstliche Beschränkung der Gummiernte vor. In demselben Jahr beschnitt die Indische Teegesellschaft die Teebestellung auf 80% des bisherigen Umfangs. Und die Baumwollpflanzer von Oklahoma veranstalteten einen „Pflanzerstreik", um die Ausbeute von 1922 auf die Hälfte herabzudrücken. Die „Großen Packer" (Armour, Swift, Morris, Cudahy und Wilson) haben die Erzeugung ihrer Betriebe in der Weise beschränkt, daß sie sich gegenseitig verpflichteten, nur einen bestimmten Teil des Gesamtangebotes an Ochsen zu töten. Diese Politik übt von Zeit zu Zeit eine ausgesprochen entmutigende Wirkung auf die Viehzüchter aus, wie die Federal Trade Commission des öfteren schon eindringlich hervorheben konnte. Huston Thompson von der Federal Trade Commission hat weitreichende Erfahrungen über die absichtlichen und im voraus beschlossenen Produktionsbeschränkungen in Amerika. In einem Aufsatz im „Dearborn Independent" vom 4. April 1925 sagt er: „Die Akten unserer Gerichte zeigen, daß diese Preisfestsetzungsgesellschaften sich mancher Gesetzesübertretungen schuldig machten, indem sie z. B. alle jene, die ihren Vorschriften nicht entsprachen, auf ihre schwarzen Listen setzten ... Eine Untersuchung von Hunderten derartiger Preisnachweise konnte noch keinen Fall feststellen, der sich damit befaßte, Preise herabzusetzen ... Bei einem zurückgehenden Markt, nach einem Käuferstreik werden alle Bestrebungen darauf verwendet, Preisverminderungen zu vermeiden, um die bestehenden Preislagen durch Zurückhaltung der Erzeugung entweder zu halten oder noch zu erhöhen."

Dumping.

Im Jahre 1920 wurden Tausende von Litern Milch in die Flüsse und Bäche des südlichen Illinois gegossen[20]). Im Herbst des gleichen Jahres war der Potomacfluß unterhalb Washingtons mit umherschwimmenden Wassermelonen bedeckt — eine ganze Waggonladung dieser Früchte wurde auf diese Weise vernichtet, um den in der Stadt herrschenden Preis von 25 Cent zu halten[21]). Am 24. Juni 1924 berichtete die „New York World": „Tausende von Behältern mit Gurken und anderen frischen Gemüsen wurden heute auf den Abfallhaufen geworfen." Im Oktober 1921 wurden an den Straßen der Städte des mittleren Westens Plakate angeschlagen, die dem Landwirt den Rat gaben, an Stelle von Kohlen Getreide zu verbrennen. Die Getreideernte in diesem Jahr war zwar geringer als im Jahre 1920; infolge der auf dem Markt herrschenden Panik fielen die Preise aber äußerst schnell. Der „nächtliche Reiter“ ist im Süden eine wohlbekannte Figur, die in dem Augenblick, wo die Preisgrenzen in Gefahr sind, im Lande umherreitet und Tabak und Baumwolle verbrennt. Alle paar Jahre verfault ein großer Teil der Kartoffelernte im Staate Maine. Im Jahre 1925 mußten etwa 5000 Waggonladungen von Georgia- und Alabama-Pfirsichen an den Bäumen verkommen, da die von den Händlern gebotenen Preise nicht die Kosten des Pflückens, Verpackens und Versandes deckten. „Während diese Pfirsiche verschwendet wurden, betrug ihr Kleinhandelspreis in New York etwa 3 bis 3,50 Dollar je Korb[22]).“

Diese absichtliche Zerstörung guter Nahrungsmittel zu einer Zeit, da unzählige Menschen hungern, erregt unsere Empörung. Es ist aber schwer, sie auf die Zerstörer zu übertragen. Sie handelten, wie sie handeln mußten und wie jeder einzelne von uns auch gehandelt hätte. Ihre Ernte hatte, vom Preisstandpunkt aus betrachtet, nicht einmal den Wert der Transportkosten, um sie den Menschen zuzuführen, die sie nur zu gern verbraucht hätten. Diese ganze Erscheinung ist wieder einmal ein gutes Beispiel für jene Verschwendung, die unweigerlich eintreten muß, wenn kein einheitlicher Plan besteht, um die Bedürfnisse mit der Erzeugung in Einklang zu bringen.

Beschränkung durch die Arbeiter.

Wenn auch der schließliche Verlust, der auf eine Beschränkung der Ausbeute von seiten der Arbeiter zurückzuführen ist, nur einen geringen Teil der auf das Konto der Betriebsleitung kommenden Verschwendung ausmacht, so ist er zusammengenommen doch nicht unbeträchtlich. Auch hier wieder ist eine Verurteilung nicht möglich, da das Vorgehen meistens von Not diktiert ist und von dem Versuch ausgeht, vorliegende Arbeit zu strecken, um dem Elend der Arbeitslosigkeit zu entgehen. Daß dem so ist, ergibt sich aus der Tatsache, daß derartige Leistungsbeschränkungen vor allem in solchen Berufszweigen, wie z. B. im Baugewerbe und im Druckereiwesen, vorkommen, wo der Saisonfaktor bedeutend und die Arbeitslosigkeit ein ständig wiederkehrendes Übel ist. Die Maurer versuchen die Zahl der täglich zu verlegenden Steine zu beschränken; Maler versuchen die Breite der zu benutzenden Bürsten zu verringern, die Verwendung von Spritzverfahren zu verhindern usw. Mr. Gow aus Boston hat berechnet, daß die dieser Stadt durch die Gewerkschaften auferlegten Beschränkungen die Kosten eines Gebäudes um 25% erhöhen[23]). Auf das ganze Land umgelegt, betragen diese Verluste etwa 10%[24]).

Volkswirte lenken die Aufmerksamkeit noch auf einen weiteren Punkt. Sie sagen, daß die augenblickliche Organisation der industriellen Betriebe die Arbeiterschaft geradezu zwingt, ihre bisherigen erlernten Arbeitsgewohnheiten aufzugeben. „Es gibt vielleicht kein tödlicheres Hindernis für Leistungsfähigkeit als die Erkenntnis, daß Müßiggang dasselbe Recht besitzt wie Fleiß, und daß für jeden zusätzlichen Schlag der Pike oder des Hammers ein zusätzlicher Gewinn an die Aktienbesitzer verteilt wird[25]).“ Sobald die Arbeiterschaft lernte, daß es oben nicht genug Platz für alle gibt — und Millionen haben das bereits gelernt —, begann der Geist und Stolz der gelernten Berufe zu verschwinden und der Arbeiter wird, wie jeder andere, ein Geschäftsmann, der darauf ausgeht, sein Produkt — in diesem Falle seine Arbeitskraft — zum höchsten zurzeit üblichen Marktpreis zu verkaufen. Unter solchen Verhältnissen sind absichtliche Beschränkung der Ausbeute und mangelhafte Arbeit so unvermeidlich wie das Aufgehen der Sonne. Lediglich eine industrielle Neuorientierung — wie sie z. B. einer funktionellen Gesellschaft im Gegensatz zu einer erwerbsstrebigen eigen sein würde — könnte diese schwere Aufgabe zu lösen versuchen.

Geschäftliche Zusammenbrüche.

Da der gesamte industrielle Apparat, wie wir schon sahen, heute noch in keiner Weise zusammenarbeitet, ist die Sterblichkeitsziffer neugegründeter Gesellschaften außerordentlich hoch. Viele Fehlschläge sind selbstverständlich auf eine schlechte Leitung zurückzuführen sowie auf absichtlichen Schwindel — nur der Grund, Börsenspekulation treiben zu können, rief so manche Gesellschaft ins Leben. Trotzdem bleibt noch eine große Zahl von Fehlschlägen, die wir lediglich auf ein Nichterkennen nationaler Bedürfnisse zurückführen können. Neue Unternehmungen versuchen ständig, sich in bereits überfüllte Gebiete einzuzwängen, besonders aber in Zeiten der Hochkonjunktur, wenn alle Preise steigen. Sie können, solange diese Konjunktur anhält, vielleicht einige Erfolge erzielen. Sobald die Kurve aber fällt, fallen auch sie. In gleicher Weise versuchen sich ständig neue Gesellschaften auf Gebieten zu behaupten, deren Bedürfnisse unbekannt sind. Sie „glauben" den bestehenden Kaufwiderstand durch einen geschickten Anzeigenfeldzug überwinden zu können. Leider „glauben" aber auch sie falsch.

Von 1862 bis 1917 wurden 163729 neue Gesellschaften in England eingetragen. Am 30. April 1918 betrug die Zahl der überlebenden Gesellschaften 66456[26]). Von je fünf neu entstandenen Unternehmen bestanden also noch zwei; drei waren inzwischen eingegangen.

Neuere amerikanische Erfahrungen zeigen folgendes Bild[27]):

	Anzahl der Fehlschläge	Gesamte Verpflichtungen
1910	12652	201000000
1914	18280	357000000
1916	16993	196000000
1918	9982	163000000
1920	8881	295000000
1921	19652	627000000
1922	23676	624000000

Die Erhöhung dieser Fehlschläge in den Krisenjahren 1914 und 1921 ist besonders zu beachten. Und jeder dieser Zusammenbrüche bedeutet ganz allgemein gesprochen, gerichtliche Kosten, stillstehende Betriebe und Betriebseinrichtungen, Entlassung von Arbeitskräften usw. Bei einem einheitlichen Industrieplan wären viele dieser Neugründungen niemals zustande gekommen, da auf Grund einer genaueren Kenntnis der herrschenden Bedürfnisse eine Notwendigkeit für sie nicht bestanden hätte.

Industrielle Dezentralisation.

Henry Ford entdeckte, daß höchste Leistungsfähigkeit bei einer Massenerzeugung nicht notwendigerweise durch eine stärkere Zusammenfassung der Bevölkerung und der industriellen Betriebe erreicht wird; wenn auch diese Behauptung im ersten Augenblick paradox klingen mag, so erscheint sie bei näherer Betrachtung doch durchaus als von einem recht gesunden Menschenverstand diktiert, und zwar sowohl in kaufmännischer als auch in menschlicher Hinsicht. Ford sagt: „Wir fingen damit an, ein Automobil in einer einzigen Fabrik zusammenzubauen. Als wir zur Herstellung von Teilen übergingen, richteten wir uns abteilungsweise ein, so daß schließlich jede Abteilung eine kleine Fabrik für sich darstellte. Wir machten dann eine neue Entdeckung, nämlich, daß nicht alle Teile unter allen Umständen in einer Fabrik hergestellt werden mußten. Wenn wir heute noch irgendwelche große Fabriken bauen, so geschieht es nur deshalb, weil die Herstellung des Einzelteils in so ungeheurem Umfange erfolgt, um derartige größere Fabrikationseinheiten zu rechtfertigen. Diese Entwicklung schließt außergewöhnliche Entschlüsse in sich, denn sie bedeutet ..., daß hochnormalisierte, stark arbeitsteilige Industrien sich nicht länger auf große Betriebe mit den ganzen Unbequemlichkeiten des Transports und des Wohnungsproblems beschränken müssen. 1000 oder 500 Arbeiter sollten für eine einzelne Fabrik genug sein; es gäbe dann keine Frage ihrer Hin- und Herbeförderung zu lösen und es gäbe dann auch keine Armenviertel oder irgendwelche unnatürlichen Wohnmöglichkeiten, die dort anzutreffen sind, wo der Arbeiter gezwungen ist, in erreichbarer Nähe eines großen Betriebes zu wohnen[28]).“

Wenn Ford als Techniker — nicht als Philosoph — zu uns spricht, fesselt er unsere Aufmerksamkeit, denn er schöpft dann stets aus dem Reichtum seiner erworbenen und erprobten Erfahrungen. Er sieht in dem ungeheuer großen Einzelbetrieb Verschwendung und Verlust; durch praktische Erfahrungen konnte er feststellen, daß es weniger Arbeitskraft erfordert, unter einer Oberleitung kleinere dezentralisierte Betriebe zu führen. Dementsprechend baut er eine neue Ventilfabrik etwa 30 km ins Land hinein, um den Arbeitern die Möglichkeit zu geben, gleichzeitig etwas Landwirtschaft zu treiben. „Der Glaube, daß ein industrielles Land seine Industrien konzentrieren muß, ist nicht sicher begründet. Es handelt sich hierbei nur um eine Stufe in der industriellen Entwicklung.“

75% der Bevölkerung des Staates New York lebt auf 15% seiner Fläche. Die Stadt New York beherbergt 50000 Menschen auf je rd. 1,6 Quadratkilometer. Schon 15 km außerhalb der Stadt finden wir auf der gleichen Fläche eine Bevölkerung von nur etwa 500 Menschen.

Von allen durch eine industrielle Zusammenarbeit möglichen Ersparnissen läßt uns der Plan einer Dezentralisation das meiste erhoffen, und zwar vor allem nach der Seite menschlichen Wohlergehens hin. Eine Verteilung der Industrie, die die Überfüllung der Städte vermindern und dabei dem Lande billige Kraft und ein höheres kulturelles Leben bringen könnte, ist eine „ausgeglichene Belastung", fast zu schön, um wahr zu sein. Und trotzdem läßt Ford sie wahr werden.

Internationale Zusammenarbeit.

Wir können diesen Abschnitt nicht schließen, ohne zumindest noch ein Wort über internationale Zusammenarbeit zu sagen. „Unser Weltsystem ist so aufgebaut, daß jede neue Unglückswelle entfernteren Teilen der Welt Wohlstand und Freude bringt... Eine Hungersnot nutzt in ihren ersten Wirkungen den Interessen großer Gruppen und Klassen ... Bei Erhalt der Nachricht einer Hungersnot wird jeder Landwirt auf drei Erdteilen nach Hause eilen, um seiner Frau zu sagen, daß wieder gute Zeiten im Anzuge sind." Spekulanten, Gewerbetreibende, Exporteure, Bäcker — alle freuen sich der guten Nachricht. So leitet William Bolitho seine Untersuchung über bestimmte Hungersgebiete in Europa ein[29]). Ein System, bei dem Hungersnot und Tod Freude erweckt, scheint nicht ganz das richtige zu sein.

Der Oberste Wirtschaftsrat der alliierten Nationen gab uns während des Krieges zumindest einen Fingerzeig, wie ein besseres System arbeiten könnte. Die gesamte überschüssige Ausbeute eines ausführenden Landes wurde von diesem Rat in Bausch und Bogen aufgekauft und unmittelbar an die Verbraucher geliefert — auf diese Weise wurden die Dienste unendlich vieler Zwischenstellen ausgeschaltet. Ist es schwer, sich vorzustellen, daß die Weizenabteilung des Völkerbundes die landwirtschaftlichen Verhältnisse und möglichen Ernten z. B. amerikanischer, russischer, argentinischer, ägyptischer und indischer Felder überblickt und die Zuweisung der Ausbeute auf kürzestem Wege dem nächsten einführenden Land vermittelt, um auf diese Weise Hungersnot ständig zu bannen? Aber gleichgültig, ob ein solcher Gedanke an die Phantasie zu große Ansprüche stellt oder nicht — Tatsache ist, daß der Völkerbund seit dem Jahre 1924 mit einer derartigen Aufgabe beschäftigt ist.

Im Vergleich zu einem solchen auf gesunden Menschenverstand gestützten Plan denke man an die bestehenden unzähligen

Zoll- und Handelsgrenzen und was sie in bezug auf verlorene Menschenkraft bedeuten. Sie können zwar künstliches Blut einer kleinen Industrie einimpfen, die aus naheliegenden geographischen Gründen niemals hätte geboren werden dürfen; sie erzeugen einen Schwarm von Zollbeamten und Bediensteten; sie erhöhen den Frachtraum der Schiffe ungeheuer, denn der gerade Weg von billig erzeugenden Ländern zu Verbrauchern anderer Länder wird durch die Errichtung der Zollmauern und dadurch bedingte große Umwege in hohem Maße verlängert. Veblen sagt: „Das große hervorstechende Beispiel einer von der Regierung geübten Sabotage liegt im Schutzzoll. Er schützt bestimmte Sonderinteressen, indem er den Wettbewerb außerhalb der Grenzen vernichtet. Und das ist auch der hauptsächlichste Grund nationaler Grenzen. Die Wirkung des Zolltarifs ist, den Warenvorrat niedrig und den Preis auf Kosten der in Betracht kommenden Bevölkerung hochzuhalten. Ein Schutzzoll ist eine typische Verschwörung zur Beschränkung des Handels[30])".

Die Abdrosselung des Wissens.

In einer funktionellen Gesellschaft würden technisches Wissen und technische Kenntnisse frei sein. Der Erfinder eines neuen Verfahrens würde Ehren und höchstwahrscheinlich auch Gewinnanteile erhalten. Die Gesellschaft als Ganzes würde aber unmittelbar und in weitestem Umfange aus dem erzielten technischen Fortschritt Nutzen ziehen. Auch unter der jetzigen Erwerbswirtschaft nimmt die Gesellschaft an wissenschaftlichen Entdeckungen teil, aber nur teilweise und auch nur nach einer Zeitspanne höchster Obstruktion. Der Leiter des amerikanischen Patentbureaus Woolard schreibt: „Es gibt unzählige Patente, die, falls sie in die Praxis eingeführt würden, die durch sie erzeugten Waren stark verbilligen könnten; absichtlich werden sie aber aus Gründen des Wettbewerbs zurückgehalten. Betriebe, die nach alten Erfindungen arbeiten, für die sie zur Errichtung entsprechender Anlagen bedeutende Geldsummen ausgaben, kaufen neuere und billigere Verfahren auf, um zu verhindern, daß die Konkurrenz sie erwirbt. Dann vergraben sie sie in den Tiefen ihrer Geldschränke, um sie niemals anzuwenden."

Neue Erfindungen können nicht nur unterdrückt, sondern sogar „vorunterdrückt" werden. Ein Betrieb kann sich z. B.

für eine ganze Reihe von Verfahren Patente geben lassen, um das ganze Gebiet für die nächste oder sogar für die kommenden Generationen zu sperren. So erzählt man sich z. B., daß sich die Industrie für Wiegevorrichtungen (wahrscheinlich auf Grund einiger dummer Spielereien) bereits soweit mit zukünftigen Patenten gesichert hat, um für die nächsten 20 Jahre die Tür zu diesem Gebiet jedem andern vollkommen zu sperren. Der schließliche soziale Verlust in diesem einen Fall allein kann roh mit 100000000 Dollar geschätzt werden[3]). Radio ist ein weiteres Gebiet, auf dem Rechtsstreitigkeiten wahre Feste feiern. „Es gibt wahrscheinlich keinen Fabrikanten auf dem großen Gebiete des Radio, der nicht ständig eine ganze Reihe von Rechtsanwälten für sich arbeiten läßt, um Patentverletzungen zu verfolgen bzw. sich gegen den gleichen Vorwurf zu verteidigen[31]).“

„Geheimniskrämerei und Mystifikation können für den Handel gut sein, für die Industrie sind sie aber in jeder Beziehung schädlich[30]).“ Patente, Geheimverfahren, Geheimformeln lassen einzelne und Betriebe reich werden. Aber nur zu oft erliegt ihnen die Gesellschaft als Ganzes und verarmt. Man vergegenwärtige sich einmal die ungeheuren Doppelarbeiten auf dem Gebiet der Forschungstätigkeit, die eine derartige Abdrosselung der Wissenschaft nach sich zieht. Von der chemischen Industrie wird behauptet, daß gerade dieser Zustand eine der Hauptverschwendungsquellen darstellt. Falls jede Entdeckung geheimgehalten würde, müßten notgedrungen andere Forscher auf dem gleichen Gebiet endlos arbeiten, um schließlich immer wieder festzustellen, daß bereits ein anderer das von ihnen erstrebte und erarbeitete Ziel erreicht hat. Könnte wissenschaftlicher Fortschritt jedem zugänglich sein, wobei dem Erfinder eine entsprechende Belohnung sicher wäre, so könnte ein großer Teil der heute noch zum Patentieren und Mystifizieren erforderlichen Menschenkraft, also Rechtsanwälte, Schreibkräfte, Verwaltungsbeamte usw., anderen nutzbringenden Beschäftigungen zugeführt sowie ein großer Teil der heute vorkommenden wissenschaftlichen Doppelarbeit erspart werden und vor allem der Weg frei sein, um die Gesellschaft sofort und unmittelbar an jeder neuen Erfindung teilnehmen zu lassen.

★

XI. Verschwendung im Vertrieb.

In den Vereinigten Staaten verbreitet sich die Meinung immer stärker, daß es mehr kostet, Ware zu vertreiben als sie zu erzeugen. Wir sagen absichtlich „Meinung“, denn bis heute ist uns noch keine klare Unterscheidung zwischen Erzeugung und Vertrieb zu Ohren gekommen. Ein Landwirt ist ein Erzeuger — selbstverständlich! Ist er es aber wirklich? Angenommen, er pflanzt Baumwolle, die später zu Schutzdecken für Warenhaustische verarbeitet werden soll? — Arbeiter in der Glasfabrik sind Produzenten — selbstverständlich! Wie aber, wenn ihre Erzeugnisse in Spiegelscheiben für Geschäftsläden verwendet werden? — Ein Bergarbeiter ist ein Erzeuger. Welcher Teil seiner Kohle wird zum Transport von Frachtwagen, zur Beheizung von Lagerhäusern und zur Beleuchtung von Markthallen verwendet?

Die Statistik der Berufszählung gibt uns folgende Ziffern:

	1910	1910	Prozentuale Erhöhung 1920
Land- und Forstwirtschaft	12659000	10951000	13,5% Abnahme
Bergbau	965000	1091000	13,1%
Industrie u. Handwerk	10659000	12813000	20,2%
Gesamtzahl der unmittelbaren Erzeuger	24283000	24855000	2,4%
Verkehrs- und Transportarbeiter	2638000	3066000	16,2%
Handel	3615000	4244000	17,4%
Bureauangestellte	1737000	3120000	79,6%
Freie Berufe	1663000	2153000	29,5%
Häusliche u. persönliche Dienstleistungen	3772000	3400000	9,9% Abnahme
Verschiedenes	459000	771000	68,0%
Gesamtzahl mittelbar Beschäftigter	13884000	16754000	20,7%
Gesamtzahl aller Erwerbstätigen	38167000	41609000	9,0%

Es ist klar, daß die unmittelbaren Produzenten der Erzeugung näher stehen als die mittelbaren. Und es ist nach dieser Zusammenstellung ebenso klar, daß die mittelbar Arbeitenden dabei sind, auf Kosten der unmittelbaren Erzeuger ihre Ziffern zu erhöhen. Trotzdem können wir auch aus dieser Zusammenstellung noch nicht die geringste Andeutung über eine Teilung der zur Erzeugung und der zum Vertrieb aufgewendeten Arbeitskraft ersehen. Unzählige unmittelbar Produzierende schaffen Betriebsanlagen und Vorräte für das Verkehrssystem sowie für den Groß- und Kleinhandel. Unzählige mittelbar Arbeitende sind als Schreiber, Prüfer, berufsmäßige Berater usw. in Betrieben tätig, die lediglich der Erzeugung dienen. Wenn auch das Geschrei über die steigenden Vertriebskosten laut genug und wohl auch wahr und echt genug ist, so scheint sich bisher doch niemand die Zeit oder Mühe genommen zu haben, wirklich einmal festzustellen, was Verteilung oder Vertrieb eigentlich bedeutet.

Wir wagen es, folgende Begriffsbestimmung als einen ersten Versuch nach dieser Richtung hin zu geben:

Produktion stellt die Erzeugung von Waren für den menschlichen Verbrauch dar, sowie die Herstellung der Anlagen (Produktionsgüter) zur Durchführung dieser Arbeit.

Verteilung oder Vertrieb stellt das Bewegen der Ware vom Felde oder vom Fabriktor zum Verbraucher dar, sowie die Herstellung der Anlagen, mittels derer die Ware bewegt werden kann.

Auf Grund dieser Erläuterung kommen uns einige Zweifel, ob die zur Verteilung erforderlichen Arbeitskräfte im Vergleich zu jenen in der Produktion tatsächlich so sehr steigen bzw. ob sie wirklich auch nur annähernd an die Millionen unmittelbar Erzeugenden heranreichen. Der Transport der Ware und ihr Verkauf am Ladentisch sind, wie wir noch sehen werden, in ihrer heutigen Form reichlich verschwenderisch; trotzdem scheinen sie nicht verlustreicher zu sein als jene Produktionsverfahren, die wir in den vorangegangenen Abschnitten näher besprachen.

Im Jahre 1880 konnte die Volkszählung von 172000 Bureauarbeitern sprechen und 1920 war diese Zahl bereits auf 3000000 angewachsen[1]). In den vergangenen 40 Jahren verdoppelte sich die Bevölkerung und die Zahl der Bureaubeamten erhöhte sich um das Siebzehnfache! Auch die sogenannten unproduktiven Berufe oder Gewerbe haben ihre Zahl verhältnismäßig schneller erhöht als die der Erzeuger oder Verteiler im physischen Sinne. Verkäufer, Reisende, Propagandisten, Stenotypisten, Buchhalter usw. nehmen ständig zu — diese Stehkragenberufe haben aber nichts mit der physischen Arbeitskraft zur Verteilung der Güter zu tun. Denn hier gilt es höchstens einen Federhalter aufzuheben, die Taste einer Schreibmaschine niederzudrücken, eine Buchseite umzuwenden oder dem Kunden eine Zigarre zu reichen. Wenn auch die Produzenten im Vergleich zu jenen Tagen, wo das einzige Kontobuch des Chefs seine Manschette war, die Zahl ihrer Bureaukräfte erhöhten, so bedeutet diese Erhöhung doch nichts im Vergleich zu der Zahl jener Arbeitskräfte, die sich in neuerer Zeit verwandten Gebieten, vor allem dem konkurrierenden Verkaufswesen, widmen. Indem wir also unsere Begriffsbestimmung der Verteilung oder des Betriebes so erweitern, daß das Verkaufswesen sowie die absolute Bewegung und die Engros- und Detailbehandlung der eigentlichen Waren einbegriffen sind, so mag es ohne weiteres zutreffen, daß von jedem von dem Verbraucher gezahlten Dollar nicht mehr als 50 Cent an den Erzeuger und der Rest an den Verteiler und seine Verbündeten gelangen.

Es scheint tatsächlich, als ob bei der Lösung unserer Frage drei Gruppen mitsprechen: der Erzeuger, der Verteiler im physischen Sinne und der „unproduktive" Arbeitende — jener, der weder erzeugt noch verteilt, sondern nur Nachweise führt, schreit und „dient". (Der letzten Gruppe gehört der Verfasser dieses Buches an.) Es mag zutreffen, daß es heute weniger Menschenkraft kostet, die Einheit zu bewegen als früher (man denke nur an die heutigen Riesenkrane und die neuzeitigen technischen Lade- und Entladungsvorrichtungen), ebenso wie die erzeugte Einheit unzweifelhaft weniger Menschenkraft erfordert als bisher. Die stets steigenden Vertriebskosten beziehen sich lediglich auf die Vergrößerung der sogenannten unproduktiven Gewerbe.

Sidney A. Reeve gibt uns nach unerhört umfassenden statistischen Bemühungen, die Zehnjahreszählungen zu analysieren, folgende Angaben über den Wachstum „geschäftlicher" Bemühungen (Vertrieb zuzüglich Generalien) im Vergleich zum produktiven Aufwand[2]):

	Produktiver Aufwand in %	„Geschäftliche" Bemühungen Verkauf und Vertrieb in %
1850	80,2	19,8
1860	75,1	24,9
1870	72,0	28,0
1880	67,2	32,8
1890	63,3	36,7
1900	59,9	40,1
1910	53,5	46,5
1920	49,6	50,4

Kann man sich auf diese Zahlen verlassen, so scheint es, daß im Jahre 1850 auf jeden mit dem Warenvertrieb beschäftigten Menschen vier Arbeiter im Betrieb entfielen, während es heute für jeden derartigen Verteiler (von unserer gegebenen Erläuterung ausgegangen) nur einen Erzeuger gibt. Wir zweifeln, ob der Spielraum wirklich so groß ist, die Tendenz ist aber richtig.

Es kostet 19 Cent, einen Gillette-Sicherheitsrasierapparat herzustellen, der mit 5 Dollar verkauft wird. Der Gewinn dürfte kaum 1 Dollar ausmachen; es bleiben für „Verteilungs"-Kosten einschließlich Verkauf und Anzeigen mindestens 3,80 Dollar bei 19 Cent Erzeugungskosten.

Entsprechend den Ernteberichten der Landwirtschaft zahlten die Verbraucher im Jahre 1922 für sämtliche landwirtschaftlichen Erzeugnisse (mit Ausnahme von lebendem Vieh und Baumwolle) 22500000000 Dollar; für die gleiche Ware erhielt der Landwirt 7500000000 Dollar, was einen Unterschied von 15000000000 Dollar — also zweimal so viel als der Landwirt erhielt — ergibt. Es muß aber gleich bemerkt werden, daß ein Teil dieses Unterschiedes für Fabrikationskosten beim Konservieren, im Molkereiwesen usw. aufgeht. E. P. Harris untersuchte diesen Fall etwas eingehender[3]):

An Landwirte und Lebensmittelerzeuger	10000000000 Dollar	50%
An Eisenbahn- und Transportarbeiter, an Makler	3000000000 „	15%
An Großhändler	2000000000 „	10%
An Einzelhandelsgeschäfte	5000000000 „	25%
Insgesamt vom Verbraucher für Lebensmittel jährlich gezahlt	20000000000 Dollar	100%

E. A. Filene, Leiter eines großen Warenhauses und als solcher in Fragen des Vertriebs durchaus fachmännisch, sagt:

„Es ist klar, daß eine der Hauptquellen der im Handel vorkommenden großen Verschwendungen auf die herrschenden unglaublich unzweckmäßigen Verteilungsverfahren zurückzuführen sind. Von den Erzeugungskosten ausgegangen bis zum schließlichen Preis, den der Verbraucher zahlt, verdoppelt sich im allgemeinen der Wert einer Ware. Damit wollen wir nicht sagen, daß der Verteiler ein herzloser Gewinnler ist. Im ganzen betrachtet ist sein Gewinn nicht groß. Die zu verurteilenden hohen Preise von heute sind das Ergebnis einer unzulänglichen Erzeugung und einer unzulänglichen Verteilung. Der Unterschied zwischen den heutigen Preisen und jenen, die als berechtigt zu bezeichnen wären, wird nicht in vollem Umfange von den Erzeugern und Verteilern eingesteckt, sondern wird vor allem verschwendet[4]).“

Die vom Senat und Kongreß im Jahre 1922 eingesetzte Vereinigte Kommission zur Veranstaltung einer landwirtschaftlichen Enquete konnte nach umfangreichen Untersuchungen zu dem Ergebnis gelangen, daß 50 Cent von jedem Dollar, den der Verbraucher für Brot ausgibt, von den Vertriebskosten verschlungen werden.

Frederick C. Howe berichtet über die Nahrungsmittellage in der Stadt New York: „. . . Zwischenhändler haben sich in dieses Gebiet eingedrängt und nehmen von jedem für die Ernährung der Stadt gezahlten Dollar 50 bis 60 Cent. Der hierdurch entstehende Verlust wird mit 150000000 bis 200000000 Dollar jährlich berechnet . . .[5]).“

Im großen ganzen zeigen uns die bisher bekannten Berichte, daß auf je einen Erzeuger ein Verteiler kommt. Um zu dieser Zahl zu gelangen, müssen wir aber, wie bereits erwähnt, zu den auf dem Gebiet der Verteilung beschäftigten Arbeitskräften auch die sich bekämpfenden Verkaufsorganisationen und alle mittelbaren Erwerbszweige hinzurechnen, ebenso wie die Arbeitskraft der Landwirte und Fabrikarbeiter, die für den Verteilungsapparat die erforderliche Ausrüstung liefern. Und hier sind uns zum ersten Male Geldwerte für die Zwecke unserer Untersuchung ein wertvolles Hilfsmittel. Denn es ist fast unmöglich, von den Stahlarbeitern z. B. jene zu erfassen, die Material für die Herstellung von Milchtransportkarren im Gegensatz zu jenen, die Eisen für Schuhleisten erzeugen. Wenn wir aber den Dollar des Verbrauchers nehmen und von diesem die Anzahl der Cent, die der Erzeuger erhält, abziehen, so stellt der verbleibende Rest jenen Teil dar, der nicht nur den Vertrieb in physischem Sinne, sondern auch alle Nebenausgaben umfaßt. In dem Maße als Landwirt oder Fabrikarbeiter oder Propagandist für den Verteiler arbeiten, versucht dieser die entstehenden Kosten von sich abzuwälzen, damit der ihm verbleibende Teil — der nicht notgedrungen seinen Gewinn darstellen muß — um so größer wird. Hoover als Handelsminister faßt in seinem Jahresbericht von 1924 die Verschwendung auf dem Gebiet des Vertriebs unter den folgenden sieben Hauptpunkten zusammen:

1. Der auf unnötigen Kauf- und Verkaufverhandlungen zurückzuführende Verlust — zu viele Glieder in der Kette vom Erzeuger zum Verbraucher.
2. Die Verschwendung beim Transport minderwertiger oder unverkäuflicher Waren (zum Teil durch strengere Auslese am Ausgangsort vermeidbar; 50% aller nach der Stadt New York kommenden Ananasfrüchte werden fortgeworfen).
3. Verderben der Ware durch Verzögerung oder mehrfaches Umladen.
4. Nicht zweckentsprechende Verlademöglichkeiten einschließlich Eisenbahnwaggons und Bahnhofsanlagen. Blindes Hin- und Hersenden, um Abnehmer zu suchen.
5. Unkontrollierter Vertrieb. Örtliche Anhäufungen einerseits und Hungersnot anderseits mit entsprechend verheerenden Preisschwankungen und verstärktem Anreiz zur Spekulation.
6. Infolge zeitweiliger „Übererzeugung" und niedriger Preise Zerstörung des eigenen landwirtschaftlichen Kapitals durch Entmutigung der Landwirte.
7. Verschwendung, die auf Spekulation und Zufälligkeiten im Vertrieb auf Grund obengenannter Ursachen zurückzuführen ist und ein unverhältnismäßig hohes Risiko bedingt. Oder mit anderen Worten: sowohl der Erzeuger als auch der Verteiler versuchen, sich durch höhere Preise gegen alle Zufälligkeiten und zukünftige Verluste zu schützen.

Wo zwischen Bedarf und Erzeugung keinerlei Zusammenhang besteht, nimmt die Frage in mehr oder minderem Maße die Form eines Pokerspiels an.

Bericht der Federal Trade Commission.

Eine besonders sorgfältige zahlenmäßige Untersuchung vorkommender Verluste bei der Verteilung von Lebensmitteln in den Vereinigten Staaten ist von der Federal Trade Commission unternommen worden, deren Ergebnisse in dem Band „The

Wholesome Marketing of Food“ veröffentlicht sind. Zusammengefaßt enthält der Bericht folgende Angaben: Kartoffeln „keimen“ oft, wenn sie nicht sofort nach dem Ausgraben verpackt werden. Eine Firma in Chicago gibt bekannt, daß aus dieser Ursache heraus im Jahre 1918 Kartoffeln im Werte von 100000 Dollar aus Louisiana und Mississippi auf dem Wege nach Chicago verfaulten. Fabriken, die Kartoffeln zu Stärke und Alkohol verarbeiteten, sollten sich in möglichster Nähe des Gewinnungsortes befinden, da sich dieser Prozeß der hohen Transportkosten wegen sonst nicht lohnt — noch ein Punkt, der für eine Dezentralisierung spricht. Der Gesamtverlust, der auf mangelhafte Verfahren beim Eierstransport zurückzuführen ist, wird mit jährlich 50000000 bis 100000000 Dollar angegeben. Das Versenden von 1000000 Pfund Tabak in normalen Päckchen braucht 32 Frachtwaggons; sind die Behälter indessen verschieden groß, so erfordert der Versand 50 Waggons.

5 bis 10% aller versandten Lebensmittel verderben durch Verzögerung im Versand. Eine Waggonladung Erdbeeren büßt durch jede Stunde der Verzögerung 5 bis 10 Dollar ihres Wertes ein. Händler von Zwiebeln, Kohl, Kartoffeln und Wassermelonen geben an, daß eine Verzögerung von zwei Tagen eine Entwertung der Ware von 100 Dollar je Waggon zur Folge hat. Die Verfahren zur Beförderung von Geflügel sind nicht nur grausam für die lebenden Tiere, sondern auch in hohem Maße verlustreich. Der größte Teil all dieser Verzögerung entsteht durch das Umwechseln von einem Eisenbahnsystem zum andern. Während des Krieges soll die einheitliche Eisenbahnverwaltung nach Angabe der Händler den Mangel an Waggons sowie unnötige Verzögerungen stark herabgemindert haben.

Die Speicher und Lagermöglichkeiten sind in den meisten Häfen unzureichend, wodurch Nahrungsmittel, vor allen Dingen Früchte, im Freien lagern müssen, erfrieren und verderben. Waggons mit entsprechenden Kühl- und Lüftungsanlagen sind selten. Die Zuteilung der Waggons erfolgt unterschiedlich, wodurch der kleine Erzeuger fast keinerlei Möglichkeit zum Vertrieb seiner Ware findet. Eine Firma in Wisconsin verlor im Jahre 1917 für 40000 Dollar Kartoffeln, da sie keine Waggons erhalten konnte. In gleicher Weise führt eine Überfüllung der Waggons zu großen Verlusten, besonders wo es sich um Beerenobst handelt.

Das Mindestgewicht für Waggonsendungen ist so hoch, daß ein Einhalten der Bestimmungen eine Einzwängung der Früchte bedingt, wodurch die oberen Schichten gewöhnlich verdorben am Bestimmungsort anlangen — die Wirkung der Kühlanlage reicht nicht hoch genug hinauf. Da die Schiffsbesitzer sich durch besondere Bedingungen gegen alle Schadenersatzansprüche schützen, was bei der Eisenbahn nicht der Fall ist, so sind die durch Schiffsverfrachtung entstehenden Verluste noch viel größer als beim Eisenbahnversand. Ein Spediteur in New York bekennt, daß kaum ein Schiff im Hafen anlegt, ohne beim Entladen Werte von Tausenden von Dollar unnötig zu zerstören. Früchte, die auf Zucker gelagert werden, verderben zu etwa 50% infolge der vom Zucker ausströmenden Wärme. Und trotzdem konnte die Kommission derartig gemischte Sendungen des öfteren feststellen. Kork, auf Zwiebeln verpackt, schließt jede Lüftung aus und verursachte bei einer Ladung das Verderben von 40000 Körben mit Zwiebeln.

Neun Eisenbahn- und 45 Dampfschiff-Gesellschaften bringen Lebensmittel nach New York. Als ein Ergebnis des Wettrennens nach bestgelegenen Bahnhöfen werden die Nahrungsmittel nicht immer auf dem kürzesten Wege geliefert, wodurch übermäßige Lieferkosten und Verluste entstehen. Das Bundes-Nahrungsmittelamt in New York gibt bekannt, daß aus Mangel an entsprechender Verlademöglichkeit in den Monaten Januar, Februar und März 1919 Nahrungsmittel im Werte von einer Million Dollar verdarben. Im Januar wurden 8000000 Pfund Kartoffeln, Sellerie, Kohl und Zwiebeln als verdorben beseitigt, zusammen mit 9000000 Pfund eingeführten Nahrungsmitteln. Mangels ausreichender Speichermöglichkeiten mußten viele Millionen Pfund Nahrungsmittel am Ufer von Brooklyn erfrieren. Ein Fruchthändler berichtet dem Ausschuß, daß durch nachlässige Behandlung jährlich genug Obst in der Stadt New York verdirbt, um die gesamte Bevölkerung einer Stadt in der Größe Pittsburghs ausreichend mit Obst versorgen zu können.

Der Einzelhandel.

Wenn man die Lage im Großhandel im allgemeinen als mangelhaft bezeichnet, so ist die Lage des Einzelhandels noch viel schlimmer. Es gibt etwa 335000 Kaufläden in Amerika, die durchschnittlich je 315 Menschen oder 70 Familien versorgen. Im Jahre 1850 gab es nur einen Kaufladen für je 960 Menschen. Ferner gibt es etwa 37000 Eisenwarenhandlungen, 50000 Drogerien und Apotheken, 35000 Kurzwarengeschäfte, 142000 Schuhläden (einen auf je 170 Familien), 40000 Geschäfte für Herrenbedarf, 100000 Unternehmen für Automobilzubehör und Reparaturen, sowie 150000 allgemeine Geschäfte. Von den bestehenden Kaufläden werden nur 33000 — oder einer von zehn — mit 5000 Dollar oder mehr bewertet, während für 150000 keinerlei Bewertung möglich ist. In der Stadt New York entfällt ein Nahrungsmittelhändler auf je 74 Personen. In Madison, Wisconsin, gibt es einen Kaufladen für 280 Menschen, und die Untersuchung, die zu dieser Zahl gelangte, stellte ferner fest, daß 8 der 36 mit Abrechnungsverfahren arbeitenden Geschäfte mit Verlust betrieben wurden.

Zusammengefaßt kann man sagen, daß in Amerika auf je 25 Familien ein Einzelhandelgeschäft entfällt, wobei in dieser Zahl die Automobilgeschäfte noch gar nicht einbegriffen sind[6]).

Kaufläden	335000
„Allgemeine" Geschäfte	150000
Schuhgeschäfte	142000
Drogerien und Apotheken	50000
Herrenbedarf	40000
Eisenwarenhandlungen	37000
Kurzwarenläden	35000
Warenhäuser	5000
Insgesamt	794000

Nach E. A. Filene, der ebenfalls auf Grund seiner Berechnungen ein Geschäft auf je 26 Familien ermittelte, sind zwei Drittel aller zur Aufrechterhaltung dieser Unternehmen erforderlichen Ausgaben verloren und verschwendet und stellen eine „überflüssige Belastung der Gemeinde" dar. Oder mit anderen Worten: auf je ein notwendiges Geschäft entfallen zwei überflüssige[7]).

Vom Standpunkt einer funktionellen Gesellschaft ist es ziemlich sicher, daß mindestens zwei Drittel der heute im Einzelhandel aufgewendeten Energie als verschwendet anzusehen ist. Das schließt nicht nur die Arbeitskraft der Lager- oder Geschäftshalter in sich, sondern auch jene, die zur Errichtung, Erhaltung und Belieferung dieses Handelszweiges tätig sind. Von allen Fällen übermäßiger Betriebseinrichtung steht der Einzelhandel wohl am schlimmsten da. In den Hauptstraßen finden wir ein Geschäft neben dem anderen, das die gleichen Waren verkauft und sich im Kampf um die gleichen Kunden am Wettbewerb beteiligt — jedes Geschäft mit einem eigenen Verkaufsstab, mit eigenen Einrichtungen, Buchhaltern und Stenotypistinnen, mit einem eigenen Rechtsdienst, mit einem Liefersystem, mit selbständiger Reklame und selbständiger Ausbesserwerkstatt, eigenen Warenreserven usw. Das Ergebnis — eine ungeheure Doppelarbeit, eine erdrückende Belastung des Kaufdollars mit Generalien und geringer Gewinn — führt zu ständig sich vermehrenden geschäftlichen Zusammenbrüchen.

Das Warenhaus, das Kettengeschäft und das Versandhaus sind bereits Wegweiser zu einer Verminderung dieser ungeheuren Verluste. Angesichts des großen Umfangs des Einzelhandels stellen sie aber nicht mehr dar als einen Tropfen auf den heißen Stein. Und gegen alle derartigen Bemühungen haben überdies die Einzelhändler einen sehr kostspieligen Anzeigenfeldzug eröffnet, indem sie den Kunden mit allen Mitteln ersuchen, seinen „Nachbarladen zu stützen". In früheren Zeiten, wo der Ladeninhaber auch gleichzeitig die Ware herstellte, oder wo er der Verkäufer der Arbeiten eines besonders geschickten Handwerkers war, konnte man den Wert der persönlichen Beziehung zwischen Käufer und Verkäufer und auch die Macht des Käufers verstehen, der durch die Bevorzugung bestimmter Geschäfte seinen persönlichen Geschmack zeigte. Heute, wo fast alle Geschäfte des gleichen Gewerbezweiges die gleichen im ganzen Lande erzeugten Waren führen, besteht kein Grund für das herrschende Durcheinander der sich bekämpfenden Geschäfte, das überdies keinen rechten Sinn hat. Nach Reeves sollte das neuzeitige Einkaufen der Verbraucher in großen, zentral gelegenen Warenhäusern vor sich gehen, die den Handel des Kreises auf diese Weise zusammenfassen und die gleichen Waren zu den gleichen Preisen wie jedes andere Geschäft der betreffenden Gegend verkaufen[2]). Ein solcher Plan, der selbstverständlich für alle Teile des Einzelhandels (eine bestimmte Zahl von Sondergeschäften wird immer nötig sein) nicht ohne weiteres anwendbar wäre, würde trotzdem die Kosten aller üblichen Nahrungsmittel, Haushaltvorräte und anderer Lebensnotwendigkeiten stark vermindern. In Dörfern müßte natürlich ein einzelner Laden immer noch nur eine verhältnismäßig kleine Zahl von Familien befriedigen — in Städten und Großstädten aber wären die Möglichkeiten einer Verminderung der heute auf diesem Gebiet vorkommenden großen Verschwendung fast unbeschränkt.

Die Milchverteilung.

Die Milchverteilung diente schon lange als klassisches Beispiel der im Einzelhandel vorkommenden Verschwendung. Der Kern der Frage ist auch hier wieder der Wettbewerb. Jeden Morgen gegen 6 Uhr wird man in amerikanischen Städten etwa ein halbes Dutzend Milchwagen von ebenso vielen verschiedenen Milchunternehmungen die gleichen Straßen entlang ziehen sehen. Jeder Wagen ist nur halb gefüllt, und trotzdem muß jeder seine eigene Zugkraft in Form eines Pferdes oder eines Motors besitzen, ebenso wie seine menschliche Bedienung in Gestalt des Führers, des Ausschänkers sowie des Botenpersonals — mitunter sind diese beiden zuletzt genannten Funktionen in einem Manne vereinigt. Diese Gefährte leisten auf ihrem Wege durch die Straßen völlige Doppelarbeit, ebenso wie die Boten, die mit ihren halb gefüllten Behältern einer nach dem anderen die gleichen Treppen des gleichen Hauses emporsteigen. Ein gefüllter Wagen, ein Motor, ein Bote mit vollen Behältern würde die ganze Straße in fast der gleichen Zeit beliefern wie heute sechs Wagen. Selbstverständlich ist die Verschwendung nicht im Verhältnis von 6 : 1, sie kann aber von 3 bis 4 : 1 betragen.

Im „Rochester Milk Survey“ vom Jahre 1912 konnte man feststellen, daß die in Benutzung befindlichen Milchwagen täglich zusammen einen Weg von etwa 715 km zurücklegten, der bei einem einheitlichen Liefersystem auf 62,5 km vermindert werden könnte. In einem Bezirk wurden 273 Haushaltungen von 27 Verteilern, die 40 km zurücklegten, beliefert. Auch hier hätte ein Händler den gleichen Dienst leisten können und dabei nur einen Weg von 4,1 km zurückzulegen brauchen. Rochester könnte unter einem vereinheitlichten System der Milchverteilung zu einem Drittel der laufenden Kosten mit Milch versorgt werden, wodurch die Verbraucher 500000 Dollar ersparen könnten, was einer Verbilligung des Preises um etwa 2 Cent je Liter gleichkäme.

Wenn auch diese Milchbelieferung von Haus zu Haus als Sonderbeispiel zu betrachten ist und Ursache bereits vieler Untersuchungen war, so legt sie uns doch die Frage nahe, was wohl ähnliche Untersuchungen, z. B. über die Warenbestellung der Warenhäuser, über die Eisbelieferung usw. ergeben würden; welcher Prozentsatz dieser Versendungen erfolgt durch Wagen, die nur teilweise gefüllt sind, wieweit stellt die Belieferung der gleichen Straßen Doppelarbeit dar und in welchem Maße wird der Preis der Ware dadurch verteuert*)?

Transportkosten – Umwegiger Versand.

Vor etwa 15 Jahren versetzte Brandeis Amerika durch seinen Ausspruch in Aufregung, daß die Eisenbahnen täglich 1000000 Dollar verschwenden. In früheren Abschnitten konnten wir bereits einzelne Teile dieser Verschwendung, besonders in bezug auf das Bahnhofswesen, betonen. Und im nächsten Abschnitt werden wir kurz die vorkommenden Verschwendungen schildern, die sich aus einer mangelnden Ausnutzung der Kohlen- und Wasserkraft ergeben. Jeder Frachttransport gehört gewissermaßen zum Vertrieb und könnte logischerweise in diesem Abschnitt erörtert werden. Da der Gegenstand indessen so weitreichend ist und in so viele andere Gruppen hinübergreift, wollen wir im folgenden nur die allgemeine Erscheinung des Transports auf Umwegen behandeln, also das Versagen, Waren vom Erzeuger A zum Verbraucher B auf dem kürzesten Weg zwischen den beiden Punkten zu bewegen.

Die Hafenbehörden der Stadt New York erzählen uns den Fall eines Tankwagens mit Leinsamenöl, der von Undercliff nach Bayonne, New Jersey, (eine Entfernung von 21,6 km) befördert wurde. Um aber die Berechnung der Fracht nur einer Eisenbahngesellschaft zu überlassen, legte dieser Wagen auf dem Wege von Undercliff nach Bayonne 287 km zurück und war 4 Tage unterwegs. Ein anderer Waggon, der von Undercliff nach Keansburg bestimmt war – eine unmittelbare Entfernung von

*) Nach den allerneuesten Meldungen versuchen große amerikanische Warenhäuser und Sondergeschäfte durch eine gemeinsame Bestellung bzw. durch Übertragung ihrer Sendungen an eine große Versandfirma die Kosten des auszutragenden Stückes oder Paketes zu vermindern. D. Übers.

57 km —, legte nach diesem Verfahren rd. 300 km zurück[8]). Während des Krieges konnte das Heizstoffamt rd. 256000000 Waggonkilometer sparen, indem es die Kohle vom Ort der Erzeugung an den nächstgelegenen Verbraucher gelangen ließ[9]). England konnte auf gleiche Weise 1120000000 tkm ersparen[10]). Nach Einsetzen der Friedenswirtschaft hörten diese Ersparnisse indessen sofort wieder auf. Die „Geologische Übersicht" von 1921 konnte auf eine große Zahl derartiger unwirtschaftlicher Transportverfahren hinweisen. Kohle aus Harlem County, Kentucky, wird nach dem Westen dieses Staates, ebenso nach Indiana, Illinois und Ohio befördert, wobei sie an verschiedenen Bergwerken dieser Staaten vorüberkommt, die die gleiche Kohle erzeugen. Die Transportkosten vom südlichen West Virginia nach den Häfen der Großen Seen betragen nur 25 Cent pro t mehr als die Ohiofrachtsätze, trotzdem die Entfernung zweimal so groß ist. Man gelangte zu diesen Sätzen, um die Kohle aus West Virginia mit jener aus Ohio konkurrieren zu lassen, was zur Folge hatte, daß die Bergwerke West Virginias auf Kosten jener von Ohio eine Überentwicklung durchmachten, trotzdem jede Sendung zweimal so lange Transportwege durchmessen mußte.

Wenn auch Kohle vielleicht ein besonders treffendes Beispiel für einen umwegigen Transport darstellt, so ist es trotzdem noch lange nicht das einzige Beispiel. Die ganze Philosophie der in Privatbesitz befindlichen Eisenbahnen besteht darin, den größten Teil des Frachtverkehrs auf ihre Linien zu bekommen, ganz gleichgültig, ob der dann zurückzulegende Weg gerade, in Gestalt einer S-Schleife oder gar eines Kreises verläuft. Nur 5% der in der Stadt New York verbrauchten Nahrungsmittel werden von den Landwirten des Staates New York geliefert[11]). Die Felle von Känguruhs legen den ganzen Weg von Australien nach Lynn, Mass., zurück, um dort zu Schuhen für die australische Bevölkerung verarbeitet zu werden, die dann wiederum 18200 km nach Melbourne zurückgehen.

Unser Flugzeugbeobachter, der unter dem gegenwärtigen System versuchen würde, den Weg der Ware vom Erzeuger A zum Verbraucher B zu verfolgen, müßte unserem Gefühl nach sehr bald seinem Piloten das Zeichen zum Abstieg geben, ehe seine Augen dauernd schielen und sein Hals unrettbar verdreht würde!

Gemeindewirtschaft.

Die gesamten bisher angedeuteten Verschwendungen bei der Milchverteilung, im Transportwesen, im Baugewerbe usw. und in den dadurch angewachsenen Allgemeinkosten verschwinden indessen vollständig bei einer Vorstellung dessen, was erreichbar wäre, falls die Bevölkerung und die Industrie den Grundsätzen einer kommunalen Bewirtschaftung entsprechend umgruppiert werden könnten. Wenn man die Vereinigten Staaten in ihre geographischen Bezirke aufteilen könnte, also in einen Appalachianbezirk, einen Unter-Mississippibezirk, einen Bezirk des Pazifischen Küstenlandes usw. usw. mit dem Hauptzweck, von jeder Einzelwirtschaft das meiste zur Erhaltung des Heims an Nahrungsmitteln, Baustoffen und Textilien zu erhalten und nur jene Erzeugnisse mit anderen Bezirken und dem Weltmarkt zu tauschen, die wirtschaftlich nicht im eigenen Bezirk erzeugt werden können, so würde man den Worten von Clarence S. Stein vom New Yorker Bureau of Housing and Regional Planning beipflichten, wonach „der größte Teil des heutigen Transportwesens unnötig ist". Wir sind aber bereit zuzugeben, daß eine derartige Gemeindewirtschaft auf der Grundlage weitgehendsten gesunden Menschenverstandes fast zu utopisch ist, um in diesem Buche Aufnahme zu finden. Denn auf solche Weise würde eine funktionelle Gesellschaftsform sogar noch weiter vordringen als bis zu den von der Kriegskontrolle beabsichtigten Grenzen und vor diesen Grenzen würden sich sogar die Großanzeigenden zurückziehen müssen.

Zusammenfassung.

Die durch die augenblicklichen Verteilungsverfahren verschwendete menschliche Arbeitskraft kann zahlenmäßig nicht erfaßt werden. Lediglich auf der Grundlage des Einzelhandels wird man vielleicht einen gewissen Mindestumfang vorkommender Verschwendung feststellen können. Unmittelbar im Einzelhandel sind etwa 3600000 Arbeitende beschäftigt. In den Nebenzweigen zur Erhaltung des Handels vielleicht noch die Hälfte dieser Summe, und zwar als Bauarbeiter, Buchhalter, Drucker, Propagandisten, Lieferboten, Transportarbeiter, Möbel- und Ausstattungsarbeiter usw. Man kann also von etwa 5000000 unmittelbar und mittelbar in diesem Gewerbe beschäftigten Menschen sprechen. Und von den früheren Zahlen verschwendeter oder überflüssiger Beschäftigung ausgegangen, kann man wohl annehmen, daß ein wirkungsvolles Verkaufsverfahren etwa ein Drittel bis die Hälfte dieser gesamten menschlichen Arbeitskraft entbehren kann. Filene spricht von zwei Drittel; wir möchten vorsichtigerweise schätzen, daß in diesem Berufszweige zumindest 2000000 Arbeitende überflüssig sind.

Zwanzig Millionen Kochherde.

Eine Verschwendung im Wirkungsgrad der Haushaltungen tritt erst ein, nachdem der Vertrieb seine Ware an der Tür des Verbrauchers abgegeben hat, also sozusagen erst, nachdem der wirtschaftliche Durchlauf der Ware theoretisch beendet ist. Wie der Haushalt die erworbene Ware verwendet, ist schließlich jedes einzelnen eigene Angelegenheit. Dabei bleibt der Haushalt, wenn auch im kleinsten Umfange, doch eine wirtschaftliche Welt die — mit Ausnahme der meisten amerikanischen Haushalte — mehr nach einer kommunistischen als kapitalistischen Wirtschaftsform geleitet wird. Es gibt hier kein eigenes Bewertungsverfahren; die Hausfrau berechnet nichts für das Braten eines Schnitzels und der Hausherr nichts für die Inbetriebsetzung der Zentralheizung. Ware tritt in diese Welt in Form von Rohstoffen für den Haushalt ein; ehe sie aber schließlich verbraucht werden kann, muß sie noch verschiedene Stufen der Fabrikation durchlaufen. Die Ware wird geschält, zerkleinert, gekocht, gebraten, eingemacht oder geschnitten, genäht ... Seit Urgroßmutters Zeiten ist dieser eigene Herstellungsprozeß schon bedeutend vereinfacht worden und trotzdem beansprucht er auch heute noch einen 12- bis 15stündigen Arbeitstag von etwa 18000000 Hausfrauen und einen recht langen und ausgiebigen Arbeitstag von etwa 2000000 Hausangestellten. Genau betrachtet kann man also den Haushalt als das größte Einzelgewerbe des Landes bezeichnen; und zusammengefaßt stellen die Haushaltungen eine ungeheure industrielle Anlage dar mit Öfen und Kesseln, mit Heizanlagen, Wascheinrichtungen und Reinigungsapparaten. Jeder Haushalt enthält auf diese Weise einige Produktionsgüter, um Rohstoffe für die schließliche Konsumtion in Verbrauchsgüter umzuwandeln.

Bisher konnten wir noch nicht viele Haushaltingenieure nachweisen. Einige wenige, wie z. B. Christine Frederick*) und andere haben den Haushalt bis zu einem gewissen Grade betriebswirtschaftlich untersucht und gemessen. Aber nicht einmal einer Untersuchung bedarf es, um den Umfang der hier vorkommenden ungeheuren Doppelarbeit zu erfassen: 20000000 Kochherde, 20000000 Handwäschereien, 10000000 Öfen — und alle ohne Ausnahme hinsichtlich des Kohlen-, Öl- und Gasverbrauchs sowie der Vorratswirtschaft in hohem Grade verschwenderisch; denn es ist ganz unmöglich Kohle in so kleinen Einzelheiten zu verbrennen, daß ein irgendwie nennenswerter wärmetechnischer Wirkungsgrad erzielt werden kann. Wieweit die Familie als organische soziale Einheit diese Verschwendung beansprucht und inwieweit die Fabrikation im Heim ohne Schädigung dieser Einheit vereinheitlicht werden kann, ist eine bisher nur in ungenügendem Maße untersuchte und geklärte Frage. Wir empfehlen sie einem strebsamen Doktor der Philosophie.

Hildegarde Kneeland vom „Bureau of Home Economics“ des Landwirtschaftsministeriums gibt folgende Zusammenfassung der in der Hauswirtschaft vorkommenden Hauptverschwendungen:

1. Übergroßer Wirkungsgrad und Verdoppelung vorrätiger Einrichtung. Die Plätteinrichtung, die nur einmal wöchentlich benutzt wird, ist ein Beispiel.
2. Ungenügende Einrichtung — auf kleine Erzeugungseinheiten zurückzuführen.
3. Mißbrauch der Einrichtung — auf ungelernte Arbeitskräfte, besonders auf Hausangestellte, zurückzuführen.
4. Verschwendung an Heiz- und Nahrungsmitteln — auf kleine Einheiten und unzweckmäßige Leitung des Haushalts zurückzuführen.
5. Unzweckmäßige Lieferung von Haushaltvorräten — Milch, Kolonialwaren, Eis usw. (worauf wir bereits hinweisen konnten).
6. Unzweckmäßiger Wareneinkauf — auf einen Mangel an Normen und mangelnde Verbrauchererziehung hinsichtlich Fälschungen, zu großer Anzahl gleichgearteter Kaufläden usw. zurückzuführen.
7. Verfeinerung der Lebensnormen — Tafelleinen, Stärkwäsche, Silber, Porzellan — kurzum, alle jene nutzlosen Nebensächlichkeiten, deren Instandhaltung in hohem Maße unnötige Arbeitskraft beansprucht, die aber alle „netten“ Leute haben müssen.

*) Christine Frederick: „Rationelle Haushaltführung“. 2. Aufl. Verlag Julius Springer, Berlin.

8. Unzweckmäßige Reinigungsverfahren — wenig ist bisher bekannt über die Beziehung zwischen Reinigungsverfahren und Gesundheit. Besonders in bezug auf das Abstauben und Polieren wird noch heute nach Gewohnheiten und Überlieferungen verfahren. Auch die heute übliche Bauweise der Häuser erhöht die Arbeit des Reinigens in hohem Maße.
9. Die Annahme, daß alle Frauen geborene Hausfrauen seien, ist so unbegründet, daß sie zu vielen Reibungen und großer Verschwendung führen muß. Daher das so oft beobachtete Mißverhältnis zwischen der Haushaltarbeit und den persönlichen Neigungen der Haushaltarbeiter, also der Hausfrauen.

Es fehlen noch alle Unterlagen, um die nach dieser Richtung hin vorkommende Verschwendung zu erfassen und zu messen. Daß sie aber sehr umfangreich und bis zu einem gewissen Grade auch vermeidbar sein muß, ist wohl jedem Einsichtigen klar.

XII. Naturschätze — Das Vernichten eines Erdteils.

Seit Roosevelt und Pinchot sich mit Energie und Eifer zur Erhaltung der stark abnehmenden Naturschätze einsetzten, besteht eine solche „Erhaltungs"-Bewegung, wenn auch in immer weniger beachteter Form. Obwohl einige Erfolge erzielt wurden, konnte trotzdem der Individualismus gerade auf diesem Gebiet nicht gebrochen werden. Ein Holzkönig oder ein Kohlenbaron nimmt es heute noch mit 10 von der anderen Seite auf. Der Pionier kann vielleicht den Höhepunkt seiner Macht überschritten haben, behauptet sich dessenungeachtet aber noch immer. Es ist nicht schwer, ein trauriges Bild über die Zerstörung eines großen Erdteils zu entwerfen. Der Raubzug war ungeheuerlich, ohnegleichen in der Geschichte. Schwerer ist es schon, die wirklich hierin eingeschlossenen Wirtschaftswerte zu schätzen, denn bei jedem Versuch einer Untersuchung werden die scheinbar dramatischen Vorgänge in unentwirrbare Teile zerfallen. Hätte schon die amerikanische Verfassung einen Industriellen Generalstab vorgesehen, dem die Macht verliehen gewesen wäre, im öffentlichen Interesse alle vorhandenen natürlichen Hilfsquellen zu überwachen, so hätten ohne Zweifel wohl ungeheure Verschwendungen vermieden werden können — der Zug der Pioniere nach dem Westen hätte dann aber bestimmt ein ganz anderes Aussehen gehabt, und wir fürchten, er wäre weit zahmer ausgefallen. Es ist auch noch die Frage, ob die Erfindungen dann in gleichem Maße vorgeschritten wären. Der Mutige, der Spekulant, die ausgesprochene Persönlichkeit hängen untrennbar mit Amerikas Entwicklung zusammen. Außerdem ist zu bedenken, daß die Geschichte der materiellen Eroberung Amerikas der Eroberung anderer ähnlich reicher und unerschlossener Länder gleichkommt, wie z. B. Kanadas, Australiens, Südafrikas. Die Kraft einer solchen Eroberung ist ohne ungeheure Verschwendung undenkbar.

Die an anderer Stelle auseinandergesetzte Philosophie der Normung und Vereinheitlichung kann vielleicht in großen Umrissen auch hier angewendet werden ... zunächst freies, ungehindertes Versuchen, Vorfühlen, Raten und Fehlen, sodann in dem Maße als das Chaos eine feste Gestalt annimmt, Ordnung und Normen. Da die menschliche Natur nun einmal so ist, wie wir sie kennen — wie kann man dem Landwirt einen Vorwurf machen, der sich unter ungeahnten Schwierigkeiten einen Weg durch die Wildnis bahnte und schließlich nach hartem Kampfe die fruchtbarsten Strecken aussuchte, die ihm ohne Mühe reichste Ernte gewährten? ... Wie kann man jenen ersten Bergleuten einen Vorwurf machen, die zunächst die reichsten Kohlen- und Erzadern ausbeuteten ohne Rücksicht auf die gleiche Menge schwerer erfaßbarer Rohstoffe, die dadurch für ewige Zeiten ungehoben bleiben werden? ... Hätten Sie oder ich anders gehandelt?

Und doch muß dieser wilde Zerstörungstanz einmal aufhören. Jedes Pionierwesen hat einmal ein Ende, und das Auge, mit dem wir die ersten Zerstörungen betrachteten, kann nicht immer mitleidig und verstehend blicken. Als der westwärts gerichtete Zug der Emigranten den Stillen Ozean erreichte und anfing, sich zurückzuergießen, also gegen Ende des 19. Jahrhunderts, hat das Pionierwesen aufgehört zu bestehen und der Zivilisation lag nun die Aufgabe ob, Ordnung zu schaffen. Die Bewegung zur Erhaltung der Naturschätze entstand also nicht zu früh.

Soweit menschliche Energie in Frage kommt, ist es höchstwahrscheinlich, daß das Ausbeuten ergiebigster Kohlenadern, fruchtbarsten Bodens sowie reichster Ölfelder weniger Anstrengung, also geringeren Arbeitsaufwand erforderte als es der Fall gewesen wäre, wenn die Erhaltungsbewegung schon bei Aufstellung der Verfassung berücksichtigt worden wäre. Wir haben also durch ein Verschwenden von Rohstoff menschliche Arbeitskraft erspart. Ein solches Vorgehen hat aber unbedingt seine ganz ausgesprochenen Grenzen und schafft, wie wir bereits sehen konnten, künftigen Generationen schwerere Arbeitsbedingungen, also entsprechende Verluste.

Es ist indessen leicht möglich, daß morgen oder übermorgen eine neue epochemachende Erfindung alle Einwände gegen Verschwendungen, die auf diesem Gebiete vorkommen, ad absurdum führen kann. Wenn wir plötzlich aus den Wellen oder Fluten unbeschränkt billige Kraft ziehen könnten, so würden die für die zerstörten Bergwerke, für die verschwendeten Öl- und Gasquellen vergossenen Tränen tatsächlich nur Krokodilstränen sein — wenn auch die Frage nach den außer der Kraft aus diesen Naturschätzen erhältlichen Nebenerzeugnissen noch immer bestehen bleiben würde. In gleicher Weise würde die Möglichkeit, billigen Stickstoff aus der Luft zu holen, die am Ackerboden begangenen Verheerungen vergessen machen. Was soll aber in bezug auf Holz geschehen? ... Wir sind also bereit zuzugeben, daß Erfindungen vieles hier Verbrochene wieder gutmachen könnten — solche Erfindungen liegen aber noch im Schoße der Zeit, und deshalb ist unsere heutige Anklage berechtigt.

Es scheint zwischen jenen Naturschätzen, die einmal verwendet, für alle Zeiten vernichtet sind und jenen, die durch sorgfältigere Ausbeutungsverfahren immer wieder neu belebt werden können, eine ziemlich scharfe Trennungslinie zu bestehen. In die erste Klasse fallen alle anorganischen Stoffe, wie z. B. Kohle, Öl, Naturgas, Mineralablagerungen, Marmoradern usw.; in die zweite organische Stoffe, wie z. B. Forste, Ackerland, Pelz tragende Tiere, Fischereien usw.

Anorganische Naturschätze.

Die Welt hat während der vergangenen 21 Jahre von ihren Mineralschätzen mehr benutzt als in der gesamten vorhergehenden Zeit. Der Verbrauch an Mineralien je Kopf hat sich seit 1900 versiebenfacht. Trotzdem in den Vereinigten Staaten noch nicht 2% der ursprünglichen Kohlenvorräte gefördert wurden, haben wir doch bereits 33% unserer hochgradigen Kohlenlagen erschöpft. Es gibt nur noch beschränkte Reserven an rauchlosen und in geringem Maße fetthaltigen Kohlen; die stark fetthaltigen Gaskohlen werden ebenfalls sehr schnell verbraucht. Wir haben ungeheure Reserven an Eisenerzen; bei den hochgradigen Ablagerungen besteht jedoch die Möglichkeit, daß sie in verhältnismäßig kurzer Zeit erschöpft sind. Es ist ebenfalls wahrscheinlich, daß „bei einer Auflebung der internationalen Geschäftstätigkeit das tatsächliche Ende des Kupferbergbaus in den Vereinigten Staaten noch in dieser Generation erreicht wird". Im Jahre 1921 befanden sich noch etwa 9000000000 Faß Öl in der Erde, oder „genug, um unsere gegenwärtigen Bedürfnisse auf 20 Jahre zu decken“. Dabei ist unsere Nachfrage besonders durch die Traktoren, durch die Öl verbrennenden Schiffe und durch die Flugzeuge aber im Steigen. Die Amerikaner haben seit August 1914 von ihren Ölvorräten mehr verbraucht als in der gesamten Vergangenheit. Der Höhepunkt der Erdgasgewinnung ist bereits überschritten; der Vorrat verringert sich und das Kapitel von diesem „wunderbaren Heizmittel“ nähert sich seinem Ende. Diese Angaben stammen von Floyd W. Parsons, der in seiner Zeitschrift „Gas Age Record“ eine Zusammenfassung des augenblicklichen Standes unserer hauptsächlichsten anorganischen Naturschätze gibt[1]).

Kohle.

Anthrazit oder Hartkohle braucht uns nicht weiter zu beschäftigen. Diese Kohlenlagen gehören einem älteren Zweig der Kohlenfamilie an. Zeit und Druck haben aus ihnen das Öl und Pech, Gas und jene Chemikalien gezogen, die der Weichkohle ihren besonderen Wert verleihen. Sodann hat das bestehende Anthrazitmonopol, so sehr es auch das Geld des Haushalters durch hohe Preise verschwendet haben mag, doch die Technik der Industrie auf verhältnismäßig zweckmäßige Weise angewandt.

Die Gesamterzeugung an Weichkohle in den Vereinigten Staaten beträgt etwa 550000000 t im Jahr. Hier besteht kein Monopol; es herrscht freier Wettbewerb und dieser Zweig ist nach den Worten von C. E. Lesher „so unorganisiert wie der Kolonialwarenhandel“. Um die erwähnte Tonnenzahl zu fördern, ist die Arbeitskraft von 600000 Menschen erforderlich, die aber, wie wir bereits sahen, im Durchschnitt ein Drittel jedes Arbeitsjahres feiern. Wir konnten ebenfalls bereits feststellen, daß von je drei Bergwerken eins überflüssig ist, und daß die bestehenden Bergwerke eine Produktionsmöglichkeit von mehr als 40 bis 50% der jährlichen Kohlennachfrage besitzen. Von der geförderten Menge gehen etwa 60000000 t zur Herstellung von Koks und anderen Nebenerzeugnissen ab; 150000000 t werden von den Eisenbahnen benutzt, 50000000 t zur Krafterzeugung in öffentlichen Gesellschaften, während der Rest als Kraft und Heizung für Fabriken und auch für die Heizung von Wohnungen benutzt wird.

Neben der durch übermäßige Betriebseinrichtungen und unbenutzte Arbeitskraft schon erwähnten Verschwendung entsteht die Frage, wie Kohle an sich verschwendet wird; welches technische Vorgehen würde uns gleiche Kraft und gleiche Nebenerzeugnisse liefern, dabei aber die Tonnenzahl verringern — Tonnage, die vielleicht zukünftige Generationen dringend brauchen werden? Es gibt drei Hauptquellen von vermeidbarem Tonnageverlust:

1. Minderwertige technische Verfahren unter Tag.
2. Minderwertige technische Verfahren in der Dampferzeugung und Heizung.
3. Ein Mangel, Kohle und Wasserkraft in bezirksweisen Großkraftsystemen zu vereinigen.

Ein vielleicht noch größeres Übel ist der Mangel, Nebenerzeugnisse zu gewinnen. Ungeahnte Reichtümer an Düngemitteln, Farbstoffen und Chemikalien dürfen auch heute noch in Rauch aufgehen, um die Häßlichkeit, das Ungesunde und die Kosten des Waschens in unseren Städten zu erhöhen. Das Rauchübel ist also sozusagen ein doppelgeschliffenes Messer — wir verschwenden Kraft, Wärme und Nebenerzeugnisse, um gleichzeitig hiermit Gesundheit, Schönheit und Reinlichkeit zu verschwenden.

Unter Tag.

Hugh Archbald als Bergwerksingenieur kommt nach großen Erfahrungen zu der Schlußfolgerung, daß, falls die bereits heute bestehende hohe Technik des Bergwerkbetriebes voll ausgenutzt würde, ein Mann ohne besondere Anstrengung die Arbeit von vier erledigen könnte[2]). Allgemein gesprochen ist die Arbeitsvorbereitung unter Tag noch in keiner Weise durchgebildet. Ein kleines Bergwerk besitzt ebenso viele Wege und Kreuzungen wie eine Stadt von 25000 Einwohnern. Dabei liegen alle diese Wege in pechschwarzer Dunkelheit, und nur wenn der Bergmann mit der Lampe an seiner Mütze entlang geht, wird sie einen Augenblick zerrissen. Im Bergwerk gibt es im allgemeinen einen Meister für je 100 Arbeiter, die auf eine Fläche von mitunter 2 km in tiefster Dunkelheit verstreut sind. Ab und zu kommt einmal der „Herr Vorgesetzte" vorüber und stellt auf diese Weise eine gewisse Verbindung mit dem übrigen Teil dieser schwarzen Welt her. Im allgemeinen arbeitet der Bergmann indessen ohne Richtung, ohne Zusammenarbeit, blind drauflos. Jeder Betriebsingenieur kann die Ergebnisse einer derart vorbereiteten — also hoffnungslos unvorbereiteten — Arbeit voraussagen: geringe Beaufsichtigung, stark gelockerte Organisation, schlechte Moral, ungeheure Unzweckmäßigkeit in der Kohlengewinnung — und das Ganze wird noch verschlimmert durch zeitweilige Arbeitseinstellungen und Betriebsstillegungen. Dabei ist das Unfallverhältnis je Tonne dreimal so hoch wie das britische, und kaum ein Monat geht vorüber, wo nicht irgendein Bergwerksmassenmord geschieht. Die herrschende Neigung, die großen Adern auszubeuten, zerstört die kleineren, mageren Adern. Gilbert und Pogue bemerken hierzu: „Die im Förderprozeß geopferte Tonnage der mageren Adern und teuren Arbeitsflächen beträgt mehr als die Hälfte der bisher zutage geförderten Kohle.“ Die Pachtvereinbarungen verpflichten mitunter eine Gesellschaft, eine bestimmte Tonnenzahl im Jahre zu fördern, unabhängig der Nachfrage oder des Preises, wodurch selbstverständlich nur die reichsten Adern ausgebeutet werden. Dadurch, daß die Löhne auf der Grundlage ergiebiger Kohlenadern festgelegt wurden, bietet sich ein fast unüberbrückbares Hindernis für eine verbesserte Bergwerkstechnik. Ein Bergmann in John Brophys Gewerkschaftsbezirk schreibt: „Jeden Tag sehe ich im Bergwerk die Verschwendung von Tausenden von Tonnen Kohle und das nur darum, weil der Bergmann ohne sie nicht jenen Gewinn erzielen kann, den er in anderen Teilen des Bergwerks erreicht . . . Die Kohle wird nur jenen Stellen entnommen, wo der größte Gewinn möglich ist; der Rest ist für immer verloren.“

Floyd W. Parsons erzählt uns von 500 in Wettbewerb miteinander stehenden Gesellschaften im Pennsylvaniarevier, „während zweckmäßigerweise nicht mehr als 10 bis 15 Gesellschaften — mit zentralen Kraft- und Pumpstationen — in großen Einheiten arbeiten sollten“.

Kohlenförderung ist heute nicht die sorgfältige Ausbeutung eines zu schonenden Naturschatzes mit dem Ziel, in dem Maße als die Ausbeute fortschreitet, reinen Tisch zu machen, sondern es ist ein wütendes und unentwirrbares Wettrennen sich bekämpfender Verkaufsorganisationen mit dem Ziel, den heutigen Markt zu gewinnen und den morgigen Tag für sich selbst sorgen zu lassen.

Ausnutzung — Heizverfahren.

Zahlen aus der „Geologischen Übersicht" und vom Bergwerksamt fassen die Verschwendung einer Durchschnittstonne weicher Kohle, die in einem Dampfkessel verbrannt wird, folgendermaßen zusammen:

	Pfund	Prozent
Verlust bei der Förderung	600	
Verlust auf dem Wege vom Bergwerk zum Kesselraum	126	
Schornsteinverluste	446	
Strahlungsverluste	51	
Aschenverluste	51	
Verlust durch Übertragung von Wärme in mechanische Energie	650	
Gesamtverluste	1924	96%
Schließlicher Nutzfaktor	76	4%
Gesamte Tonnage	2000	100%

Auf diese Weise werden nur 4% der ursprünglichen Tonne ausgenutzt, während sich die Gesamtverluste auf 96% belaufen. Selbstverständlich handelt es sich hierbei um die theoretische Tabelle des exakten Wissenschaftlers. Die 650 Pfund, die durch Umformen von Wärme in mechanische Energie verloren gehen, bestehen zwar ohne weiteres, aber nur ein Bruchteil dieses Verlustes ist vermeidbar. Kein Mensch weiß heute und kein Mensch wird vielleicht jemals wissen, wie Wärme ohne Verlust in mechanische Energie umgeformt werden kann.

Die Herren Huntington und Williams sind in ihren Schlußfolgerungen etwas weniger dramatisch. Trotzdem decken sich ihre Zahlen im großen ganzen fast völlig mit jenen des Bergwerksamtes: „Die Verschwendung an Kohle ist so ungeheuerlich, daß dort, wo 1 PS oder sein Äquivalent tatsächlich in Wärme geliefert wird, der Verbrauch oder die Verschwendung an Kohle unter Tag, auf den Eisenbahnen und in den Hochöfen groß genug ist, um eigentlich 20 PS oder noch mehr zu liefern! Ein Teil dieses Verlustes ist unvermeidlich. Er könnte aber unbedingt zumindest um die Hälfte verkürzt werden[3])."

George Otis Smith konnte feststellen, daß die durchschnittliche Dampfanlage etwa achtmal so viel Kohle je erzeugte Krafteinheit braucht als die am wirkungsvollsten geleitete Anlage. Oder mit anderen Worten: falls der bestgeleitete Betrieb eine Wertung von 100% erhielte, müßte der Durchschnittsbetrieb einen Wirkungsgrad von etwa 12½% aufweisen. Im Jahre 1918 wies die Heizstoffverwaltung der Vereinigten Staaten darauf hin, daß 25% aller Kohle durch schlechte Heizverfahren verloren gehen.

Ausnutzung — Nebenerzeugnisse.

Aber Kraft ist nicht das einzige Erzeugnis der Kohle. Henry Ford gestaltet in vier Minuten 1 t bituminöser Kohle in

8000 Kubikfuß Gas,
10 Gallonen Gasolin,
20 Pfund Ammoniumsulphat,
30 Gallonen rohes Beleuchtungspech,
3 Gallonen Kreosotöl,
2 Gallonen rohes Schmieröl,
10 Pfund Fett.

Und dabei bleiben ihm noch 1500 Pfund Koks entweder zur Stahlherstellung oder als bester rauchloser Heizstoff. Seine Kohle kostet ihm Dollar 5/t; der Marktwert der eben aufgeführten Erzeugnisse beträgt 13,56 Dollar[4]).

Gilbert und Pogue spinnen diesen Gedanken weiter: „Es liegt nicht außerhalb des Bereichs der Möglichkeit, einen Zustand vorauszusehen, wo der Haushälter an Stelle der heute für 11 Dollar angeschafften Tonne Anthrazitkohle 1 t rauchlosen Heizstoffes ohne Rückstände, einen Monatsvorrat an Kochgas, Heizstoff für rd. 65 km Autofahrt, genug Düngemittel, um einen kleinen Garten zu versehen und schließlich genügend Teer erhält, um für alle Zeiten den Staub vor seinem Hause zu bannen — wo er alle diese Annehmlichkeiten für weniger Geld erhalten könnte als er heute noch für minderwertige Kohle zahlen muß. Das mag vielleicht als ein etwas phantastisches Bild erscheinen. Die Kohle besitzt aber diese Möglichkeiten in vollem Maße.“ Und Ford beginnt, wie auf manchem anderen Gebiet so auch hier, dieses phantastische Bild in faßbare Wirklichkeit zu verwandeln.

Die Stahlherstellung ist ohne den aus Weichkohle gewonnenen Koks unmöglich. Koks ist daher seit langem ein Nebenerzeugnis allerersten Grades; er wird durch das Verbrennen von Kohle in Koksöfen gewonnen. Die alten Bienenkorböfen nutzen den Koks aus, aber nichts weiter — die außerdem noch enthaltenen Gase,

Öle und Düngemittel gehen in Rauch auf. Von den jährlich rund 50000000 t Koks, die in Amerika erzeugt werden, stammt heute noch immer rund die Hälfte aus diesen Bienenkorböfen. Dabei ist, wie uns der praktische Fall von Ford zeigt, die Technik bekannt und auch bereits eingeführt, nicht nur den Koks, sondern auch andere wertvolle Nebenprodukte voll auszunutzen. Im ganzen gibt es mehr als tausend verschiedene Erzeugnisse, die durch eine völlige Verbrennung der Kohle gewonnen werden können. Das gegenwärtige Verfahren läßt die meisten von ihnen jedoch verloren gehen. Nicht jede Weichkohle kann in Nebenerzeugnisse aufgelöst werden, da ihr mitunter die dazu erforderlichen Bestandteile fehlen. Es sollten aber jährlich vielleicht 175000000 t eine solche Behandlung erfahren; der Rest kann dann für unmittelbare Dampf- oder Krafterzeugung benutzt werden.

Von einer Ausbeute von 500000000 t ausgehend, stellen Gilbert und Pogue die Behauptung auf, daß technische Kenntnisse verfügbar sind, um die Zahl der heute erzeugten PS zu verdoppeln und dem Lande außerdem 5000000 t Ammoniumsulphat (ein ausgezeichnetes Düngemittel), 1000000000 Gallonen Benzol (ein Motorantriebsstoff, der mit Gasolin verglichen werden kann), 4000000000 Gallonen Teer, sowie die entsprechende Menge Koks zur Stahlherstellung zu geben. Der Geldverlust des gegenwärtigen Verfahrens nach Abzug der Einrichtungskosten verbesserter Vorrichtungen wird von diesen Ingenieuren in folgender Weise berechnet:

Verlust an Pferdekräften	1000000000 Dollar
Verlust an Ammoniumsulphat . . .	280000000 „
Verlust an Benzol.	300000000 „
Verlust an Teer.	100000000 „
Weitere Verluste	320000000 „
Gesamter jährlicher Verlust	2000000000 Dollar

Wasserkraft.

Falls es möglich wäre, jeden Tropfen des jährlichen Regens in elektrische Energie umzusetzen, würde die so erreichte Gesamtmenge etwa dem gegenwärtigen amerikanischen Verbrauch an Energie, die aus Kohle gewonnen wird, gleichkommen[5]). Da aber nur ein Teil des Regens durch die Kraft des fallenden Wassers in Flüssen umgeformt werden kann, müssen wir uns mit der Tatsache abfinden, daß „weiße Kohle“ (Wasserkraft) niemals

als völliger Ersatz für Kohleenergie gelten kann. Was Wasserkraft erreichen kann ist, den jährlichen Umfang des Kohlenverbrauchs zu vermindern und so das Leben der Kohlenlager zu verlängern und die aus ihnen erzielbaren Nebenerzeugnisse besser auszunutzen.

Kaum 15% der ohne weiteres verfügbaren Wasserkraft sind bis heute entwickelt worden, und nur 7% der durch Errichtung von Reservoiren möglichen Kraft. Etwa 80 bis 90% der ohne weiteres aus fallenden Strömen erhältlichen Kraft werden auf diese Weise also glatt verschwendet. Nachdem die Haupterrichtungskosten gedeckt, die Dämme gebaut und die Turbinen vorhanden sind, gibt Wasserkraft eine stetige Energie bei sehr geringen Betriebskosten. Nur wenige Bedienstete sind nötig, um die Turbinen zu warten. Die Zeiten, wo es billig war, die Hauptadern der Kohlenbergwerke und Ölfelder voll abzuschöpfen, sind stark im Abnehmen begriffen. Es wird Zeit, daß alle ernsthaft Beteiligten an eine Erhaltung bzw. an eine bessere Ausnutzung der gegebenen Naturschätze denken.

Großkraft.

Wasserkraft kann zwar mit einigem Vorteil an gewissen Stellen in das industrielle System eingeführt werden. Die größten Sparmöglichkeiten dieser Kraft können indessen nur durch einen völlig einheitlichen Plan eines Großkraftsystems erreicht werden, bei dem Kohle mit Wasserkraft verbunden wird. Kontinuierliche Kraft ist vielleicht einer der mutigsten und vielversprechendsten Ausblicke ins Land der Utopie, den Ingenieure und Wissenschaftler jemals auch nur im Traum haben könnten. Denn diese kontinuierliche Kraft spart nicht nur Kohle und Öl, sondern elektrifiziert die Eisenbahn, erleichtert die Verkehrsbelastung, verbannt Rauch, Ruß und Schmutz, gibt der Landwirtschaft und dem Landhaus billige Kraft und erzielt, wie im Falle Ford, eine industrielle Dezentralisation, die die Überfüllung der Städte aufhebt und ein gesünderes, frischeres Landleben ermöglicht.

Die aus Wasser ohne weiteres erzielbaren Pferdekräfte in den gesamten Vereinigten Staaten betragen 60000000, von denen bis heute nur etwa 15% — also ungefähr 10000000 — entwickelt wurden. Jede zusätzliche PS erspart 10 t Kohle und befreit Kohle fördernde Eisenbahneinrichtungen im Werte von rd. 100 Dollar. F. T. Baum hat in seinem „Super Power Atlas" den Vorschlag gemacht, das Land in 12 Bezirke einzuteilen, die durch 220000 Volt Hochspannungsleitungen verbunden sind. Die Energie wäre gemeinsam auf Grund einer gleichmäßigen Belastung aus Wasser und Kohle zu gewinnen, wobei die Kohle in großen Zentralstationen, die sich in möglichster Nähe des Bergwerks befinden, in Energie umgeformt werden sollte. Ein solches System könnte nach den Baumschen Berechnungen jährlich 200000000 t Kohle ersparen, die Eisenbahn um 25% ihres Frachtverkehrs erleichtern, das Land vom Rauch befreien und nicht weniger als 500000 Arbeiter aus Bergwerken, Eisenbahn und anderen verwandten Industrien nutzbringenderen Beschäftigungen zuführen. Zunächst würde selbstverständlich die so ersparte Arbeitskraft vor allem für die Errichtung von Dämmen und den Bau von Übertragungsleitungen für das neue System verwendet werden. Schließlich würde aber die auf solche Weise befreite Arbeitskraft einen Reingewinn darstellen.

Eine Berechnung der verschwendeten Kohlentonnage.

Von den Nebenerzeugnissen abgesehen, ist noch die Frage zu beantworten, wie groß der durchschnittliche Verlust der jährlich geförderten Kohle in t ist. Nach den bereits erwähnten Voraussetzungen kann man behaupten, daß bei 500000000 t geförderter Kohle 500000000 t jährlich im Boden verbleiben. Von den geförderten 500000000 t läßt mangelhafte Behandlung nochmals die Hälfte verloren gehen. Denn nach Gilbert und Pogue soll die Annahme durchaus berechtigt sein, daß durch zweckmäßigere Verfahren die Energiegewinnung glatt verdoppelt werden könnte. Auf der Grundlage der Baumschen Ausführungen müßte eigentlich noch ein recht nennenswerter Zuschlag zu dieser Zahl hinzukommen, was aber, um einen größeren Spielraum zu gewinnen, hier unbeachtet bleiben soll. Zusammengefaßt scheint es also, daß, lediglich von der Hebung des Naturschatzes ausgegangen, jährlich ein Verlust von etwa 750000000 t Kohle entsteht. Hierzu kommt noch die ungeheure Menge ungenutzter Nebenerzeugnisse, die uns den Hooverschen Ausspruch, daß Kohle die „am schlechtesten funktionierende Industrie des Landes ist", berechtigt erscheinen läßt.

Öl.

George Fitch vermittelt uns die beste Vorstellung über diesen Gegenstand: „Eine Ölquelle ist ein Loch im Boden, etwa 0,4 km tief, in das ein Mann entweder ein kleines Vermögen hineinstecken, oder aus dem er ein großes herausziehen kann. Er weiß das niemals, ehe das Loch fertig ist . . . Um eine Ölquelle zu bohren braucht er einige tausend Dollar, mehrere Monate Zeit und ein paar unbescholtene Männer in schmutzstarrenden Arbeitskleidern. Sie fangen an, indem sie etwa 60 Fuß nach oben bauen. Wenn sie ihren Kran fertig haben, hängen sie einen Bohrer daran, der etwa eine halbe Tonne wiegt. Dann verbinden die Männer den Bohrer mit einer Antriebsmaschine und bohren ein Loch von 42 cm Durchmesser in die Erdkruste. Mitunter, nachdem sie mehrere Wochen hindurch so bohrten, bläst das Loch den Kran in den Himmel und zerstört ihn dabei völlig. Dann schreit der Besitzer vor lauter Freude auf und stellt sofort 500 Arbeiter an, um das herausschießende Öl in Fässern abzufangen. Manchmal ist aber der Kran, nachdem das Loch fertig ist, noch so gut wie neu. Dann flucht der Besitzer und schleppt den Kran nach einer anderen Stelle, die ihm nach Öl riecht."

Das Ergebnis: „Das war fast immer die Geschichte eines jeden Ölfeldes auf dem amerikanischen Kontinent — ein Schlag, ein Ansturm der Spekulanten, eine Grundstückshausse, ein völlig wahlloses Bohren auf Flächen, die so eng beisammen sind, daß die Krane einander zu berühren scheinen — 12 auf einer Fläche, die kaum 3 halten kann; keine wissenschaftlichen Vorkehrungen, um das Gas, das allein den Fluß des Öls fördern kann, zu erhalten, ein fieberhaftes Durcheinander, ein halsabschneiderischer Wettbewerb mit der Folge, daß etwa die Hälfte bis drei Viertel des Petroleums im Boden bleibt und für ewige Zeiten verloren ist[6])."

Genau wie Kohle kann auch Petroleum nach einem erschreckend verschwenderischen Verfahren gewonnen werden; im Gegensatz zu Kohle ist seine Verwertung indessen, wenn es einmal in der Rohrleitung ist, im großen ganzen ziemlich wirtschaftlich. Von der Rohrleitung an hat die Normung bereits eingesetzt; der Pionier wurde in seine Schranken verwiesen und die Standard Oil Company sowie ihre Teilhaber haben den Nutzen.

Es gibt auch da noch Verluste infolge von vermeidbaren Verdunstungen und infolge des Bemühens, durch Raffinieren einen hohen Gasolingehalt zu erzielen. Im Vergleich mit der vorkommenden Verschwendung von Nebenerzeugnissen bei der Kohle sind diese Verluste indessen verhältnismäßig bescheiden. Der Vorsprung, den das Petroleum auf diese Weise erzielt, wird aber durch die Gewinnungsverfahren im Erdboden mehr als zunichte gemacht. Wir sahen bereits, daß für jede erzielte Tonne Kohle eine Tonne unnötigerweise im Bergwerk verbleibt; für jedes Faß gewonnenen Öls bleiben aber drei oder noch mehr Fässer im Erdboden oder werden auf dem Wege der Förderung verschwendet. Der Pionier behauptet hier noch immer das Feld und hat bis heute seine Aufgabe herzlich schlecht gelöst.

Dabei haben Ingenieure bereits Verfahren zur verlustlosen Gewinnung von Öl ermittelt. Von einigen wenigen ausgesuchten Gesellschaften abgesehen, kümmert sich aber niemand darum. „Mit Hilfe von geologischen Verfahren kann die Entwicklung der Petroleumfelder von einem spekulativen Spiel in exakte Wissenschaft verwandelt werden.“[5])

Petroleum sammelt sich in großen unterirdischen Seen; oberhalb dieser Seen sammelt sich Gas, das aus zwei Gründen sehr wertvoll ist: einmal enthält es viele Bestandteile des Öls und zum andern kann nur durch seinen Druck auf die Fläche der Seen das gesamte in ihnen enthaltene Öl nach oben getrieben werden. In diese Seen werden mit Hilfe von rotierenden Bohrern lange Rohrleitungen hineingelassen. Jedes Rohr ist eine „Quelle“. Wenn das Rohr die Ölschicht erreicht, drängen sich Öl und Gas nach oben — überfluten mitunter den Himmel mit Gas, die umgebende Landschaft mit Öl, und erfüllen den Besitzer mit Freude. Ein solcher Ausbruch wird „Sprudel“ genannt. Wenn dieser erste heftige Strom nachläßt, kann ein gleichmäßiger zurückbleiben, der allmählich bis zu einem Punkt sinkt, wo ein Pumpen erforderlich wird, und schließlich ganz versiegt. Der See und das über ihm befindliche Gas bilden eine geologische Einheit, und um sie wirkungsvoll zu heben, müssen sie auch tatsächlich als Einheit behandelt werden. Eine technische Leitung sollte das gesamte Feld beherrschen und nur das Ausbeuten von soviel Quellen — in entsprechender Entfernung voneinander — gestatten, die den wirkungsvollsten Auftrieb des Öls ermöglichen.

Sorgfalt muß vor allem darauf verwendet werden, das in der Erde befindliche Gas zu sparen, um dem Öl den Weg ins Freie zu erleichtern. Das erste Hochsprudeln muß unter allen Umständen unterdrückt werden. Das Eindringen von Wasser ist zu verhüten. Die heute bekannten technischen Verfahren müssen angewendet und die Arbeit auf beste Art verrichtet werden. Nur auf diese Weise wird es möglich sein, daß das gesamte in der Erde befindliche Öl die Rohrleitungen auch erreicht.

Leider werden diese Verfahren in Amerika gänzlich außer acht gelassen. Der Anstich wird gemacht, das Land wird aufgeteilt, Parzellen gekauft und ein fieberhaftes Bohren beginnt. Oft werden 10mal mehr Quellen vorhanden sein als das Ölfeld überhaupt tragen kann. Außerdem werden diese Quellen mitunter so angebracht, daß sie einer wirkungsvollen Ausbeute Hohn sprechen.

Und das führt uns zu einer kleinen philosophischen Abschweifung. Unglücklicherweise ist es nämlich nicht möglich, das unterirdische Ölfeld nach Eigentumsgrenzen einzuteilen, und ebensowenig kann man das unterirdische Gas verteilen. Diese Elemente sind anarchisch — vielleicht sogar absichtlich anarchisch — aber sie sind nun einmal so. Sie werden den physikalischen Gesetzen der Schwerkraft, des Drucks und des Widerstands gehorchen, aber nicht Eigentumsgesetzen. Inzwischen wird aber der oberhalb der Ölseen befindliche Boden in bestimmte Grundstücke aufgeteilt. Das Gesetz bestimmt, daß die Grenze jeder Parzelle in einer vertikalen Ebene nach unten verläuft; der Teil des Sees, der diese Linie durchschneidet, gehört dem Eigentümer des Grundstückes. In Wirklichkeit gehört er ihm aber doch nicht, und wegen des bereits erwähnten höchst bedauerlichen Verhaltens der Ölquelle. Denn das Öl wird sich in jene Rohrleitung bzw. in jene Rohrleitungen hineinzwängen, die zuerst den See erreichen. Die Besitzer der einzelnen Grundstücke wissen das auch ganz genau und so fangen sie an, so schnell als angängig die Quellen zu bohren, und zwar vorzugsweise hart an der Grenze des nächsten Besitzers, um so nach Möglichkeit den Löwenanteil an der Tätigkeit der Ölquelle zu erhalten. Auf diese Weise ist es klar, daß der Pionier mit seinem ausgesprochenen Individualismus und seinen Eigentumsgesetzen, die sich mit geologischen Einheiten nicht vertragen, es fertigbringt, statt vier Fässer Öl nur eines zu gewinnen. Der Ingenieur, der geologischen Einheiten mit geologischen Gesetzen entgegenträte, könnte alle vier Fässer retten.

Als Beispiel sei auf die Entdeckung des Ölfeldes in Mexia, Texas, hingewiesen[7]). Auf ein Feld von 960 Acker kamen 794 Quellen, von denen nur 540 Öl gaben. Oder mit anderen Worten: auf die ergiebige Quelle kamen weniger als zwei Acker. Zwecks entsprechender Anbohrung sollte nach Untersuchungen von Sachverständigen nicht mehr als eine Quelle auf acht Acker entfallen. In dem eben erwähnten Fall sind also mehr als 300 produktive Quellen für eine zweckentsprechende Ausbeute des unterirdischen Ölfeldes zu viel. Von dem durch dieses übermäßige Bohren verlorene Öl und Gas ganz abgesehen, ist die für die Errichtung der Krane und das Bohren unnötiger Quellen verlorene Arbeitskraft zu berücksichtigen. Auch an die rechtlichen Verwicklungen durch Vermietung und Eigentumsgrenzen ist zu denken. Und schließlich soll noch an die blühende Industrie des Verkaufs von Aktien erinnert werden, die sich auf trockene Quellen und nicht vorhandenes Öl stützen — vielleicht eine der gewinnreichsten Formen der Prellerei, die jemals erdacht wurden. A. B. Thompson berechnet, daß einige Jahre vor 1912 nicht weniger als 425000000000 Kubikfuß Gas in die Luft gehen konnten bzw. das Äquivalent von 14000000 t guter Kohle[8]). Im Jahre 1913 konnte eine einzige Quelle im Cushing-Feld 1500000000 Kubikfuß Gas fortblasen.

„Wir waren verschwenderisch, nachlässig und schrecklich unwissend. Wir haben Felder verlassen, in denen sich noch viel Öl befand. Wir haben zugelassen, daß ungeheure Gasmengen in die Luft gingen. Wir haben Wasser in den Ölsumpf hineingelassen, das uns Flächen zerstörte, die sonst Hunderttausende von Fässern Öl gegeben hätten." Mit diesen Worten faßt der Leiter des Bergwerkamtes die Lage zusammen. Und als Ergebnis dieser Verfahren ist die Tatsache zu verzeichnen, daß etwa die Hälfte der gesamten unterirdischen Petroleumvorräte in Amerika für alle Zeiten verloren ist und daß der Rest bei einer gleich großen Nachfrage wie bisher nur noch 13 bis 20 Jahre ausreichen dürfte. Berechnungen von Gilbert und Pogue bestätigen das:

Gehoben, 1859 bis 1920 . .	54 Fässer je Kopf (gegenwärtige Bevölkerung)
Unterirdisch, 1921	59 Fässer je Kopf

Erzeugung von 1920 . . . . 4,4 Fässer je Kopf
59 geteilt durch 4,4 . . . . 13 Jahre.

Schließlich müssen wir noch kurz auf die sehr ernsthafte Frage einer Überproduktion in Öl eingehen. Während des Jahres 1924 wurden Hunderte von Millionen Fässer mit Rohöl in dem Augenblick aufgespeichert als die Preise fielen. Die Erzeugung stand in keinem Verhältnis zur Nachfrage. Trotz der Bemühungen großer monopolistischer Verteiler befand sich die Industrie im Zustand eines nervösen Zusammenbruchs. Eine kostbare Flüssigkeit, die ein Leben von nur noch 13 bis 20 Jahren vor sich hatte, verdunstete in riesigen Mengen und wurde dem Markt entzogen. Die Lage wurde so ernst, daß Präsident Coolidge amtlich dazu Stellung nahm und in vorsichtiger Weise nach einem Konservierungsplan rief. Und da zeigte sich der fast widerliche Humor des Pioniers, der daraufhin zu Beginn des neuen Jahres plötzlich erklärte: „Verminderte Erzeugung und erhöhter Verbrauch haben die Lage der Industrie fast über Nacht geändert. Eine Industrie, die krank war, ist wieder gesund. Die Pläne von Coolidge sind dadurch hinfällig[9]).“ Und in dieser Weise werden die Preise auf einem Zickzackweg nach oben gelangen, bis sie eine neue Zeitspanne wütenden spekulativen Bohrens und Erzeugens hervorrufen, und die nicht abgesetzten Mengen wieder in den Speicher wandern.

Naturgas.

Naturgas ist eine Wiederholung der Geschichte des Öls. Die Heizstoffverwaltung faßte die Lage im Jahre 1918, als sie die Überwachung dieses Stoffes übernahm, in folgender Weise zusammen: „Naturgas ist bisher in einer äußerst verschwenderischen und verlustreichen Art benutzt worden, ohne Rücksicht auf die Zukunft, und es wird scheinbar nicht gewürdigt, bis es verschwunden ist.“ Gilbert und Pogue fügen noch hinzu: „Die Geschichte des Naturgases ist der erschreckende Bericht einer unglaublichen Verschwendung.“

Gas kommt oft in Verbindung mit Öl vor, und seine wirtschaftlichste Gewinnung hängt eng mit dem Öl zusammen. „Der Mangel einer einheitlichen Hebung, wo beide zusammentreffen, ist für einen größeren Verlust verantwortlich als alle anderen Ursachen zusammengenommen.“ Genau wie beim Öl hat die geheimnisvolle Auffassung vertikaler Eigentumsgrenzen die Quellen vermehrt und sie planlos verteilt. Der Ingenieur wurde durch den Pionier gehemmt, der auch heute noch darauf besteht „einen Krug Wasser mit einem Kuchenmesser zu zerteilen". Das Gas wird in Milliarden von Kubikfuß in der Erde gelassen, in die Luft verpufft oder unzweckmäßig gegen ein Ausströmen geschützt; die Ausnutzung seiner Nebenerzeugnisse ist im höchsten Maße verschwenderisch. Die Heizstoffverwaltung berechnete die jährliche Verschwendung gleich der jährlichen Gewinnung. Im Jahre 1917 betrug die Ausbeute 800000000000 Kubikfuß, die gleichzeitig ein Maßstab des Verlustes ist. Seit 1917 geht die Ausbeute zurück, da die Quellen fast am Ende ihrer unterirdischen Vorräte angelangt sind. Im Jahre 1920 war die Gewinnung auf 650000000000 Kubikfuß gesunken. Ein Zehntel aller Kochherde im Lande werden mit Erdgas gespeist; wenn dann der Tag des Versiegens des Gases kommt, werden die Haushälter reumütig daran denken, daß sie vielleicht etwas sparsamer mit diesem Stoff hätten umgehen sollen. Gas, das aus Kohle hergestellt wird, riecht mehr, ist schmutziger und auch teurer als das natürliche Produkt.

Zusammengefaßt kann man also sagen, daß ein für den Haushalt bestimmtes Heizungsmittel von seltener Güte in der Luft verpufft, und zwar im Umfange von etwa 600 bis 800000000000 Kubikfuß jährlich, wobei der größte Teil durch heute bereits bestehende vollkommene technische Verfahren gerettet werden könnte.

Major Ernest L. Jones macht darauf aufmerksam, daß jährlich 500000000 Kubikfuß Heliumgas verschwendet werden, und daß von seiten der Regierung keinerlei Versuch unternommen wird, einen Naturschutz vor dem Verderb zu bewahren, der für Verteidigungszwecke sowie für die Schaffung ganz besonderer Ausnutzungsmöglichkeiten in der Industrie unschätzbare Dienste leisten könnte[10]). Dabei sind die Vereinigten Staaten bis heute das einzige Land der Welt, das Helium in größeren Mengen besitzt.

Kohle, Wasserkraft, Öl und Naturgas — die vier großen Elemente der Kraft — stellen die schlimmsten Beispiele vorkommender Verschwendung anorganischer natürlicher Hilfsquellen dar. Im Zeitalter der Kraft sind sie für die Zwecke unserer Übersicht von ganz besonderer Bedeutung. Sie sind indessen nicht die einzigen Verluste, die vorkommen. Die heute noch herrschenden unterirdischen Verfahren bei der Gewinnung von Zinn, Kupfer, Zink und anderen Metallen rufen ebenfalls starke Kritik hervor.

Veblen hat in einer Arbeit über die Gewinnung und Verwendung von Gold gesprochen, die zu den klassischen Beispielen auf diesem Gebiet gehört. Vom funktionellen Standpunkt aus ist die Benutzung von Gold als geldliche Rücklage eine eigentümliche Erscheinung. Ungezählte menschliche Arbeitskraft wurde bei der Bergung, beim Waschen und Reinigen, beim Transport, Versichern und Bewachen einer großen und bedauernswert schweren Masse gelben Metalls verwendet, das dann unsichtbar in der Dunkelheit eines Bankverlieses solange ruht, bis die Zeit gekommen ist, um es einen mühseligen und kostspieligen Weg in die Dunkelheit eine anderen Bankverlieses antreten zu lassen. Ohne Zweifel erzeugt Gold ein bestimmtes geheimnisvolles Gefühl der Sicherheit; es besteht die Hoffnung, daß der Erfindergeist des Menschen eines Tages eine gleich große Sicherheit mit einem weit geringeren Kraftaufwand erzielen kann.

Organische Hilfsmittel.

Die Verschwendung von organischen natürlichen Hilfsmitteln ist nicht so ernsthaft wie jene der Mineralien. Wenn sie gepflegt werden und wenn man ihnen Zeit läßt, werden sie wieder wachsen. Wenn auch die amerikanischen Wälder zerstört sind, so kann eine aufbauende Politik sie eines Tages wieder erstehen lassen mit Ausnahme jener Flächen, wo Überschwemmungen und Feuer die Erdschicht vernichteten. Tierisches Leben kann erhalten, Fischereien wieder belebt und das Erdreich mit Düngemitteln behandelt werden. Dem Pionier steht auf diesem Gebiet anscheinend etwas mehr Berechtigung zu als auf jenen der Kohle und des Öls; die Erstkosten einer schließlichen Wiederanpflanzung und Wiederauffüllung werden aber ungeheuerlich sein. Eine auch nur vor einem Menschenalter eingeführte Erhaltungspolitik hätte schon viel erreicht, um den gegenwärtigen Vorrat zu schonen und die zukünftigen Kosten zu mindern.

Holz.

Als die Pilger bei Plymouth Rock amerikanisches Land betraten, gab es etwa 800000000 Acker unberührtes Forstgelände.

Heute gibt es noch etwa 138000000 Acker. Außerdem bestehen etwa 114000000 Acker an Neuanpflanzungen in Nutzholzarten und 136000000 Acker Neuanpflanzungen in Klafterholzarten, sowie 81000000 Acker Forstgelände, auf dem nichts wächst.

Der gesamte Holzbestand wird in folgender Weise berechnet:

Nutzholz	485	Milliarden Kubikfuß,
Klafterholz	261	„ „
Insgesamt	746	Milliarden Kubikfuß.

Der augenblickliche Umfang des jährlichen Fällens ist:

Nutzholz	11,6	Milliarden Kubikfuß,
Klafterholz	10,8	„ „
Insgesamt	22,4	Milliarden Kubikfuß.

Außer dieser starken Beanspruchung entsteht auch noch ein Verlust im Walde selbst durch Brand und Verfall, und zwar im Umfange von etwa 2400000000 Kubikfuß. Wenn also die gesamte jährliche Beanspruchung mit 24800000000 Kubikfuß und der gegenwärtige Stand mit 746000000000 Kubikfuß angegeben wird, ist es klar, daß, falls kein Wachstum bestünde, die amerikanischen Wälder in etwa 30 Jahren verschwunden wären (37,5 Jahre für Nutzholz, 22 Jahre für Klafterholz). Das jährliche Wachstum hilft nach dieser Richtung nicht viel. Augenblicklich beträgt es etwa 6000000000 Kubikfuß, also weniger als ein Viertel des tatsächlichen Bedarfs. Da der Bestand sich unter einem solchen Verhältnis von 4 : 1 selbstverständlich vermindern muß, so wird auch der Nachwuchs von Jahr zu Jahr geringer. Es würde der Berechnungen höherer Mathematiker bedürfen, um das zukünftige Leben amerikanischer Waldungen unter dem Gesichtspunkt zu schätzen, daß der laufende Bedarf am Gesamtbestand durch das Wachstum verringert wird und einen gewissen Ausgleich schafft. Wir zweifeln aber, ob die erwähnten 30 Jahre sich durch solche Berechnungen auf 40 ausdehnen ließen. Die gegebenen Zahlen entstammen einem Bericht des Forstdienstes vom Jahre 1922 über die Vermeidung von Holzverlusten.

Es wird berechnet, daß mehr als 300000000 Acker des bereits gefällten Geländes durch unzweckmäßige Verfahren sowohl für die Landwirtschaft als auch für einen gesunden zweiten Nachwuchs ungeeignet sind. Es gibt etwa 81000000 Acker oder etwa

10% des ursprünglichen Bestandes, die durch Abschwemmung der fruchtbaren Erde oder durch Brand für ein weiteres Wachstum völlig zerstört wurden — ein Gelände, das in seinem Umfang den vereinigten Waldungen von Frankreich, Deutschland, Belgien, Holland, Dänemark, Schweiz, Spanien und Portugal gleichkommt.

Es gibt eine Holzgewinnung und eine Holzkultur — jene wird vom Pionier, diese vom Ingenieur geübt. In Amerika herrscht auch heute noch das Pionierverfahren vor. Dabei ist es durchaus möglich (Europa hat uns das deutlich gezeigt), Wälder so zu fällen, daß ein Herabsinken des Holzbestandes auf einen Punkt, sodaß die zukünftige Versorgung gefährdet ist, vermieden wird, wenn auch das jährliche Wachstum dem jährlichen Schnitt nicht immer völlig gleichkommt. Alle bisher in Amerika ausgearbeiteten wirtschaftlichen Pläne haben indessen die Sympathie der Pioniere, die am Holzgeschäft beteiligt sind, nicht gewinnen können.

Nach Angabe von Arthur D. Little werden etwa 65% des jährlichen Schnittes im Wald und im Sägewerk verschwendet. In dem gelben Kieferngürtel stecken Werte von Harz, Terpentin, Alkohol, reinem Öl, Teer, Holzkohle und Papierstoff, die dreimal so groß sind als der Wert des verkauften Holzes und die meistens gedankenlos fortgeworfen werden. Es werden genug gelbe Kiefern im Herstellungsverfahren oder im Walde verloren, um die den Vereinigten Staaten zur Verfügung stehenden Papiermengen glatt zu verdoppeln[11]). Heute muß dieser Papierstoff auf dem Schiffswege von Norwegen bezogen, in Frachtwagen umgeladen und mehr als 1500 km landeinwärts verschickt werden.

Für je 4 Fuß Holz, die im Walde gewonnen werden, wird schließlich nicht mehr als 1 Fuß verarbeitet. Zwei dieser 4 Fuß werden im Walde gelassen oder im Sägewerk, beim Schneiden oder Austrocknen verloren, der dritte Fuß verschwindet bei der Fabrikation. Die Fabrikanten von Walnußgriffen kaufen 2 t Holz und verkaufen schließlich Griffe im Gewicht von 400 Pfund. In vielen Möbelfabriken werden durch Verwendung von ungelernten Arbeitskräften und durch unzureichende Beaufsichtigung nur 30% des erhaltenen Holzes tatsächlich verarbeitet. Die Kreissäge wird infolge größerer Schnelligkeit bevorzugt; sie läßt aber dreimal soviel Sägespäne am Boden als die Bandsäge.

Selbstverständlich wird man das ganze Holz der Bäume niemals vollkommen wirtschaftlich ausnutzen können. Außer Blättern, Zweigen und Wurzeln würde auch ein gewisser Teil des Stumpfes nie ohne Verlust verarbeitet werden können. Es gibt also einen ziemlichen Spielraum von unvermeidbarer Verschwendung; indessen einen noch weit größeren von vermeidbarer Verschwendung, sobald der Ingenieur an die Stelle des Pioniers treten könnte. Ist ein Baum gefällt, so kann der Holzfäller etwa 80% fortschaffen. Der Rest bleibt zurück, um als Stumpf in der Erde zu faulen oder beim nächsten Forstbrand vernichtet zu werden. Im Sägewerk werden weitere 40% durch Späne und sonstigen Abfall, die als Heizstoff verwendet oder fortgeworfen werden, verloren. Und dabei muß man sich überlegen, daß eine völlige Destillation eines Klafters folgende Rückstände ergibt:

50 Scheffel Holzkohle,
11500 Kubikfuß Gas,
25 Gallonen Teer,
10 Gallonen Rohholzalkohol,
200 Pfund essigsauren Kalk[12]).

Außerdem ist ein großer Teil des Abfalls für Holzstoff geeignet. Für das Papier jeder großen New Yorker Tageszeitung werden jährlich 2000 Acker Forstgelände gefällt. Könnte man dieser Nachfrage durch Abfallholz, das heute verschwendet wird, begegnen, so würden Tausende in Amerika noch bestehender Forsten geschont und erhalten werden können. Holz kann genau wie Kohle (Kohlen sind schließlich auch weiter nichts als ein verfallener und zusammengepreßter vegetabiler Stoff) durch seine Nebenerzeugnisse große Werte abwerfen. Aber genau wie bei der Kohle hat man die Gewinnung dieser Nebenerzeugnisse bisher arg vernachlässigt. Little berechnete, daß die Anwendung der heute von Chemikern vervollkommneten Gewinnungsverfahren bei der Verarbeitung gelber Kiefern zu Sägewerkerzeugnissen ohne erhöhten Schnitt 40000 t Papier, 3000 t Harz, 300000 Gallonen Terpentin und 600000 Gallonen Holzalkohol abgeben dürfte[11]).

Diese Verschwendungen stützen sich nicht nur auf die Berechnungen und Einwendungen von Kritikern, sondern sind durch die Äußerungen des Leiters der Nationalen Holzfabrikanten-

Vereinigung bewiesen worden. Dieser Herr, Dr. Compton, berechnet, daß Amerika heute durch vermeidbare Verschwendungen auf diesem Gebiet jährlich 500000000 Dollar verliert.

Die angewendeten Holzgewinnungsverfahren sind auch eine Ursache der verheerenden Waldbrände. In den fünf Jahren von 1916 bis 1920 sind 160000 Waldbrände gemeldet worden, die 56000000 Acker Land ergriffen, 86000000 Dollar an Holzwerten vernichteten und durch die Zerstörung der stickstoffhaltigen Erde noch größere Verluste hervorriefen[3]). Nicht nur Holz, Erde und Tierleben wurden auf diese Weise zerstört; oft wurden auch Gebäude erfaßt, und diese Brände haben vor allem große Flächen für Wiederanpflanzungszwecke vernichtet. Wohl kennt man eine Technik zur Eindämmung dieser Brände; ihre Anwendung schreitet aber nur langsam vorwärts. Als eine weitere Begleiterscheinung dieser Pionierverfahren und der zum Teil auf sie zurückzuführenden Brände finden wir die Abhänge und Berge oberhalb der Flüsse zerstört, die Flüsse durch den Abfall überschwemmt und dadurch fruchtbare Landstriche vernichtet. Der Forstdienst berechnet einen ohne weiteres vermeidbaren Verlust von zwei Neuntel des jährlichen Schnitts; weitere zwei Neuntel könnten durch die Anwendung eines sehr durchgreifenden Erhaltungsplanes erspart werden. Wenn man die erste Zahl als Mindestmaß betrachtet, kann man zusammenfassen, daß die Forstverschwendung jährlich 5000000000 Kubikfuß ausmacht. Arthur D. Littles Berechnung ist sogar noch größer — über 13000000000 Kubikfuß —, er ist aber vorsichtig genug, dabei zu bemerken, daß die von ihm gegebene Verhältniszahl von 65% Verlust durch Schrund nicht in vollem Umfange vermeidbar ist.

Andere organische Verluste.

Die Vereinigten Staaten benutzen durchschnittlich 28 Pfund Düngemittel je Acker, in Europa werden für die gleiche Fläche 200 Pfund benutzt. Eine solche Politik des Aushungerns der Erde kann man solange durchführen als es im Land noch Gebiete gibt, in die der Pionier eindringen kann. Edward E. Slosson zeigt, wie wir auch heute noch das Erdreich eines jungfräulichen Erdteiles berauben, daß ein solches Vorgehen aber nicht viel länger fortdauern kann[13]). Und dabei werden durch die Bienenkorböfen, wie wir schon sahen, jährlich etwa 700000 t Ammoniumsalze verschwendet, nach Meinung von Slosson genug, „um unser Land reich zu erhalten".

Vögel als Helfer in der Vernichtung von Insektenschwärmen sind seit langem anerkannt; eine planvolle Anwendung erfolgte bisher aber nicht. Heuschrecken, Raupen, Motten, Wespen — die tödlichsten Feinde des Landwirts — können durch Vögel besser als durch irgendein von Menschen ersonnenes Hilfsmittel vertilgt werden. Ein Zug von Franklinmöven wird einen großen Schwarm von Heuschrecken in einem Tage vernichten, und doch hat man in steigendem Maße Vögel gefangen, erschossen und abgeschlachtet.

Der Handelsminister geht in seinem Jahresbericht für 1924 auf die bei der Küstenfischerei noch heute angewendeten unzweckmäßigen Verfahren ein: „Die Erhaltung der Küstenfischerei ist eine Frage von größter Bedeutung für das Volk. Vielen der Fischereien droht die Vernichtung." Die großen Lachszüge an der Atlantischen Küste gibt es schon lange nicht mehr, und auch an der Küste des Stillen Ozeans wäre dieser Fischart das gleiche Schicksal beschieden gewesen, wenn das Handelsministerium seiner Vernichtung nicht energisch Einhalt geboten hätte. In 40 Jahren ist die Stör-Fischerei an den Großen Seen um 98% zurückgegangen; diese Fischart ist an der Atlantischen Küste so gut wie ganz verschwunden. Seit dem Jahre 1835 ist der jährliche Fang von Alsen im Potomac-Fluß von 22000000 auf 600000 Fische zurückgegangen. In 10 Jahren verminderte sich die Krabbenfischerei in den Chesapeake- und Delaware-Flüssen um die Hälfte. „Unser Krebsfang beträgt weniger als ein Drittel von dem vor 30 Jahren." Heilbutt von den Pazifischen Küsten stehen kurz vor dem Aussterben. Die Öl brennenden Schiffe der Küstengewässer entleeren ihren Abfall in einem so hohen Grade in diese Flüsse, daß Fische, Austern und Muscheln in ständig steigendem Maße tödlich betroffen werden. Keine selbstbewußte Alse wagt sich heute noch in den Hudsonfluß."

Auf Walfische wird in nie gekanntem Umfange Jagd gemacht und „das Töten dieser Fische ist so groß, daß, falls nicht irgendeine Schutzform sofort eingeführt wird, der Walfisch innerhalb einiger Jahre vom Handelsstandpunkt aus ausgeschaltet sein wird[13])".

Verschwendung an Nebenerzeugnissen.

Bei Besprechung der vorkommenden Verschwendung bei Kohle, Öl, Naturgas und Holzvorräten konnten wir bereits auf die großen Werte an Rohstoffen hinweisen, die durch das Nichtausnutzen der in ihnen liegenden Nebenerzeugnisse verloren gehen. Dabei sind das keineswegs die einzigen derartigen Fälle. Wo immer Stoffe verbrannt oder fortgeworfen werden, werden gleichzeitig eine bestimmte Zahl chemischer Elemente (Sauerstoff, Stickstoff, Schwefel) in verschiedenen chemischen Verbindungen vernichtet, die unter Umständen wertvoll sein können und zumindest solange als wertvoll anzusehen sind, bis sie der Chemiker nach einer Untersuchung als wertlos erklärt. Sogar die Abfälle des Haushalts enthalten reichste Nebenerzeugnisse, wenn man genug Geldmittel zu ihrer Wiederverwertung aufbringen könnte. Selbstverständlich macht es sich nicht bezahlt, alle bzw. die meisten dieser als nutzlos beseitigten Materialien zu verwerten; aber ein solches Vorgehen macht sich heute schon bedeutend mehr bezahlt als vor einem Menschenalter, und die Wiedergewinnungsverfahren verbessern sich ständig. Gerade die Deutschen haben auf diesem Gebiete Fortschrittliches geleistet. Die immer wieder auftauchende Frage ist aber, ob der Abfall wirklich der Wiedergewinnung wert ist. Die Schwierigkeit besteht darin, daß die verneinende Antwort oft die des einzelnen Unternehmers sein muß, dem die erforderlichen großen Geldmittel fehlen, während die Antwort der Gesellschaft als Ganzes wohl in den meisten Fällen bejahend ausfallen wird.

Auf diesem Gebiet können wir drei Arten von Verschwendung finden — es ist nebenbei bemerkt jenes, von dem aus die ganze heutige Philosophie der Verschwendung ihren Ursprung nahm. Durch eine Nichtausnutzung der Nebenerzeugnisse entstehen Verluste, ebenso aus dem Versagen, einen möglichst hohen Prozentsatz des Haupterzeugnisses in der Fabrikation zu verwenden. Und schließlich entsteht bei Beseitigung nicht mehr verwendbarer Stoffe ein Verlust durch Verunreinigung der Luft und der Flüsse. Jede dieser drei Arten stellt in sich eine ernsthafte Frage dar.

Außer den in den Kraftindustrien vorkommenden Verschwendungen an Nebenerzeugnissen, auf die bereits hingewiesen werden konnte, soll noch auf folgendes aufmerksam gemacht werden.

Nach Professor H. E. Van Norman, Präsident des Welt-Milchkongresses, werden für jedes Pfund Butter, das wir essen, 3 Pfund Milchfestkörper erzeugt, die als menschliche Nahrung höchsten Nährstoff enthalten[14]). Der größte Teil dieser 3 Pfund, mit Ausnahme eines geringen Teils Buttermilch und Milchpulver, wird fortgeworfen. Im Jahre 1921 wurden von 4300000000 Pfund Milchfestkörper, die durch die Erzeugung von Butter und Käse entstanden, nur 2100000000 Pfund für menschliche Nahrung oder für Kasein verwendet.

„Unsere Zuckerernte im Umfange von 6000000 t enthält etwa 12000 t Stickstoff, 4000 t Phosphorsäure und 18000 t Pottasche — alles ausgezeichnete Düngemittel, die im Reinigungsprozeß verloren gehen, mit Ausnahme der Fälle, wo Rückstände zur Bewässerung von Rübenland verwendet werden. Die Deutschen erhalten 5000 t Kalium-Cyanid und ebenso viel Ammoniumsulphat aus diesen Rückständen ihrer Zuckerrübenfabrikation. Wenn sich dieses Verfahren für die Deutschen lohnt, so sollte es sich erst recht für Amerika lohnen, um so mehr, da Pottasche in diesem Lande teurer ist als in Deutschland[12]).

Bezüglich der Frage einer stärkeren Ausnutzung des Haupterzeugnisses und einer geringeren der Nebenprodukte, findet man in den technischen Zeitschriften die verschiedensten Vorschläge, wie Verschwendung durch eine stärkere Ausnutzung der bisher fortgeworfenen Enden, durch weniger zerstörende Verfahren usw. vermieden werden kann. M. F. Simmons von der General Electric Company berechnet zum Beispiel, daß während des Krieges die Ersparnisse des Landes an Abfallmetall, Papier, Lumpen, Wollabfällen, Säcken und Baumwollabfällen mehr als 1500000000 Dollar betrugen — wie er auf diese genaue Zahl kommen konnte, ist uns indessen völlig unklar. Wir konnten bereits an anderer Stelle darauf hinweisen, daß ein ungeübter Lederzuschneider im Vergleich zu einem geübten wöchentlich für 100 Dollar Leder verderben kann.

In unseren Augen ist indessen diese ganze Frage der Wiederbenutzung der Abfallhaufen von nur geringer Bedeutung im Vergleich zu den auf so vielen anderen Gebieten vorkommenden, bedeutend schwerwiegenderen Verlusten. Ernster ist schon die Verunreinigung der Flüsse; von dem verschwendeten Material abgesehen, bedeutet dieses Verfahren eine Schädigung der öffentlichen Gesundheit. Der Merrimac-Fluß südlich von Manchester ist ein richtiger Abzugskanal; dabei ist dieser Fluß einer der landschaftlich schönsten des Ostens. Die Verunreinigung des Ohio-Flusses durch die Blechindustrie stellt vielleicht eines der schlimmsten Beispiele des ganzen Landes dar. Dabei ist sie nach Meinung von A. B. Jones, einem Heiz- und Lüftungsfachmann, völlig vermeidbar. Auf das Rauchübel haben wir bereits hinweisen können. Zahlen, die einmal zeigen würden, was ein Land an wertvollen Chemikalien, die in der Luft aufgehen, verliert, und die den baulichen Schaden durch Rauch und die Höhe der Wäscherechnungen veranschaulichten, gibt es unseres Wissens bisher nicht. Man kann aber behaupten, daß sie in höchstem Maße erschrecken würde.

Zusammenfassung.

Der Umfang bekannter Verschwendung von Naturschätzen kann etwa wie folgt zusammengefaßt werden:

Kohle	750 Millionen Tonnen im Jahr
Wasserkraft	50 Millionen Pferdekräfte im Jahr
Öl	1 Milliarde Fässer im Jahr
Naturgas	600 Milliarden Kubikfuß im Jahr
Holz	5 Milliarden Kubikfuß im Jahr
Metall	Gesamtumfang unbekannt
Erde	Gesamtumfang unbekannt
Tierisches Leben	Gesamtumfang unbekannt
Bei der Verarbeitung verlorene Nebenerzeugnisse und Rohstoffe	Gesamtumfang unbekannt.

Bei den Zahlen für Kohle und Öl ist die unwiderbringlich in der Erde gelassene Menge einbegriffen. Die Wasserkraft wird etwas ins Gebiet der Kohle übergreifen, da ihre größere Nutzanwendung weniger geförderte Kohle und daher auch geringere Verschwendung bedeuten würde. Für Metall, Erde, tierisches Leben und Verluste an Rohstoffen in der Herstellung sind uns Zahlen nicht bekannt; wir zweifeln, daß sie für die letzten drei Posten überhaupt ermittelt wurden.

Die vorliegenden Zahlen und Äußerungen sind den neuesten Übersichten, die zum Teil aus dem Jahre 1924 stammen, entnommen. Man kann daher behaupten, daß die Erhaltungsbewegung trotz bester Absichten bisher nicht viel erreicht hat. Auch heute noch bleiben der Pionier und seine Verfahren die Beherrscher der stets geringer werdenden Naturschätze des Landes.

★

XIII. Die Herausforderung.

Unsere Untersuchung ist beendet und alle Zahlen, deren wir habhaft werden konnten, sind bearbeitet worden. Es bleibt uns nur noch die Aufgabe, die sich aus ihnen ergebenden Tatsachen zusammenzufassen, soweit das auf einem so umfangreichen und verwickelten Gebiet überhaupt möglich ist. Zunächst dürfte es indessen von Vorteil sein, eindeutig klar zu zeigen, warum die Beseitigung von Verlust und Verschwendung gerade vom Standpunkt des Durchschnittsbürgers so überaus wichtig ist. Wir sind bei all unseren Betrachtungen von der Annahme ausgegangen, daß im allgemeinen nicht genügend Waren und Dienstleistungen erzeugt werden, um wirtschaftliche Unsicherheit und Not von der Mehrzahl der amerikanischen Familien fernzuhalten. Wir haben bei einem großen Teil der Bevölkerung Armut angenommen. Wenn diese Annahmen dem Leser auch bekannt sein dürften und ein Beweis unnötig ist, so sollen trotzdem einige Zahlen den Umfang und die Schwere dieser Behauptung unterstreichen. Und mit ihnen müssen die durch eine Ausmerzung der Verschwendung möglichen Ersparnisse verglichen werden, wenn sie überhaupt irgendwelche Bedeutung haben sollen.

Der Lebens- und der Sterbenslohn.

Dr. Paul H. Douglas hielt im Jahre 1922 vor der Amerikanischen Volkswirtschaftlichen Vereinigung einen Vortrag, dem eine äußerst sorgfältige statistische Übersicht über die Beziehungen des Volkseinkommens zu den Kosten des Lebensunterhaltes zugrunde lag. Seine Schlußfolgerungen deuten darauf hin, daß es im Jahre 1921 etwa 1700 Dollar oder wöchentlich 34 Dollar erforderte, um in den größeren Städten der Vereinigten Staaten einer Familie das vom Arbeitsamt berechnete „anständige Existenzminimum“ zu gewähren. Dieses Budget umfaßt Nahrung,

Kleidung, Wohnung und alle jene Bedürfnisse, die einen Vater, eine Mutter und drei Kinder vor tatsächlicher Not bewahren können. Zu gleicher Zeit brauchte eine alleinstehende Arbeiterin etwa 800 Dollar jährlich oder 16 Dollar wöchentlich, um auf dieser Grundlage leben zu können.

Im Jahre 1920 gab es 26700000 erwachsene männliche Berufstätige, 6400000 berufstätige Frauen und 5500000 Jugendliche zwischen 15 und 20 Jahren. Wären diese Männer, Frauen und jungen Leute so bezahlt worden, um auf einer diesen Berechnungen entsprechenden Grundlage leben zu können, so hätte der Gesamtumfang des ausgezahlten Arbeitslohnes 57000000000 Dollar betragen müssen.

Das gesamte Volkseinkommen im Jahre 1919 betrug nach Berechnungen von Dr. Mitchell und seiner Mitarbeiter 66000000000 Dollar. Im Jahre 1920 verminderte sich dieser Gesamtbetrag infolge der Ende des Jahres einsetzenden Wirtschaftskrise. Professor Douglas berechnet ihn mit 60000000000 Dollar. Von diesen rd. 60000000000 Dollar müssen zunächst nach Angabe des National Bureau of Economic Research jene 12 bis 16% als Rücklagen abgezogen werden, die sich in neuen Kapitalsanlagen, wie Fabriken, Eisenbahnen, Bureaugebäuden usw. widerspiegeln. Scheinbar spielen diese Ausgaben keine unmittelbare Rolle bei den laufenden Bedürfnissen nach Nahrung, Wohnung und Kleidung, auf die sich das Existenzminimum gründet. Indem wir also Ersparnisse von 8000000000 Dollar (14% von 60000000000 Dollar) vom Volkseinkommen von 60000000000 Dollar abziehen, bleiben uns zur Befriedigung laufender Bedürfnisse rund 52000000000 Dollar oder 5000000000 Dollar weniger als die berechneten zu einem „anständigen“ Lebensniveau erforderlichen 57000000000 Dollar. „Nachdem die Tatsache, daß die Schätzung von 57000000000 Dollar durch die geringeren Lebenskosten in landwirtschaftlichen Bezirken viel zu hoch gegriffen ist, und nachdem auch die Tatsache, daß die Zahlung eines solchen Gehalts zur Stärkung des Volkseinkommens an sich dienen mag, voll berücksichtigt wurde, ist es wahrscheinlich, daß der übrigbleibende Teil an und für sich völlig unzureichend ist für

1. gestaffelte Löhne oberhalb des Existenzminimums,
2. Zinsen für angelegte Geldmittel,
3. Zahlung von Renten.“

Oder mit anderen Worten: das Volkseinkommen in Dollar, abzüglich von 14% für Ersparnisse würde, falls es gleichmäßig auf der Grundlage eines Existenzminimums verteilt würde, um 5% zu gering sein. (Wenn auch das Familieneinkommen unserer Berechnung sich nicht streng auf den alleinstehenden Arbeiter anwenden läßt, so werden doch die hauptsächlichsten Schlußfolgerungen nur wenig davon betroffen.)

Selbstverständlich fand aber in Wirklichkeit keine derartige gleichmäßige Verteilung statt. Zinsen und Renten wurden voll ausbezahlt. Etwa 300000 Familien hatten Einkommen von jährlich 10000 Dollar oder darüber — einige erreichten die Klasse von jährlich 1000000 Dollar[1]). Die Statistiken des National Bureau of Economic Research zeigen uns, daß etwa 5% der amerikanischen Familien 30% des Volkseinkommens erhielten. Dreißig Prozent von 52000000000 Dollar betragen 15000000000 Dollar, wodurch die übrigbleibenden 95% mit den übrigbleibenden 37000000 Dollar auskommen müssen. Sofort schließt sich das Tor zu der Hoffnung, daß die Lohnempfänger des Landes im Jahre 1920 oder in irgendeinem anderen Jahr das Existenzminimum irgendwie erreichen konnten. Für Millionen von Einwohnern in Amerika bedeutet das jährliche Einkommen schon seit langem nach den Worten von Dr. W. F. Ogburn nicht einen Lebens-, sondern einen Sterbenslohn. Die Hunderte von Untersuchungen, die über die Lebensbedingungen sowohl in ländlichen als auch in städtischen Bezirken angestellt wurden, konnten diese Schlußfolgerung immer nur von neuem bestätigen.

Der Wiederaufbau-Ausschuß des Senats der Vereinigten Staaten stellte im Jahre 1921 fest, daß die Bautätigkeit für Wohnhäuser 56% hinter jener in den sieben Jahren von 1915 bis 1921 zurückblieb. In einem früheren Abschnitt haben wir bereits gesehen, wie diese notwendige Tätigkeit statt dessen in der Herstellung von Automobilen und Geschäftshäusern aufging. Im Jahre 1920 gab es in den Vereinigten Staaten fünf Millionen Menschen im Alter von über 10 Jahren, die weder lesen noch schreiben konnten[2]). Von den vorhandenen 28000000 Kindern im Alter von 15 bis 18 Jahren haben nur 16000000 die Schule regelmäßig besucht[2]). Und nur ein Kind unter 54 hat die Möglichkeit, ein College zu besuchen[2]). Das Gesundheitsamt von New York untersuchte 1057 Schulkinder im Alter von 5 bis 6 Jahren und mußte feststellen, daß von drei Kindern zwei oder 66,7% mit körperlichen Leiden behaftet waren. Eine Untersuchung der Kinder der Gemeindeschule 64. in New York zeigte, daß 24% oder von je vier Kindern ein Kind an Unterernährung litt. Im Jahre 1880 wurden 25% aller Landwirtschaften von Pächtern betrieben. Im Jahre 1920 betrug dieser Prozentsatz bereits 38[2]). Der Bericht der Staatlichen Kommission über „Regional Planing“ in der Stadt New York vom Jahre 1923 stellt fest, daß 663000 Menschen in erbärmlichen Wohnungen hausten.

Seit Beginn des Maschinenzeitalters und bis zum heutigen Tag ist es nicht geglückt, genügend Nahrung, Wohnung, Kleidung, Erziehung und bescheidene Annehmlichkeiten für die Gesamtbevölkerung zu erzeugen. Ob die Lage sich während der letzten Jahrzehnte gebessert hat, ist noch immer eine ungeklärte Frage. Wir neigen zu dem Glauben, daß eine geringe Besserung tatsächlich eingetreten ist. Zur Erreichung des Existenzminimums für die gesamte Bevölkerung fehlen aber noch Milliarden von Dollar und Millionen von Tonnen Ware.

Zusammenfassung der Verschwendung.

Im Verlaufe des Buches haben wir versucht, eine Richtlinie durch ein mehr oder weniger wegloses Gebiet zu ziehen. Nur zu oft aber irrte die Linie vom Wege ab. In einem kurzen Band die vielen Ansichten, die bestehenden Philosophien sowie die vorhandenen Angaben über wirtschaftliche Verschwendung einigermaßen zusammenzufassen, ist eine schwierige Aufgabe. Jede Einteilung, gleichgültig wie sorgfältig sie vorbereitet sein mag, wird immer in andere Betrachtungsgebiete eindringen. Die Herstellung von schädlichen Waren berührt die Frage zweckmäßiger Arbeitsverfahren; Arbeitsverfahren sind indessen nur schwer von Verteilungsverfahren zu trennen, und die menschliche Arbeitskraft hängt, durch alle diese Fäden verbunden, mit dem Stoff zusammen: eine Trennung war für den Zweck der Veranschaulichung nötig. Tatsächlich ist sie aber als recht zweifelhaft und nur allgemein zu betrachten.

Bei alledem ist eine Tatsache unwiderleglich, daß es bisher noch keinem Mann und noch keiner Gruppe von Männern gelungen ist, trotz eingehendster Forschung die vorkommende Verschwendung zahlenmäßig zu erfassen. Der Prozentsatz verlorener menschlicher Arbeitskraft im Vergleich zur gesamten verfügbaren stellt eine Zahl dar, die wohl stets außerhalb des Bereiches jeder Berechnung liegen wird. Das Verhältnis der verlorenen Rohstoffe zur gesamten jährlich der Erde entnommenen Menge ist unbekannt. Wir hoffen gezeigt zu haben, wie ernst und schwerwiegend dieses Verhältnis ist; wie unter einer zusammengefaßten kommunalen Verwaltung ungeheure Ersparnisse sowohl an menschlicher Arbeitskraft als auch an Rohstoffen erzielt werden könnten — wir geben uns aber keinerlei Täuschungen über die Möglichkeit hin, zu irgendeinem abschließenden Urteil zu gelangen.

Was wir zusammenfassend tun können — und wir hoffen, daß es gestattet sei — ist das: wir können die bisher gezeigten hauptsächlichsten Verschwendungsquellen nacheinander aufzählen und dazu zahlenmäßige Berechnungen geben, die in groben Umrissen nachgewiesen werden können, und die sich nicht mit Berechnungen auf anderen Gebieten überschneiden oder decken. Eine Zusammenfassung derartiger Berechnungen der drei Hauptquellen sollte wenigstens einen Mindestnachweis des Umfanges verschwendeter Menschenkraft bringen.

Zum Schlusse der Abschnitte VI, VIII, X und XI wurden bereits derartige Übersichten gegeben. Zusammengefaßt zeigen sie uns:

Die nutzlos angewendete menschliche Arbeitskraft beträgt mindestens	8000000
Die an einem bestimmten Arbeitstag brachliegende menschliche Arbeitskraft beträgt mindestens . .	6000000
Die durch mangelhafte Arbeits- oder Erzeugungsverfahren verschwendete menschliche Arbeitskraft beträgt mindestens.	4000000
Die durch mangelhafte Verteilungsverfahren verschwendete menschliche Arbeitskraft beträgt mindestens	2500000
Insgesamt wenigstens	20500000
Im Verhältnis zu einer arbeitsfähigen Bevölkerung von etwa.	40000000
bedeutet das ein Verschwendungsverhältnis im günstigsten Fall von etwa	50%

Auf Grund dieser Zahlen, die ein Mindestmaß darstellen, haben wir Ursache zu der Annahme, daß die verfügbare Arbeitskraft die gegenwärtige Ausbeute mindestens verdoppeln könnte; ferner, daß mit verbesserten Arbeitsverfahren Rohstoffe verfügbar sind, um diese Ausbeute zu verdoppeln, ohne daß dabei die natürlichen Hilfsquellen in stärkerem Maße als heute ausgenutzt werden. Bei Holz und Öl, und vielleicht auch bei der Kohle, könnte es uns scheinen, daß die Ausbeute — in den Enderzeugnissen — bei gleichzeitiger Verminderung des Gewinnungsverhältnisses verdoppelt werden könnte.

Wir vermuten, daß ein industrieller Generalstab dieses Verhältnis noch bedeutend verbessern könnte; in welchem Maße, entzieht sich indessen unserer Kenntnis.

Was würde eine verdoppelte Ausbeute für das Leben des arbeitenden Mannes bedeuten? Scheinbar etwas ganz anderes als ein verdoppeltes geldliches Einkommen. Ein Verdoppeln der Nahrungsausbeute würde uns mit einem ungeheuren unverbrauchbaren Überschuß versorgen. Es ist überhaupt zweifelhaft, ob die Nahrungsausbeute nach Gewicht erhöht zu werden brauchte. Sie brauchte nur in Übereinstimmung mit diätetischen Werten, mit einem Schutz gegen Fälschungen und mit einer Eindämmung der Auswüchse der Schwerreichen, sowie der Beseitigung der Nahrungsvernichtung etwas umgestellt zu werden. Die auf diese Weise ersparte Arbeitskraft könnte sich aber Notwendigkeiten und Annehmlichkeiten widmen, die, falls ratsam, ihre Ausbeute noch mehr als verdoppeln könnten. Eine Verdoppelung des bisherigen Häuserbaus würde für einige Jahre zum größten Segen werden. Bei größerer Haltbarkeit und einer Abnahme der Überluxuswaren sowie der Modeauswüchse brauchte die erhöhte Ausbeute nach Gewicht nicht allzu groß zu sein.

Der größte Teil der erhöhten Ausbeute könnte also auf diese Weise für die Schaffung von pädagogischen und Erholungsmöglichkeiten verwendet werden. Alles zusammengenommen sind wir geneigt zu glauben, daß eine doppelt so große Arbeitskraft wie heute auch die letzte Familie im Lande von wirtschaftlicher Unsicherheit befreien könnte, trotzdem auch dann noch ein recht großer Spielraum für die Einkommenstufen bliebe. Es würde keinerlei „Aufteilungs"-Prozeß vorgenommen werden müssen. Die produktive Kraft ohne Erhöhung der Bevölkerung zu verdoppeln, stellt einen ungeheuren wirtschaftlichen Gewinn dar. Die heute noch zur Erzeugung von Produktionsgütern erforderliche Arbeitskraft könnte, wo sie bisher zur Errichtung übermäßiger oder unnötiger Betriebsanlagen verwendet wurde, nun zur Errichtung der Anlagen für die Gewinnung der Nebenprodukte, der Großkraftanlagen, der zweckmäßig umgestellten Bahnhofsanlagen, die eine funktionelle Kontrolle erheischen würde, herangezogen werden. Wie wir immer wieder sehen konnten, sind einzelne Teile des Programms zur Verminderung vorkommender Verschwendung nur durch recht große geldlliche Anlagen möglich.

Schließlich wird der Erhöhung der Warenmengen und Dienstleistungen Einhalt geboten werden müssen, und die dann einsetzende Verlangsamung kann durch eine Verminderung der Arbeitsstunden von 8 auf 7 auf 6 ... wettgemacht werden.

Die Gewinnung eines solchen Lebensniveaus wird nicht durch ein Enteignen der Reichen erzielt; sie wird nicht durch ein „Aufteilen", sie wird nicht, ganz bestimmt nicht, durch „Sparen" erreicht! Dieses Ziel wird lediglich dadurch erreicht, daß die Fesseln gesprengt werden, die einen freien Fluß der uns durch den heutigen Stand der technischen Verfahren zur Verfügung stehenden produktiven Kraft behindern. Oder zusammengefaßt: durch eine Erdrosselung der Verschwendung. Und auf keinem anderen Weg ist dieses Ziel zu erreichen.

Wieder: drei Milliarden Sklaven. — Die Philosophie der Verschwendung.

Wir wissen jetzt etwas genauer, was mit den drei Milliarden Sklaven geschah, mit deren Arbeitskraft uns Gilbert und Pogue im ersten Abschnitt beglückten. Wie wir sahen, soll nach den Angaben dieser Herren jedem Mann, jeder Frau und jedem Kinde in Amerika Energie — erzeugt durch Kohle, Öl und Wasserkraft — zur Verfügung stehen, die die Dienste von 30 Sklaven übernimmt. Trotzdem sind diese 30 Sklaven heute noch so faul oder so schlecht organisiert, daß sie uns nicht anständig behausen, bekleiden und ernähren können. Die Schwierigkeit scheint vor allem in einer schlechten Organisation zu liegen, und in den bisherigen Abschnitten konnten wir zumindest andeuten, wo eine solche vorhanden ist. Unsere 30 Sklaven unternehmen in der Erzeugung und im Transport der Ware recht viele unnötige Schritte.

Die Hälfte oder noch mehr unserer menschlichen Arbeitskraft zählt als nichts; die Hälfte oder noch mehr der jährlichen Ausbeute natürlicher Hilfsquellen wird unnötigerweise verschwendet und zerstört ... eine Milliarde Sklaven der Energie treiben nutzlos Räder an, schleppen unnötige Lasten. Bewegung, Geschwindigkeit, unbegrenzte Kraft — für ein Ziel, das niemals klar erläutert wurde, das unbekannt und unsichtbar ist. Gibt es eine Philosophie der Verschwendung, so liegt sie in dem Versuch, dieses Ziel zu klären, die Augen der Menschen auf das Warum des Schweißes ihres Körpers und der Anstrengungen ihres Hirns zu richten.

Fast scheint es, als ob ein unerbittliches Gesetz in der Arbeit läge, mit jedem Gewinn durch Erfindungen und jeder Verbesserung der Arbeitsverfahren gleichzeitig einen Strom von Schmarotzern ins Land zu werfen, um jeglichen Überschuß zu fressen und uns immer wieder auf dem gleichen Punkt zu lassen. Erfindungen sind in die Bevölkerung eingedrungen. Die Ausbeute der einzelnen Produzenten wächst ständig, und trotzdem wird sie angesichts der Abwanderung der Landarbeiter in die Städte, der Erzeuger zu den Verteilern, der Hersteller nützlicher Waren in das Gebiet schädlicher Ware, im ganzen genommen keinen Zuwachs ergeben. Wir können diesen Zustand mit einer Fabrik vergleichen, die in der Werkstatt 50 Arbeiter und im Bureau 10 Angestellte beschäftigt. Es wird eine Zeit kommen, wo 10 Arbeiter in der Werkstatt die bisherige Ausbeute der 50 erzielen können; wir fragen: bleiben die 50 Arbeiter in der Werkstatt und erzielen sie nunmehr die fünffache Ausbeute? Nein. Die Ausbeute hat gleich zu bleiben. Die anderen 40 kommen jetzt in das Bureau, um zu verkaufen, anzuzeigen, Briefe zu schreiben und den „Verkaufswiderstand" zu brechen. Selbstverständlich ist der Fall in Wirklichkeit nicht ganz so einfach. Die Richtung indessen stimmt schon; denn wie anders sollte die ungeheure Erhöhung der produktiven Kraft erklärt werden können, die dem kleinen Mann trotzdem eine so verhältnismäßig geringfügige Besserung seiner Lage brachte? Würden morgen alle Maschinen beseitigt sein, so müßte sich die Hälfte der Bevölkerung oder noch mehr wieder nutzbringenderen Tätigkeiten zuwenden — oder sterben. Wahrscheinlich brauchen die heutigen technischen Gewerbe verhältnismäßig mehr Arbeitende für ihre unproduktiven

Stellen; ist es aber nötig, daß sie soviel Kraft beanspruchen, daß wir uns in einem sich ständig bewegenden Kreis befinden, der uns kaum einen Schritt weiterbringt? Das Füllhorn des Reichtums fließt über, eine tote Hand streckt sich aber aus, um den Ausfluß zu verstopfen, und die Früchte fallen genau so langsam wie bisher auf uns herab.

Aber es sind nicht nur die Früchte, die uns in diesem Zusammenhang angehen. Die Ausmerzung der Verschwendung — das Beiseiteschieben dieser toten Hand — ist nicht nur wichtig, um uns mit mehr Schweinefleisch, mit mehr Badezimmern und mit mehr Stiefeln zu versorgen. Sie ist auch aus dem Grunde so wichtig, weil sie die Möglichkeit in sich schließt, dem menschlichen Geist Gelegenheit zu geben, einmal Schweinefleisch, Badezimmer und Stiefeln zu vergessen und jene schöpferischen Fähigkeiten, die in ihm liegen mögen, zu fördern und zu entwickeln. Sie gibt uns die Möglichkeit, unsere Arbeit vormittags zu erledigen und den Nachmittag zum Lesen, zum Basteln, zu einem Gang ins Freie, zum Üben eines neuen Tanzes oder zu einem Schlaf in der Sonne zu benutzen. Sie schreit nicht nach einer Beschleunigung. Im Gegenteil, sie verlangt eine Verlangsamung. Schon heute ist der Druck um einige Grade zu stark — und er wächst noch immer an. Die Ausmerzung von Verschwendung ruft nach einem reicheren Leben — nach einem Leben an Stelle eines Vegetierens. Nach Havelock Ellis ist das Leben ein Tanz; ein Tanz kann es aber nicht sein, wenn jeder Gewinn an Muße sofort wieder durch eine gleich große Verschwendung wettgemacht wird.

Bisher haben wir Nachdruck auf eine durch Gewicht feststellbare Erzeugung an Waren gelegt, da unsere Untersuchung sich vor allen Dingen in wirtschaftlichen Bahnen bewegte. Die nicht faßbaren Werte des menschlichen Geistes konnten wir kaum berühren. Wir mußten auch aus dem Grunde so vorgehen, da diese geistigen Werte nur schwer zu pflegen sind, wenn die Stellung verloren, die Miete rückständig ist und die Kinder nach Milch weinen. Nur jene, die am eigenen Leibe den furchtbaren Druck, der durch die herrschende wirtschaftliche Unsicherheit erzeugt wird, fühlen konnten, verstehen auch die Zwecklosigkeit jener Wohlgenährten, die es wagen, geistige Werte zu predigen. Essen, Wohnung und Kleidung sind sicherlich nicht alles. Der Tanz des Lebens bricht aber unweigerlich bereits bei den ersten Schritten zusammen, wenn diesen unbarmherzigen Forderungen nicht entsprochen wird.

Die Lösung.

Man wird uns nach einem Weg aus diesen Verhältnissen fragen. Unsere Untersuchung hat uns immer tiefer und tiefer durch die verschiedenen Stufen von Unwirksamkeit und Verlust geführt. Wenn wir die Verfahren überblicken, mit denen unsere Pioniere unwiederbringlich natürliche Hilfsmittel verschwenden, erscheint es uns tatsächlich, als ob wir ganz unten, am Boden angelangt seien — eine Rasse von Nagetieren, die die Substanz aufzehrt, ohne jenen Verstand für die Zukunft aufzubringen, der das hervorstechende Merkmal eines Bienenvolkes ist . . .

Wir kennen keinen sicheren Weg, der uns aus diesem Zustand führt, und darum ist auch dieser Abschnitt die „Herausforderung der Verschwendung" genannt. Schon recht viele Bücher sind über diesen Weg geschrieben worden und noch viele werden über den gleichen Gegenstand geschrieben werden. Die meisten der bis heute erschienenen Bücher sind indessen nicht das Papier wert, auf das sie gedruckt sind. Einer Gesellschaft als Ganzes die Richtung und jenen gesunden Menschenverstand zu vermitteln, der eine vom Sturm überraschte Ruderpartie auszeichnet, ist in der Theorie zwar einfach, in der Praxis aber ungewöhnlich schwer. Das technische Problem ist durchführbar. Es gibt heute in Amerika bereits genügend gute Ingenieure und genügend gute Betriebsführer, um eine funktionelle Gesellschaft zu leiten und die Lebensnorm um das Zwei- bis Dreifache zu heben — könnte man die ganze Frage einfach mit Hilfe von Blaupausen und Aufträgen lösen. Indem man mit den Kriegserfahrungen anfinge, könnte man ein nicht ganz wertloses Buch schreiben, das solche Blaupausen enthielte.

Der Kern des Problems ist aber das Verhalten der Masse. Das Verhalten einer Rudergesellschaft kann man verhältnismäßig leicht voraussagen; das Verhalten von 100000000 Menschen ist indessen nur mit Hilfe von Zauberei und Astrologie — Soziologie als Wissenschaft befindet sich noch in ihrem Anfangsstadium — zu ermitteln, und so erklärt sich auch der höchst zweifelhafte Wert der meisten Bücher, die bis heute hierüber geschrieben wurden und einen Weg aus den bestehenden Schwierigkeiten versprachen. J. B. S. Haldane, der bekannte Biologe, faßt den Fall zusammen: „Die Mechanik wurde Wissenschaft, als die Physiker sich darüber klar wurden, was sie mit Worten wie Gewicht, Geschwindigkeit und Kraft meinten, aber nicht früher. Die Psychologen suchen eine zufriedenstellende Terminologie für die einfachsten Erscheinungen, mit denen sie zu tun haben. Bis sie sich über die genaue Bedeutung der von ihnen gebrauchten Worte klarer sind, wird es schwer für sie sein, Ereignisse wissenschaftlich festzuhalten ... Um das Verhalten der Masse im voraus festzulegen, bedürfen wir der Kenntnisse einer besonderen Art der Psychologie. Heute weiß der erfahrene Politiker (instinktiv) zehnmal mehr hierüber als der beste Psychologe ... Ich weiß, daß das alles für den Arbeitslosen oder für die Kriegerwitwe, die das Herannahen eines Krieges sieht, der auch ihren einzigen Sohn fordern kann, wenig Trost bietet. Wir haben aber bisher noch nicht die allgemeinen Grundsätze gefunden, die auf diese Probleme anzuwenden sind ...[3]).“

Haldane glaubt, daß, genau so wie in der Physik, auch hier die allgemeinen Grundsätze gefunden werden und daß einmal der Tag kommen wird, wo ein guter Psychologe zehnmal soviel weiß als der erfahrenste Politiker. Und erst dann werden die ersten wirklich wertvollen Bücher über das Thema geschrieben werden können, wie Verschwendung im großen und ganzen auszumerzen ist.

Wir haben schon jetzt große Gemeinschaftsbewegungen, die zielsicher gegen Verschwendung in den Vertriebsverfahren ankämpfen — ganz besonders in Europa; die Arbeiterbewegung verbindet ihre Forderung nach einer größeren Demokratie in der Industrie mit der Erkenntnis, daß nur eine Verminderung der Verschwendung die Lebensnorm heben kann; mehrere Regierungen und Verwaltungen erzielen bereits Fortschritte zum Schutze ihrer Wälder, ihrer Wasservorräte, ihres Tier- und Erdbestandes; wir sehen die Provinz von Ontario mit ihrem Großkraftsystem wie einen Wegweiser auf hohem Berge stehen. Wir sehen die ständig größer werdende Kluft zwischen Aktienbesitzer und Börsenleuten, zwischen einem Gary und einem technischen Geschäftsmann wie Ford. Gary sieht die Industrie vor allen Dingen als eine möglichst gewinnbringende Anlage, während Ford sie vor allem als Mittel zur Erzielung von Dienstleistungen bei möglichst ausgeglichener Belastung betrachtet — trotzdem dabei noch immer ein Auge auf sein eigenes Gewinn- und Verlustkonto gerichtet ist. Es gibt auch noch die Arbeiten von Hoover und seinen Mitarbeitern, die Arbeit des amerikanischen Normenausschusses, kurz, die Arbeit des industriellen Ingenieurs ganz allgemein, die die Grundlage für eine weitgesteckte einheitliche Kontrolle bietet, wo Verschwendung, zumindest in technischen Verfahren, ein Mindestmaß erreichen sollte. Oder mit anderen Worten: aus alledem geht hervor, daß kein Grund gegen die Annahme spricht, daß der technische Typ des Geschäftsmanns nicht schließlich den Börsentyp überleben sollte und so eine funktionelle Gesellschaftsform einführen könnte, trotzdem die ganz Radikalen auch dann noch nach einer völligen Beseitigung der Erwerbswirtschaft schreien werden. Diese Ansicht ist zumindest die Voraussage von E. A. Filene.

Unbedingt sind verschiedene Bewegungen im Werden, sogar recht vielversprechende Bewegungen. Unsere Untersuchung hat indessen nichts mit ihrer Beurteilung zu tun, die auf einem ganz anderen Blatt steht. Soweit wir voraussehen können, liegt die Zukunft einer Verminderung von Verschwendung bei dem Manne der Wissenschaft, bei dem sozialen Wissenschaftler, dem Ingenieur. Seit mehr als hunderttausend Jahren haben Mystik, Medizinmänner und Gesundbeter der Bevölkerung jenes System diktiert, das jeweils bestanden hat. Das schließliche Ergebnis dieser Bemühungen sieht man auf der ersten Seite jeder Zeitung und auch in den Seiten dieses Buches. Es ist schwer, sich vorzustellen, daß der Mann der Wissenschaft noch schlechter wirtschaften könnte.

Wir geben uns keinerlei Täuschungen über die technische Genauigkeit der einzelnen Abschnitte dieser Arbeit hin. Mehr als einmal verloren wir uns in einer weglosen Wildnis und unsere Verbindung mit der Welt des Alltags war immer nur sehr dürftig. Wenn man in den Straßen einer großen Stadt wie New York steht und erdrückt und beschattet wird von den mächtigen Gebäuden, die fest wie Monolithen stehen; wenn der Donner des Verkehrs uns ins Ohr dringt; wenn man von den unzähligen vorbeihastenden Fußgängern, die alle von ihren nächsten Pflichten erfüllt sind, zur Seite gedrängt wird; wenn man unter seinen Füßen die vorübersausende Untergrundbahn spürt und den Schrei der

Dampfpfeifen aus dem Hafen hört — dann wird man überwältigt von der Anmaßung des Gedankens, diese unfaßbare Wirklichkeit ändern oder umgestalten zu wollen. Verschwendung, Reibung, Druck? Ja . . . und . . . ? Man achte darauf, wie genau jene Ecke in der Marmorwand sitzt, man achte auf das Ineinanderfließen der Pfeiler eines nackten Wolkenkratzers, auf die Linie und den Schwung der Motorkörper, auf die Untergrundbahnen, die wild, wie gejagte Elefanten, doch im nächsten Augenblick auf den Zentimeter an der Plattform halten. Kommt doch einmal her, ihr Sucher verlorener Menschenkraft und zeigt, ob ihr einen Stein auf den anderen passen könnt, ob ihr eine Stunde höchsten Verkehrs am Times Square regeln könnt! Wir mögen wohl verschwenden, der allmächtige Gott soll aber Zeuge sein, wir können bauen!

Geblendet und verwirrt von diesen Gedanken kehrt man zum Schreibtisch zurück und die anwachsenden Blätter des Manuskripts erscheinen einem nutzlos. Blätter, die von irgendeinem Winde fortgeweht werden können, wegflattern und verkommen. Solche Augenblicke kommen, ihre dunklen Schatten umschweben uns und wir fragen, ob dieses Buch das Schreiben lohnte. Wer kann bei dem Tanz der Menschheit durch die Jahrhunderte sagen, was Verschwendung und was nützlich ist?

Nein, Illusionen mögen wir haben, aber sie sind von den Pfeilen wiederholter Hilflosigkeit der Menschheit gegen ihr Schicksal durchlocht. Im Kriege konnten wir einen flüchtigen Blick in eine Kontrolle gewinnen; es war aber eine Kontrolle zum Zweck einer noch größeren und tragischeren Verschwendung. Wo sind die Wissenschaftler und Staatsmänner, die ihre Hände und Köpfe in diese schreiende Wildnis vergraben und aus ihr geordnete Städte, geebnete Wasserwege, gepflegte Forsten, ein Netz großer Hochspannungsleitungen, reine Flüsse, Werkstätten, die mit der Würde von Kathedralen ausgestattet sind, hervorbringen und Schmutz, Armut und Verzweiflung ein Ende bereiten können?

*

Literaturnachweis zu den einzelnen Abschnitten.

I.

1. Stewart, W. W., *An Index Number of Production.* „American Economic Review." New Haven, Conn., März 1921. Bd. XI, Nr. 1, S. 57 bis 82.
2. U. S. Council of National Defense, *An Analysis of the High Cost of Living Problem.* Washington, D. C., Government Printing Office. August 1919.
3. National Bureau of Economic Research. *Income in the United States.* New York 1922. 2 Bde. Bd. I, S. 97.
4. Mitchell, Wesley C., *Business Cycles.* Berkeley: University of California Press. 1913. University of California Mem., Bd. III.
5. Alford, Leon Pratt., *Management's Handbook.* Ronald Press. New York 1924.
6. Johnson, Alvin, *What Priority Means.* („New Republic.") Republic Publishing Co. New York. Bd. XI, Nr. 139. Juni 30, 1917. S. 237.
7. Friday, David, *Maintaining Productive Output.* („Journal of Political Economy.") University of Chicago Press. Chicago 1919. Bd. XXVII, Januar—Mai, S. 117—126.
8. Money, Sir Leo Chiozza, *The Triumph of Nationalization.* London 1920, Cassell & Co., Ltd.
9. Hoover, Herbert, *Industrial Waste.* („Taylor Society Bulletin.") Taylor Society. New York 1921. Bd. VI, Nr. 2, April 1921, S. 77.
10. Auf Grund von 1918er Zahlen des National Bureau of Economic Research. In diesem Jahr betrug der Prozentsatz der Lohn- und Gehaltsempfänger unter 1500 Dollar in den Vereinigten Staaten 71,8.
11. Gilbert, C. G., und Pogue, J. E., *America's Power Resources;* the economic significance of coal, oil and water-power. New York 1921, Century Co.
12. Babson, Roger W., *Business Forecasting and Its Relation to Modern Selling.* („The Annals.") American Academy of Political and Social Science. Philadelphia 1924. Bd. 115, September 1924, S. 156.

II.

1. Zahlen stammen von C. H. Chase vom Council of National Defense.
2. Mitchell, Wesley C., *Business Cycles.* Berkeley: University of California Press. 1913. Universitv of California Mem., Bd. III. S. 226.

III.

1. Pearl, Dr. Raymond, *The Biology of Population Growth.* („American Mercury.“) New York 1924, Alfred A. Knopf. Bd. III, Nr. 11, September—Dezember 1924, S. 293—305.
2. Hobson, J. A., *Work and Wealth;* a human valuation. New York 1916, Macmillan Co.
3. Ruskin, John, *Munera Pulveris.* Six essays on the elements of political economy. Orpington 1880, G. Allen. Bd. II.

IV.

1. Ruskin, John, *Munera Pulveris.*
2. George Bernard Shaw.
3. Wells, H. G., *Tons Bungay* — eine Novelle, New York 1914, Duffield & Co.

V.

1. Harap, Henry, *The Education of the Consumer.* New York 1924, The Macmillan Company.
2. Alsberg, C. L., *The Eeffect of Scientific Food Consumption in Increasing Wealth.* („The Annals.“) Philadelphia, September 1924. Bd. CXV, Nr. 204, S. 57—65.
3. Ruskin, John, *Munera Pulveris.*
4. Bogart, E. L., *Direct and Indirect Costs of the Great War.* New York 1918, Oxford University Press. (Preliminary economic studies of the war, edited by David Kenley, Nr. 5.)
5. Slosson, E., *Creative Chemistry;* description of recent achievements in the chemical industries. New York 1919, Century Company. (Century Books of Useful Science.)
6. *The Staggering Burden of Armament.* Kapitel V (A League of Nations), World Peace Foundation. Boston. Bd. IV, Nr. 4, August 1921.
7. U. S. Treasury Department. *Annual Report of the Secretary of the Treasury,* on the state of the finances for the fiscal year ended Juni 30. Washington 1921, Government Printing Office.
8. „New York World“, Januar 27, 1922.
9. La Motte, Ellen N., *The Opium Monopoly.* New York 1920, The Macmillan Co.
10. Waterbury, Charles H., Secretary National Wholesale Druggists Association. „New York Times“, November 4, 1924.
11. Creel, George, *How the Drug Dopers Fight.* („Harper's Weekly.“) Mc Clure Publications. New York 1915. Bd. LX, Nr. 3032, Januar 30, 1925, S. 110.
12. „New York World.“ *Selling Death by the Bottle.* Dezember 16, 1923.
13. Cramp, A. J., *Therapeutic Thaumaturgy.* („American Mercury.“) New York 1924, Alfred A. Knopf. Bd. III, Nr. 12, September—Dezember, 1924, S. 423—430.

Alkoholgehalt in:

Lyko	22%
Tona-Vin	18%
Hostetters berühmter Magenbitter	25%
Vita-Pep	16%
Cardni-Wein	20%

Die Sanatogenanalyse stammt aus demselben Artikel.

14. U. S. Department of Commerce, Bureau of Foreign and Domestic Commerce. *Statistical Abstract of the United States.* Washington 1924, Government Printing Office.

15. Woolston, Howard B., *Prostitution in the United States.* New York 1921, Century Co. Bd. I.

16. American Social Hygiene Association. *Standard Statistics of Prostitution, Gonorrhea, Syphilis.* New York 1919, American Social Hygiene Association, Inc.

17. Bower, L. F., *The Economic Waste of Sin.* New York 1924, Abingdon Press.

18. Hunter, Robert, *Labor Once Lost.* („Atlantic Monthly.") Atlantic Monthly Co. 1923. Bd. CXXXI, Januar—Juni, 1923, S. 73—80.

19. Mc Cann, Alfred W., *Starving America.* New York 1912, G. H. Doran Co.

20. Persönliche Unterhaltung des Verfassers mit dem Beamten, der die Rechnungen ausstellte.

21. Warbasse, J. P., *Cooperative Democracy.* New York 1923, Macmillan Co.

22. Federated American Engineering Societies. *Waste in Industry.* („Verlustquellen in der Industrie", deutscher Auszug von I. M. Witte, Berlin. Verlag R. Oldenbourg, München 1926.)

23. Flagg, Ernest, *The High Cost of Deceit.* („Mc Call's Magazine.") Februar 1925, S. 42.

24. Brindridge, H. T., *Rid the Country of Quacks.* („Collier's, The National Weekly.") New York 1924, P. F. Collier & Son. Bd. LXXIII, Nr. 16, Januar—Juni, 1924, S. 16.

25. Reihe von Aufsätzen in „Hearst's International", September 1922 bis März 1923. De Kruif, Dr. Paul H., *Doctors and Drug Mongers,* Bd. XLII, Nr. 3, September 1922, S. 15. *The Vitamin Craze,* Band XLII, Nr. 4, Oktober 1922, S. 68. *The Truth about Syphilis,* Band XLII, Nr. 5, November 1922, S. 59. *Vaccines for Broken Legs,* Bd. XLII, Nr. 6, Dezember 1922, S. 68. *Albert Abrams, Wonder of the West,* Bd. XLIII, Nr. 1, Januar 1923, S. 76. *Ponce de Leon and the Ring-Tailed Monkey,* Bd. XLIII, Nr. 2, Februar 1923, S. 89. *Shotgun Cures,* Bd. XLIII, Nr. 3, März 1923, S. 98. New York 1922 und 1923, International Magazine & Co.

26. Donnelly, H. J., Jr., *The Truth-in-Advertising Movement as it Affects the Wealth-Producing Factors in the Community.* („The Annals.") American Academy of Political and Social Science. Philadelphia 1924. Bd. CXV, September 1924, S. 161.

VI.

1. Veblen, Thorstein, *The Theory of Business Enterprise.* New York 1904, C. Scribner's Sons.
2. „New York World", Juli 14, 1924.
3. O'Brien, H. R., *Frenzied Farm Finance.* („Saturday Evening Post.") Philadelphia, Pa., 1920, Curtis Publishing Co. Bd. CXCII, Nr. 36, März 6, 1920, S. 18.
4. „New York World", Januar 10, 1925.
5. Douglas, Paul H., *The Economic Waste of Luxury.* („World Tomorrow.") New York, Juni 1922, Bd. V, Nr. 6, S. 165, 166.
6. Hobson, J. A., *Work and Wealth.*
7. London Nation Editorial. *Wanted More National Wealth.* London 1919, Bd. XXIV, Nr. 25, März 22, 1919, S. 748.
8. Webb, Sidney und Beatrice, *The Decay of Capitalist Civilization.* New York 1923, Harcourt, Brace & Co.
9. „New York Tribune", September 25, 1921.
10. Frederick, Mrs. Christine, *New Wealth, New Standards of Living and Changed Family Budgets.* („The Annals.") American Academy of Political and Social Science. Philadelphia 1924. Bd. CXV, September 1924, S. 74.
11. Veblen, Thorstein, *Absentee Ownership;* and business enterprise in recent times. The Case of America. New York 1923, B. W. Huebsch, Inc.
12. „New York World", Dezember 21, 1924.
13. O'Malley, Frank W., *The High Cost of Women.* („Cosmopolitan.") International Magazine Co. New York 1921. Bd. LXXI, Nr. 1, Juli 1921, S. 81.
14. Federated American Engineering Societies. *Waste in Industry* a. a. O.
15. „Daily News Record." März 10, 1924.
16. Roland, Thomas, „New York World", Dezember 14, 1924.
17. „New York Times", Februar 4, 1925.
18. „Sports and Athletics." „*The Big Business*" *of Prize-Fighting,* Bd. LXXIX, Nr. 2, Oktober 13, 1923, S. 60. Football, *The Frankenstein of Atheletics,* Bd. LXXIX, Nr. 9, Dezember 1, 1923, S. 52. („Literary Digest.") New York 1923, Funk & Wagnalls Co. Band LXXIX, Oktober 1923—Dezember 1923.
19. Huntington, E., und Williams, F. E., *Business Geography.* New York 1922, John Willey & Sons, Inc.
20. „New Statesman" Editorial. *Second Thoughts on the Cup Final.* („New Statesman.") London 1923, Statesman Publishing Co. Bd. XXI, Nr. 525, Mai 5, 1923, S. 105.

21. Walsh, R. J., *Bolstering Up the Business Man.* („Century.") New York 1925, Century Co. Bd. CIX, new series, Bd. LXXXVII, November 1924—April 1925, S. 8, 253, 386, 516.
22. Withers, Hartley, *Poverty and Waste.* London 1914, E. Smith.
23. U. S. Department of Commerce, Bureau of Foreign and Domestic Commerce. *Statistical Abstract of the United States.*
24. Money, Sir Leo Chiozza, *The Triumph of Nationalization.*

VII.

1. Bok, Edward W., *The Day of the Advertisement.* Boston 1923, Atlantic Monthly Co. Bd. CXXXII, Oktober 1923, S. 533.
2. Veblen, Thorstein, *Absentee Ownership.*
3. Slosson, E., *Creative Chemistry.*
4. „Pace Student" Editorial. („Pace Student.") New York 1924, Pace and Pace Institute. Oktober 1924.
5. Donnelly, H. J., Jr., *The Truth-in-Advertising Movement as It Affects the Wealth-Producing Factors in the Community.*
6. U. S. House of Representatives. *Marketing and Distribution;* Report of the Joint Commission of Agricultural Inquiry. In 4 Teilen. Teil IV. Washington 1922, Government Printing Office.
7. Hobson, J. A., *Work and Wealth.*
8. Vom Verfasser durchgeführte Analyse.
9. Webb, Sidney und Beatrice, *The Decay of Capitalist Civilization.*
10. Dem Verfasser von einem New Yorker Propagandaleiter erzählt.
11. „New York World", Juni 14, 1924.
12. Dem Verfasser von F. J. Schlink vom American Engineering Standards Committee erzählt.
13. Harris, E. P., und andere, *Cooperation, the hope of the consumer.* New York 1918, Macmillan Co.

VIII.

1. Federated American Engineering Societies. *Waste in Industry.*
2. U. S. Department of Labor, Bureau of Labor Statistics. Stewart, Ethelbert, *Wastage of Men.* („Monthly Labor Review.") Washington 1924, Government Printing Office. Bd. XIX, Nr. 1, Juli 1924, S. 1—8.
3. Federated American Engineering Societies. *Seasonal Operation in the Construction Industry.* The Facts and Remedies. Report and Recommendations of a Committee of the President's Conference on Unemployment. New York 1924, Mc Graw-Hill Book Co., Inc.
4. New York State Department of Labor-Industrial Commission. Wallace, L. W., *Wasteful Industrial Habits.* Proceedings: Sixth Annual Industrial Conference. Buffalo, November 1922. S. 33.
5. National Bureau of Economic Research. King, W. I., *Employment Hours and Earnings in Prosperity and Depression.* United States 1920—1922. Results of an inquiry conducted by the National Bureau of Economic Research. New York 1923, National Bureau of Economic Research, Inc.

6. National Industrial Conference Board Estimate.
7. Florence, P. S., *The Economics of Fatigue and Unrest.*
8. Howard, Sidney, *The Labor Spy;* a Survey of Industrial Espionage, S. 372. New York 1921, New Republic.
9. Florence, P. S., The Economics of Fatigue and Unrest.
10. De Blois, L. A., *Reduction of Waste Through Accident Prevention.* („Chemical and Metallurgical Engineering.") New York 1921, Mc Graw-Hill Book Co. Bd. XXV, Nr. 9, August 9, 1921, S. 438.
11. U. S. Department of Labor. Bureau of Labor Statistics. Hookstadt, Carl. („Monthly Labor Review.") Washington 1923, Government Printing Office. Bd. XVII, Nr. 5, November 1923, S. 1—9.
12. National Bureau of Economic Research. *Income in the United States;* Its amount and distribution, 1909—1919. New York 1921, Harcourt, Brace & Company. 2 Bde., Bd. I.
13. Anderson, Nels., *The Juvenile and the Tramp.* („Journal of the American Institute of Criminal Law and Criminology.") Northwestern University Press. 1924. Bd. XIV, Nr. 2, August 1923.
14. National Conference of Social Workers, 1922. Hoover, Herbert C., *The Waste of Human Effort in Industry.* University of Chicago Press. 1922. Proceedings, Bd. XLIX. Providence. Juni 1922, S. 64.

IX.

1. Casson, Herbert. Sabean Society, New York. Bd. VI, Nr. 4. April 1921.
2. Federated American Engineering Societies. *Verlustquellen in der Industrie.*
3. U. S. Department of Labor, Bureau of Labor Statistics. Stewart, Ethelbert, *Wastage of Men.*
4. Miller, Fred. J., *Prevention of Wastes in Industry* („Mechanical Engineering.") American Society of Mechanical Engineers. New York 1922. Bd. XLIV, Nr. 1, Januar 1922, S. 9.
5. Rice, E. W., *The Field of Research in Industrial Institutions.* („General Electric Review.") General Electric Co. 1924. Bd. XXVII, Nr. 11, November 1924, S. 720.
6. Florence, P. S., *The Economics of Fatigue and Unrest.*
7. Harrison, H. D., *Industrial Psychology and the Production of Wealth.* New York 1925, Dodd, Mead & Co.
8. Die in diesem Abschnitt enthaltenen Tatsachen sind Schriftstücken entnommen, die vom American Engineering Standards Committee geliefert wurden, mit Ausnahme jener Stellen, die durch Sonderfußnoten gekennzeichnet sind.
9. U. S. Chamber of Commerce. *A Commercial Tower of Babel.*

X.

1. U. S. Council of National Defense. *An Analysis of the High Cost of Living Problem*

2. New York State Department of Labor-Industrial Commission. Wallace, L. W., *Wasteful Industrial Habits.* Proceedings: Sixth Annual Industrial Conference. Buffalo, November 1922, S. 33.
3. Dem Verfasser von F. J. Schlink vom American Engineering Standards Committee mitgeteilt.
4. U. S. Department of Commerce. *Survey of Current Business.* Washington: Government Printing Office (aus verschiedenen Nummern zusammengestellt).
5. Chase, C. H., *The Chessboard of Industrial Readjustment.* („Searchlight on Congress.") Washington, D. C., 1921. Bd. V, Nr. 2, Juli 1920, S. 23.
6. Hoover, Herbert, *Industrial Waste.*
7. Clapp, E. J., *An American Transportation System.* („New Republic.") New York 1922, Republic Publishing Co. Bd. XXIX, Nr. 374, Februar 1, 1922, S. 267.
8. Ayres, Leonard P., *The Automobile Industry and Its Future.* Cleveland 1921, Cleveland Trust Co.
9. Polakov, W. N., *Organized Sabotage.* („Socialist Review.") New York 1920, Intercollegiate Socialist Society. Bd. VIII, Nr. 4, März 1920, S. 193.
10. Ingalls, W. R., *Elimination of Waste and Improvement of Efficiency. What are the Economic Fundamentals?* („Mining and Metallurgy.") New York 1922, American Institute of Mining and Metallurgical Engineering. Bd. III, Nr. 183, März 1922, S. 33.
11. U. S. Department of Agriculture. Forest Service-Bulletin 114. Foster, J. H., *Forest Conditions in Louisiana.* Washington 1912, Government Printing Office.
12. Eisenchind, Otto, *Wastes in Paint and Varnish Oils.* („Chemical and Metallurgical Engineering.") New York 1921, Mc Graw-Hill Co. Bd. XXV, Nr. 9, August 31, 1921, S. 444.
13. Ingram, J. C., *Basic Technical Information Needed by the Edible Oil Industry.* („Chemical and Metallurgical Engineering.") New York 1921, Mc Graw-Hill Co. Bd. XXV, Nr. 9, August 31, 1921, S. 438.
14. Knoeppel, C. E., *Measuring Waste in Industry.* Bulletin of the Taylor Society. New York 1922, Taylor Society. Bd. VII, Nr. 2, April 1922, S. 69.
15. Hoover, Herbert, *Industrial Waste.*
16. Die Zahlen sind den Akten des National Bureau of Economic Research vom Verfasser entnommen und zusammengestellt worden.
17. Veblen, Thornstein. *Absentee Ownership.*
18. Slosson, E., *Creative Chemistry.*
19. „Nation"-Leitartikel. („Nation.") New York 1921, The Nation, Inc. Bd. CXII, Nr. 2902, Februar 16, 1921, S. 253.
20. „Washington Star", Dezember 31, 1920.
21. Um diese Zeit unternahm der Verfasser eine Ruderpartie auf dem Potomac und konnte Hunderte von Wassermelonen zählen.
22. Auszug aus B. F. Yoakums „Bulletin".

23. Fitch, John A., *The Cause of Industrial Unrest.* New York und London 1924, Harper & Brother.
24. Bispee, G. W., *The Elimination of Construction Wastes.* („Chemical and Metallurgical Engineering.") New York 1921, Mc Graw-Hill Book Co. Bd. XXV, Nr. 9, August 31, 1921, S. 394.
25. Hunter, Robert, *Labor Once Lost.*
26. Money, Sir Leo Chiozza, *Fifty Points about Capitalism.* London 1919, C. Palmer & Hayward.
27. U. S. Department of Commerce, Bureau of Foreign and Domestic Commerce. *Statistical Abstract of the United States.* Washington 1924, Government Printing Office.
28. Filene, E. A., *The Way Out; a forecast of coming changes in American Business and Industry.* Doubleday, Page & Co., 1924 Garden City, New York.
29. „New York World", März 9, 1925.
30. Veblen, Thorstein, *The Engineers and the Price System.* New York 1921, B. W. Huebsch, Inc.
31. „New York Times", März 1, 1925.

XI.

1. Leffingwell, William H., *Waste in Office Work.* („Bulletin of the Taylor Society.") New York 1924, Taylor Society. Bd. IX, Nr. 1, Februar 1924, S. 3.
2. Reeve, Sidney A., *Modern Economic Tendencies;* an economic history of America. New York 1921, E. P. Dutton & Co.
3. Harris, Emerson und andere, *Cooperation, the Hope of the Consumer.* New York 1918, Macmillan Co.
4. Filene, Edward A., *The Way Out.*
5. Howe, Frederick C., *The High Cost of Living.* New York 1917, C. Scribner's Sons.
6. U. S. House of Representatives. *Marketing and Distribution report of the Joint Commission of Agricultural Inquiry.*
7. „New York World", April 15, 1923.
8. „New York World", Leitartikel.
9. Huntington, E., und Williams, F. E., *Business Geography.*
10. Gilbert, C. G., und Pogue, J. E., *America's Power Resources;* the economic significance of coal, oil and water-power. New York 1921, Century Co.
11. Warbasse, J. P., *Cooperative Democracy.*

XII.

1. Parsons, Floyd W. („Commercial and Financial Chronicle.") New York 1921. September 2, 1922.
2. Archbald, Hugh., *The Four Hour Day in Coal.* Eine Untersuchung zwischen der technischen Organisation der Arbeit und der Unzufriedenheit der Arbeitenden in Kohlenbergwerken. New York 1922, H. W. Wilson Co.

3. Huntington, E., und Williams, F. E., *Business Geography.*
4. Howard, Sidney, *How the Bucket Shop Lands Its Victims.* („Hearst's International.") New York 1923, International Magazine Co. Bd. XLIV, Nr. 6, Dezember 1923, S. 96.
5. Gilbert, C. G., und Pogue, J. E., *America's Power Resources.* Die Berechnungen wurden von Steinmetz durchgeführt und in dieser Veröffentlichung erwähnt.
6. „Observer", Juni 1, 1919.
7. Starr, E. C., *The Conversion of National Wealth Into Private Wealth.* („American Labor Monthly.") New York 1924.
8. Thompson, A. Beeby, *Elimination of Oil Field Waste.* („Journal of Institution of Petroleum Technologists.") London 1922, Institution of Petroleum Technologists. Bd. VIII, Januar 1922. S. 1.
9. „New York World", Januar 30, 1925.
10. Jones, Major E. L. („Beautiful America.") Bd. I, Nr. 1, Februar 1925.
11. Little, A. D., *Let the Chemist Pay Your Bills.* („Collier's the National Weekly.") New York 1922, P. F. Collier & Son Co. Bd. LXX, Nr. 22, November 25, 1922, S. 15.
12. Slosson, E., *Creative Chemistry.*
13. „New York Times", Dezember 7, 1924.
14. „Journal of Commerce", September 21, 1923.

XIII.

1. National Bureau of Economic Research. *Income in the United States.*
2. U. S. Department of Commerce, Bureau of Foreign and Domestic Commerce. *Statistical Abstract of the United States.*
3. Haldane, J. B. S., *Science and Politics.* („New Republic.") New York 1925, New Republic, Inc. Bd. XLI, Nr. 522. Dezember 3, 1924, S. 34.

*

INHALTSVERZEICHNIS.

*

I. M. Witte gab in unserem Verlage ferner heraus:

Verlustquellen in der Industrie (Waste in Industry.) Bearbeitet vom Ausschuß zur Beseitigung industrieller Verschwendung der Federated American Engineering Societies. Berechtigter Auszug von I. M. Witte 95 S., 24 Abb. 8°. 1926. Brosch. M. 3.—

Deutsche Bergwerkszeitung: Durch den vorliegenden Bericht wurden zum ersten Male einwandfrei Ursachen, Auswirkungen und Umfang vorkommender industrieller Verluste gezeigt, Mittel und Wege zur Behebung gewiesen. Wenn jetzt die deutsche Regierung eine ähnliche Untersuchung der deutschen Industrie veranstaltet und zu diesem Zwecke am 15. April 1926 das sogenannte „Enquete-Gesetz" erlassen hat, so werden die amerikanischen Vorarbeiten und Erfahrungen, die, soweit sie für Deutschland wichtig, auszugsweise in der vorliegenden Schrift wiedeigegeben sind, berücksichtigt werden müssen. Grund genug für alle Wirtschaftskreise, sich die Schrift zu beschaffen.

Leistungs- und Materialkontrolle nach dem Gantt-Verfahren von Wallace Clark, übersetzt von I. M. Witte. 84 S., 27 Abb. 8°. 1925. Brosch. M. 2.50

Deutsche Arbeitgeberzeitung: Ganz gleich, ob es sich um personale oder maschinelle Leistungen handelt, ob um eine Gesamtheit von Kräften oder Einzelheiten, über alle gibt das Verfahren der Gantt-Karten für jeden gewünschten Zeitabschnitt Auskunft und dient somit der Umlaufgeschwindigkeit. Zusammengefaßt ist aus den Aufzeichnungen zu ersehen: 1. ob die vorhandenen Produktionsmittel stets voll ausgenützt werden; 2. wie die Arbeiten des Peronals im Vergleich zu der geforderten Normalleistung abschneiden; 3. ob der Absatz dem gewünschten Erfolg entspricht und 4. ermöglichen sie eine genaue Verteilung der vorliegenden Aufträge. Das Studium des vorliegenden Buches wird deshalb jedem, der für seinen Betrieb Verbesserungen der Produktion, der Organisation und des Absatzes erstrebt, wertvolle Anregungen bieten.

Amerikanische Verkaufsorganisation von I. M. Witte. 80 S. 8°. 1926. Brosch. M. 2.50

Zeit- und Geldersparnis bei der Regelung der Warenverteilung ist nicht weniger wichtig als die zweckmäßigste und billigste Warenherstellung. Wie die Amerikaner dieses Ziel durch entsprechende Organisation ihrer Verkaufsorgane und Absatzkanäle erreicht haben, darüber unterrichtet die vorliegende Schrift den Betriebsleiter und Praktiker in knapper, übersichtlicher Form. Minderung der Kosten, Beschleunigung des Umsatzes, Ausbildung des Verkäufers und zweckmäßige Reklame stehen im Vordergrund der Erörterung.

Amerikanische Büroorganisation von I. M. Witte. 2. Aufl. 80 S., 13 Abb. 8°. 1926. Brosch. M. 2.50

Mitteilungen des Deutschen Hauptverbandes der Industrie: Durch planmäßiges Erfassen, Durchdringen und Vorbereiten der Büroarbeiten (auch im kleinsten Betriebe) können nicht weniger Ersparnisse, Arbeitserleichterungen und Arbeitssteigerung erzielt werden als in den technischen Betrieben. Wohl zum erstenmal wird hier ein Überblick der neuzeitlichen Büroorganisation Amerikas gegeben mit typischen Beispielen, wie die Leistungsfähigkeit jedes Mitglieds eines Büros gehoben werden kann.
Technik und Wirtschaft: Ein sehr wertvolles Buch, eines der besten, die es über Büroorganisation als solche überhaupt gibt. Jeder, der mit ihr zu tun hat, kann aus diesem Buche nur lernen.

www.ingramcontent.com/pod-product-compliance
Lightning Source LLC
LaVergne TN
LVHW042238300926
849161LV00003B/389